Unternehmenspolitik, Identität und Kommunikation

Markus Niederhäuser · Nicole Rosenberger

Unternehmenspolitik, Identität und Kommunikation

Modell – Prozesse – Fallbeispiele

2., vollständig überarbeitete und erweiterte Auflage

 Springer Gabler

Markus Niederhäuser
ZHAW
Winterthur, Schweiz

Nicole Rosenberger
Institut für Angewandte Medienwissenschaft
ZHAW
Winterthur, Schweiz

Erklärvideo zum Modell und aktuelle Fallbeispiele: www.zhaw.ch/identitaetsorientiertes-kommu-
nikationsmanagement

ISBN 978-3-658-15701-2   ISBN 978-3-658-15702-9   (eBook)
DOI 10.1007/978-3-658-15702-9

Die Deutsche Nationalbibliothek verzeichnet diese Publikation in der Deutschen Nationalbibliografie; detaillierte bibliografische Daten sind im Internet über http://dnb.d-nb.de abrufbar.

Springer Gabler

Springer Gabler ist Teil von Springer Nature
Die eingetragene Gesellschaft ist Springer Fachmedien Wiesbaden GmbH
Die Anschrift der Gesellschaft ist: Abraham-Lincoln-Str. 46, 65189 Wiesbaden, Germany

Geleitwort aus der Wissenschaft

In den vergangenen Jahren ist es aufseiten der Wissenschaft rund um das Thema der integrierten Unternehmenskommunikation ruhig geworden: Die Entwicklung neuer Konzepte oder auch die Weiterentwicklung vorhandener Ansätze scheint mehr oder weniger
zum Stillstand gekommen zu sein. Heißt das, dass alles Wesentliche zum Thema der
integrierten Unternehmenskommunikation gesagt und geschrieben wurde und das Feld
weitgehend abgegrast ist? Sicher nicht. Die zahlreichen in der Praxis beobachtbaren
Umsetzungsprobleme deuten beispielsweise darauf hin, dass eine konsistente, widerspruchsfreie Kommunikation nach wie vor eine höchst anspruchsvolle Herausforderung
mit zahlreichen Möglichkeiten des Scheiterns für das Kommunikationsmanagement
und für Organisationen darstellt. Eine strategisch herausgehobene Rolle nimmt dabei
die Verbindung von Unternehmenspolitik und Kommunikation ein, die sich zugleich als
Achillesferse des Kommunikationsmanagements erweist. Genau an dieser Stelle setzen
Markus Niederhäuser und Nicole Rosenberger mit ihrem Modell des identitätsorientierten Kommunikationsmanagements an: Im Zentrum des Modells stehen die Zusammenhänge und Wechselwirkungen von Unternehmenspolitik, Identität und Reputation sowie
die Rolle der Kommunikation in deren Zusammenspiel. Sie greifen damit nicht nur zwei
Kernbegriffe des Kommunikationsmanagements auf und arbeiten diese systematisch auf,
sondern leisten einen überaus wertvollen Beitrag zur Weiterentwicklung einer ganzheitli-
chen – integrierten – Unternehmenskommunikation.

Dabei kommt die langjährige Erfahrung der Autoren in der hochschulgebundenen
Weiterbildung von Kommunikationsmanagern in diesem Buch in überaus positiver
Weise zum Tragen: Markus Niederhäuser und Nicole Rosenberger schlagen eine gelungene Brücke zwischen wissenschaftlicher Abstraktion und praktischer Umsetzung und
bieten damit auch aufgrund der zahlreichen instruktiven Fallbeispiele eine sehr lesens-
werte und nützliche Orientierungshilfe für die konkrete Praxis des identitätsorientierten
Kommunikationsmanagements.

Dass über fünf Jahre nach der Erstauflage das damals präsentierte Modell praktisch
unverändert in die Zweitauflage übernommen werden konnte, zeigt die Nachhaltigkeit

des Ansatzes. Der Mehrwert der Zweitauflage liegt denn auch in den aktualisierten – und teilweise neu recherchierten – Fallbeispielen sowie bei neu aufgenommenen Themen wie beispielsweise Identitätskommunikation in unterschiedlichen Organisationstypen oder Storytelling als zentrales Verfahren des Kommunikationsmanagements.

Münster, Deutschland   Univ.-Prof. Dr. Ulrike Röttger
im August 2010/im November 2016

Geleitwort aus der Praxis

Im Zentrum des praktischen Alltags in der integrierten Unternehmenskommunikation stehen die Botschaften. Nicht irgendwelche Botschaften, kreative Beliebigkeit ist fehl am Platz. Gefragt sind widerspruchsfreie Informationen und zusammenhängende Geschichten auf dem Fundament der Unternehmenspolitik. Das gilt für konkrete Umsetzungsmaßnahmen der Unternehmenskommunikation genauso wie für die Kommunikation über das Wesen, den Sinn und den Zweck der Unternehmenskommunikation selber. Und hier leistet das Modell des identitätsorientierten Kommunikationsmanagements außerordentlich Wertvolles, indem es eine konsistente und kohärente Kommunikation über strategische Kommunikation ermöglicht. Die Autoren Markus Niederhäuser und Nicole Rosenberger haben den in der Realität komplexen Zusammenhang zwischen Unternehmenspolitik und identitätsorientierter Kommunikation abstrahiert, generalisiert und reduziert. Diese Reduktion auf das Wesentliche und die Darstellung als kompaktes und übersichtliches Modell machen es dem Praktiker nun leicht, auf Augenhöhe mit Entscheidungsträgern im Unternehmen über Reputation, Identität und strategisches Kommunikationsmanagement zu sprechen.

Mehr noch: Die beiden Autoren haben ihr Modell ganz offensichtlich auf die Bedürfnisse von Kommunikationsverantwortlichen in Unternehmen, Verwaltung und Verbänden ausgerichtet. Wenige Modelle befähigen den Praktiker, so leicht eine jederzeit nachvollziehbare Auslegeordnung vorzunehmen: Das Modell von Markus Niederhäuser und Nicole Rosenberger erlaubt auf eine effiziente Weise die Analyse der vorhandenen Führungsgrundlagen und das Aufzeigen von Lücken in der Dokumentation der Unternehmenspolitik. Das wiederum weist den Weg zur Vervollständigung dieser Dokumentation als Voraussetzung für eine integrierte und identitätsorientierte Kommunikation. Schließlich macht das Modell die Ableitung konkreter Kommunikationsmaßnahmen aus Vision, Mission, Strategie und Werten leicht kommunizierbar und auch für Laien jederzeit nachvollziehbar.

Zürich, Schweiz   Michael Wiesner
im November 2016   Leiter Kommunikation economiesuisse

Vorwort der Autoren

Fachbücher zu Unternehmenskommunikation haben Hochkonjunktur. Die zunehmende Bedeutung der Kommunikationsfunktion in Organisationen hat auch in der Literatur ihren Niederschlag gefunden. Wer allerdings Fachbücher zwischen rein wissenschaftlichen Abhandlungen auf der einen Seite und checklistenartiger Praktikerliteratur auf der anderen Seite sucht, stößt auf eine Lücke. Diese zu schließen ist Ziel der Publikation.

Seit Jahren bilden wir an unserer Hochschule praxiserprobte Kommunikationsmanager weiter. Wir haben dabei die Erfahrung gemacht, dass sehr viel Know-how zu einzelnen Disziplinen der Unternehmenskommunikation vorhanden ist, dass aber die systematische Integration in den Unternehmenskontext oftmals nicht gelingt. Wir sind im Laufe der Jahre zur Überzeugung gelangt, dass diese Integration dann besonders erfolgreich ist, wenn die Identität der Organisation – ihr in der Unternehmenspolitik verankertes Selbstverständnis – in die kommunikationsstrategischen Überlegungen einbezogen wird. Einer kohärenten und überzeugenden Unternehmensidentität wird in Zeiten zunehmender Unübersichtlichkeit – ausgelöst durch die Megatrends Globalisierung und Digitalisierung – auch von Top-Managements wieder vermehrt Beachtung geschenkt.

Das in diesem Buch präsentierte Modell des identitätsorientierten Kommunikationsmanagements ist v. a. als didaktisches Modell zu verstehen. Es verdeutlicht die Zusammenhänge und Wechselwirkungen von Unternehmenspolitik, Identität und Reputation und die spezifische Rolle der Unternehmenskommunikation in diesem Kräftefeld. Gleichzeitig dient es als Analyseinstrument und Handlungsanleitung, wie Kommunikationsmanagement als Teil des Identitätsmanagements zu verstehen und zu betreiben ist.

Wenn wir in diesem Buch von Unternehmenskommunikation sprechen, so benutzen wir bewusst diesen in der Praxis gängigen Begriff. Die Überlegungen gelten jedoch nicht nur für klassische Wirtschaftsunternehmen, sondern analog auch für Non-Profit-Organisationen oder Verwaltungen. Unter den sieben präsentierten Fallbeispielen aus Deutschland und der Schweiz finden sich denn auch Organisationen aus dem Profit- und dem Non-Profit-Sektor.

Vor über fünf Jahren haben wir die Erstauflage dieses Fachbuchs publiziert. Die meisten Publikationen müssen nach dieser Zeit stark überarbeitet werden. Nicht so dieses Buch: Einerseits sind die in dieser Publikation behandelten Themenkomplexe

Unternehmenspolitik, Identität und Reputation langfristiger Natur und deshalb vergleichsweise wenig „änderungsanfällig". Andererseits hat sich das in der Erstauflage präsentierte Modell als erstaunlich robust erwiesen. Die Diskussionen mit zahlreichen Praktikern im Rahmen von Weiterbildungsveranstaltungen und von forschungsbasierten Beratungsprojekten haben die Tauglichkeit des Modells bestätigt. Im Vergleich zur Erstauflage wurden im Modell nur Kleinigkeiten verändert. Die Theoriekapitel wurden leicht überarbeitet und durch einige neuen Themen ergänzt. Zu erwähnen sei hier stellvertretend für andere das Storytelling-Kapitel, in dem ein Ansatz präsentiert wird, der über die üblichen Storytelling-Fachbeiträge hinausgeht. Die Fallbeispiele aus der ersten Auflage wurden überarbeitet, neue wurden recherchiert und werden hier erstmals präsentiert.

Wir bedanken uns herzlich bei Stefanie A. Winter vom Springer-Gabler-Verlag, die uns durch die Klippen der Buchproduktion manövrierte. Weiter geht ein Dank an unsere Institutskollegen, die unsere Arbeit mit Ratschlägen und Hilfestellungen unterstützt haben. Unseren Studierenden im Weiterbildungs-Master danken wir, dass sie mit ihren Praxiserfahrungen und Feedbacks mitgeholfen haben, das vorliegende Modell weiterzuentwickeln. Ein ganz besonderer Dank geht an unsere Gesprächspartner aus der Praxis; sie haben dank ihres Engagements die im Buch beschriebenen Fallbeispiele ermöglicht und uns mit Informationen und Illustrationsmaterial bestens versorgt. Last, but not least gilt unser Dank unseren Ehepartnern, die uns in jeder Hinsicht bei diesem Buchprojekt unterstützt haben.

Winterthur, Schweiz	Markus Niederhäuser M.A.
im Juli 2010/im November 2016	Prof. Dr. Nicole Rosenberger

Hinweis zum Sprachgebrauch

Der Einfachheit und Lesbarkeit halber wird in diesem Buch in der Regel die maskuline Form verwendet. Selbstverständlich sind bei Begriffen wie Mitarbeiter, Personalleiter oder Kapitalgeber Männer und Frauen gemeint.

Inhaltsverzeichnis

Über die Autoren

Markus Niederhäuser MA UZH, ist Leiter Weiterbildung sowie Dozent und Berater für Unternehmenskommunikation am Institut für Angewandte Medienwissenschaft der Zürcher Hochschule für Angewandte Wissenschaften (ZHAW). Seit 2004 leitet er an der Hochschule zudem das Nachdiplomstudium Master of Advanced Studies in Communication Management and Leadership, ein berufsbegleitendes Masterprogramm für Führungskräfte der Unternehmenskommunikation. Markus Niederhäuser verfügt über langjährige Erfahrung in unterschiedlichen Kommunikationsfunktionen, u. a. war er Chief Communications Officer des weltweit tätigen Industriekonzerns Sulzer. Er besitzt einen Master of Arts der Universität Zürich und ist diplomierter PR-Berater. Seine Themenschwerpunkte sind strategisches Kommunikationsmanagement und Krisenkommunikation.
E-Mail: markus.niederhaeuser@zhaw.ch

Prof. Dr. Nicole Rosenberger ist Professorin für Organisationskommunikation und Management sowie Mitglied der Institutsleitung am Institut für Angewandte Medienwissenschaft der Zürcher Hochschule für Angewandte Wissenschaften (ZHAW). Sie forscht, lehrt und berät in ihren Spezialgebieten strategisches Kommunikationsmanagement, vertrauensbildende Kommunikation, interne Kommunikation und Schreiben in und für Organisationen. Vor ihrer Tätigkeit an der ZHAW war sie in Journalismus und Organisationskommunikation tätig, u. a. als PR-Verantwortliche von Revisuisse Price Waterhouse Schweiz. Nicole Rosenberger ist Mitautorin des Buchs „Schreiben im Beruf" (2008) und Verfasserin verschiedenster Fachbeiträge. Sie promovierte an der Philosophischen Fakultät I der Universität Zürich.
E-Mail: nicole.rosenberger@zhaw.ch

Abbildungsverzeichnis

Einführung

1

Zusammenfassung

Die im September 2015 bekannt gewordenen Manipulationen von Volkswagen an Dieselfahrzeugen hat die Reputation des Automobilkonzerns schwer beschädigt. Nur über ein systematisches Identitätsmanagement mit intensiver kommunikativer Begleitung kann es gelingen, das Vertrauen der Stakeholder wieder herzustellen.

1.1 Unternehmenspolitik und Identität – der Fall Volkswagen

„Der Selbstmord" – Die Titelaufmachung des Spiegels vom 26. September 2015 symbolisiert die Erschütterungen, welche der Dieselskandal von Volkswagen weit über Deutschland hinaus ausgelöst hat. Wie konnte ein global aufgestelltes Vorzeigeunternehmen, der Inbegriff deutscher Ingenieurskunst, innerhalb von wenigen Tagen über 30 % seines Börsenwerts verlieren? Wie konnte es geschehen, dass die Vertrauenswerte in den Automobilhersteller VW im Vorjahresvergleich über 40 %[1] einbrachen?

Die Fakten sind schnell erzählt: VW hat bei Millionen von Dieselfahrzeugen den Bordcomputer so programmiert, dass Motor und Abgassystem je nach Situation unterschiedlich arbeiten: auf dem Prüfstand schaltet der Motor automatisch in den Schadstoff-Sparmodus, während im Alltagsbetrieb auf der Straße deutlich höhere Schadstoffwerte realisiert werden. So konnten strenge Abgasnormen, wie sie beispielsweise in den USA gelten, umgangen werden. War dieser Tatbestand in Expertenkreisen bereits im Jahr

---

[1]www.gpra.de/news-media/vertrauensindex (4. Januar 2016).

© Springer Fachmedien Wiesbaden GmbH 2017
M. Niederhäuser und N. Rosenberger, *Unternehmenspolitik, Identität und Kommunikation*, DOI 10.1007/978-3-658-15702-9_1

2014 bekannt, so dauerte es bis zum 20. September 2015, bis der VW-Konzern auf amerikanischen Druck hin die Manipulationen öffentlich zugab. Was im VW-eigenen Sprachgebrauch fortan euphemistisch als „Diesel-Thematik" bezeichnet wurde, galt in der medialen Welt schon bald als einer der größten Unternehmensskandale in Deutschland, mit weitreichenden Folgen für die Marke Volkswagen und die finanzielle Stabilität des Konzerns.

Volkswagen war im Jahr 2007 aufgebrochen, um seine Strategie 2018 umzusetzen: das erfolgreichste, faszinierendste und nachhaltigste Automobilunternehmen der Welt zu werden. Über folgende vier strategische Ziele sollte diese Vision erreicht werden:

1. „Volkswagen will durch den Einsatz von intelligenten Innovationen und Technologien bei Kundenzufriedenheit und Qualität weltweit führend sein. Eine hohe Kundenzufriedenheit ist für Volkswagen eine der wichtigsten Voraussetzungen für nachhaltigen Unternehmenserfolg.
2. Der Absatz soll mehr als 10 Mio. Fahrzeuge pro Jahr betragen; dabei will Volkswagen vor allem von der Entwicklung der großen Wachstumsmärkte überproportional profitieren.
3. Die Umsatzrendite vor Steuern soll nachhaltig mindestens 8% betragen, damit die finanzielle Solidität und Handlungsfähigkeit des Konzerns auch in schwierigen Marktphasen sichergestellt ist.
4. Bis 2018 will Volkswagen der attraktivste Arbeitgeber der Automobilbranche werden. Wer die besten Fahrzeuge bauen will, braucht die beste Mannschaft der Branche: hoch qualifiziert, fit und vor allem motiviert".[2]

Volkswagen schien lange Zeit auf guten Wegen, diese ambitiösen Ziele erreichen zu können. Die Aufdeckung der Manipulationen in den USA mit noch unabsehbaren finanziellen Folgen hat nun aber dazu geführt, dass die Strategie 2018 mit den formulierten Zielen Makulatur geworden ist. Der neue Vorstandsvorsitzende Matthias Müller, der den abgesetzten Martin Winterkorn im Oktober 2015 ablöste, nahm am 10. Dezember 2015 zusammen mit dem Aufsichtsratsvorsitzenden Hans Dieter Pötsch an einer Pressekonferenz Stellung zur Krisenbewältigung, aber auch zur Weiterentwicklung des Konzerns. Darin mahnte er einen Kulturwandel an und bestätigte indirekt die Kritiker, welche einen Zusammenhang zwischen der als zentralistisch und autoritär geltenden Unternehmenskultur von VW und den Schummeleien vermuteten. So leitete der Spiegel die Titelstory vom 26. September 2015 folgendermaßen ein: „(…) das Klima der Angst ist weit verbreitet im VW-Konzern. Untergebene trauen sich nicht, dem Chef unangenehme Wahrheiten zu sagen. Dies ist eine der tieferen Ursachen für den Abgasskandal, der den Konzern und die Wirtschaftsnation erschüttert".[3] Dass die Kombination von ehrgeizigen Zielvorgaben

---

[2]Volkswagen Aktiengesellschaft: Geschäftsbericht 2014, S. 49.
[3]Volkswagen Aktiengesellschaft, Hausmitteilung. In: Der Spiegel Nr. 40/2015. S. 5.

und einer Unternehmenskultur, die von wenig Offenheit, Kooperation und Kritikfähigkeit geprägt war, die Abgasmanipulationen zumindest begünstigt hat, scheint plausibel.

Müllers Kulturwandel oder die „neue Denkweise", wie er es an der Pressekonferenz formulierte, sieht eine evolutionäre Weiterentwicklung des Konzerns vor, die bestehende mit neuen Werten verbinden soll. Bewahren will VW das „Qualitätsbewusstsein", die „Identifikation mit den Produkten" sowie die „soziale Verantwortung". Für die Zukunft wünscht sich der Vorstandsvorsitzende – dies nun in deutlicher Abgrenzung zum Status quo – „mehr Offenheit", „mehr Kooperation" und „mehr Kritikfähigkeit". Die Strategie 2018 wird zur Strategie 2025 umgegossen, in der insbesondere auf die hoch gesteckten quantitativen Zielsetzungen verzichtet wird.[4]

Wie kann der kulturelle Umbau des Volkswagen-Konzerns, der weltweit rund 600.000 Mitarbeiter beschäftigt, gelingen und welche Rolle spielt die Kommunikation dabei? Der Veränderungsprozess muss, wenn er erfolgreich sein will, über ein systematisches Identitätsmanagement erfolgen. Die neuen unternehmenspolitischen Vorgaben wie Strategie und Werte müssen konsistent heruntergebrochen werden auf die Produktentwicklung sowie in ein verändertes Mitarbeiter- und Kommunikationsverhalten münden. Sollen die neuen Werte wie Offenheit oder Kritikfähigkeit von Führungskräften wie Mitarbeitern wirklich gelebt werden, steht VW ein langwieriger und aufwendiger Prozess bevor, der intensiv kommunikativ begleitet werden muss. Sollte der angestrebte Wertewandel allerdings nur alibimäßig gegen außen kommuniziert worden sein, um Aktionäre, Kunden und Behörden in der Krise zu besänftigen, dann läuft der Konzern Gefahr, seine Reputation dauerhaft zu beschädigen.

1.2   Identität und Kommunikation – ein integratives Modell

Die von VW während Jahren für sich in Anspruch genommenen und kommunizierten Werte „Qualitätsbewusstsein" und „soziale Verantwortung" sind durch den Abgasskandal desavouiert worden. Ein Unternehmen, das diese Werte ernst nimmt und lebt, führt Prüfstellen und Kunden nicht hinters Licht. Infrage gestellt ist bei VW nicht nur das Image des Konzerns, sondern auch dessen Identität. Eine in sich stimmige Identität strahlt positiv aus, ermöglicht Orientierung für Mitarbeitende, Kunden und Aktionäre und ist die Basis für Vertrauensbildung. Ein Unternehmen mit konsistenter Identität meint, was es sagt, und handelt entsprechend. Identität wird auch und besonders über Kommunikation gebildet und vermittelt. Kommunikation sollte deshalb als Teil des Identitätsmanagements einer Organisation verstanden werden.

Das in diesem Band vorgestellte didaktische Modell beleuchtet und erklärt die Rolle der Kommunikation in der Identitätsbildung einer Organisation. Es versteht sich darüber

---

[4]http://www.volkswagenag.com/content/vwcorp/content/de/investor_relations.html (abgerufen am 10. März 2016).

hinaus als Instrument zur Ortung und Diagnose von identitätsspezifischen Diskrepanzen. Und es beschreibt, wie Funktion und Aufgaben der Kommunikation wirkungsvoll für das Identitätsmanagement fruchtbar gemacht und mit diesem verbunden werden können.

Unter der Perspektive des Identitätsmanagements lassen sich verschiedene aktuell in Theorie und Praxis diskutierte Ansätze zum Wertschöpfungspotenzial der Unternehmenskommunikation integrieren. Während das strategische Kommunikationsmanagement – beispielsweise vertreten durch die Ansätze von Grunig (vgl. Grunig und Hunt 1984; Grunig et al. 2002) – das Erreichen der Unternehmensziele unterstützt, fokussiert das wertorientierte Kommunikationsmanagement (vgl. Mast 2016, S. 67 ff.; Zerfaß 2014) auf die Vermittlung der für das Unternehmen zentralen Werte und auf das Schaffen der immateriellen Werte Image und Reputation. Das integrierte Kommunikationsmanagement – zu deren prominentesten Vertretern Bruhn (2014) gehört – zielt darauf ab, mittels systematischer Abstimmung der internen und externen Kommunikation ein einheitliches Erscheinungsbild zu vermitteln. Im hier vorgestellten Modell des identitätsorientierten Kommunikationsmanagements werden diese unterschiedlichen Ausrichtungen in verschiedenen Prozessen abgebildet und – über das Konstrukt der Identität – miteinander und mit der Unternehmenspolitik in Verbindung gebracht.

In der Folge werden das Modell sowie die verschiedenen Interaktionsbeziehungen und Prozesse im Detail erläutert sowie in den fachwissenschaftlichen Diskurs eingeordnet. Anhand von Fallbeispielen werden mögliche Realisierungsvarianten in der Praxis diskutiert. Grundlage für die in den einzelnen Kapiteln jeweils erwähnten und am Schluss des Buches ausführlich dargestellten Praxisbeispiele sind explorative Interviews, die mit Geschäftsführern und Kommunikationsverantwortlichen von verschiedenen Unternehmen im deutschsprachigen Raum geführt wurden. Die befragten Unternehmen unterscheiden sich bezüglich Größe, Rechts- und Organisationsform sowie Ausrichtung der Geschäftsbeziehungen, und haben entsprechend unterschiedliche kommunikative Problemstellungen zu bewältigen. Interviewt wurden Exponenten der folgenden Unternehmen:

- ABB: weltweit führender Konzern in der Energie- und Automationstechnik (150.000 Mitarbeiter, börsennotiert),
- Dyson Schweiz: Technologieunternehmen im Haushaltsgeräte-Markt (weltweit 5000 Mitarbeiter, in der Schweiz knapp 100, vom Inhaber James Dyson geführt),
- Kubo-Gruppe: Mittelstands-Unternehmen im Business-to-Business-Markt (100 Mitarbeiter, vom Inhaber geführt),
- PricewaterhouseCoopers Schweiz: Schweizer Unternehmen, Teil eines globalen Dienstleistungs-Netzwerks (2800 Mitarbeiter, Partnership),
- Sonova-Gruppe: weltweit tätige Herstellerin von Hörsystemen (über 10.000 Mitarbeiter, börsennotiert),
- SOS-Kinderdorf e. V.: Non-Profit-Organisation im Bereich Wohlfahrt (3400 Mitarbeiter),
- Trigema: Mittelstands-Unternehmen im Business-to-Consumer-Markt (1200 Mitarbeiter, vom Inhaber geführt),
- Zoo Zürich AG: Non-Profit-Organisation im Bereich Naturschutz (200 Mitarbeiter).

Die acht Fallbeschreibungen (vgl. Kap. 7) werden in Anwendung des Modells des identitätsorientierten Kommunikationsmanagements und seiner Terminologie dargestellt. Dabei werden jeweils diejenigen Aspekte besonders ausführlich beschrieben, welche das Unternehmen im Hinblick auf das Modell speziell interessant machen.

Literatur

Bruhn, M. (2014). *Unternehmens- und Marketingkommunikation. Handbuch für ein integriertes Kommunikationsmanagement* (3. Aufl.). München: Vahlen.

Grunig, J. E., & Hunt, T. (1984). *Managing public relations.* New York: Wadsworth Publishing.

Grunig, L. A., Grunig, J. E., & Dozier, D. M. (2002). *Excellent public relations and effective organizations. A study of communication management in three countries.* Mahwah: Routledge.

Mast, C. (2016). *Unternehmenskommunikation. Ein Leitfaden* (6., überarbeitete und erweiterte Aufl.). Konstanz: UVK Lucius.

Zerfaß, A. (2014). Unternehmenskommunikation und Kommunikationsmanagement: Strategie, Management und Controlling. In A. Zerfaß, & M. Piwinger (Hrsg.), *Handbuch Unternehmenskommunikation. Strategie – Management – Wertschöpfung* (2., vollständig überarbeitete Aufl., S. 21–79). Wiesbaden: Springer Fachmedien Wiesbaden.

Identitätsorientiertes Kommunikationsmanagement – das Modell im Überblick

2

Zusammenfassung

Das Modell des identitätsorientierten Kommunikationsmanagements entwickelt das klassische CI-Modell von Birkigt et al. (Corporate Identity. Grundlagen. Funktionen. Fallbeispiele [11., überarbeitete und aktualisierte Auflage], Verlag Moderne Industrie, München, 2002) weiter, indem es sowohl die für das Kommunikationsmanagement relevanten Prozesse und Steuerungsinstrumente als auch die für die Wahrnehmung von Unternehmen wesentlichen Identitätselemente „Leistungsangebot", „Verhalten der Mitarbeitenden", „Symbole" und „Kommunikation" abbildet. Zudem wird im Modell differenziert zwischen angestrebter und kommunizierter (= definierte Identität) sowie tatsächlich gelebter Identität (reale Identitätsmanifestation). Dadurch können Glaubwürdigkeitsprobleme lokalisiert und der Zusammenhang von Identität, Image und Reputation aufzeigt werden.

2.1 Theoretische und begriffliche Einordnung

Aus systemtheoretischer Sicht erzeugen Unternehmen[1] ihre Identität durch das Setzen einer Systemgrenze, durch die sie sich von ihrer Umwelt abheben und zu etwas von der Umwelt Unterscheidbarem werden. Die Abgrenzung von anderen Systemen geschieht zum einen über die Definition und spezifische Lösung der Aufgabe, zu deren Erfüllung sich das System konstituiert, zum anderen über die Gestaltung der Austauschbeziehungen mit der Umwelt. Denn die Umwelt ist Abnehmerin der Produkte, die bei der Aufgabenerfüllung entstehen

---

[1]Der Begriff Unternehmen wird im Folgenden sowohl für private Unternehmen als auch für Non-Profit-Organisationen benutzt. Unternehmen werden systemtheoretisch erfasst als Organisationen, die auf die Erfüllung einer Aufgabe und damit auf ein Ziel ausgerichtet sind (Steiger 2013, S. 24).

© Springer Fachmedien Wiesbaden GmbH 2017

M. Niederhäuser und N. Rosenberger, *Unternehmenspolitik, Identität und Kommunikation*, DOI 10.1007/978-3-658-15702-9_2

(Output) und zugleich Lieferantin von Ressourcen (Input), die im internen Transformations-
prozess zur Aufgabenerfüllung führen. Unternehmen definieren ihre Aufgabe und die
Gestaltung dieser Aufgabe relativ abstrakt auf der Ebene der *Unternehmenspolitik* mittels
Vision, Zweck, Strategie und Werten (vgl. Abschn. 3.1). Die Umsetzung dieser Politik ist
auf Menschen angewiesen, die unter einem Unternehmensnamen bestimmte Produkte herstellen und vertreiben. Die Identität eines Unternehmens wird damit erst in der Umsetzung
der unternehmenspolitischen Vorgaben manifest. *Unternehmensidentität* konstituiert sich
über die Realisierung der Unternehmenspolitik in den folgenden vier *Identitätsdimensionen:*

- Leistungsangebot des Unternehmens,
- Verhalten der Mitarbeitenden,
- multisensorische Symbole,
- Unternehmenskommunikation.

Die Kombination der verschiedenen Merkmale dieser Identitätsdimensionen macht
schließlich die spezifische, im Idealfall unverwechselbare Identität eines Unternehmens
aus. Der Zusammenhang zwischen Unternehmenspolitik und Identität lässt sich demnach
folgendermaßen beschreiben: Unternehmen konstituieren sich über die Definition der zu
erfüllenden Aufgabe und damit über unternehmenspolitische Entscheidungen. Die Unternehmenspolitik schafft dementsprechend die Basis für die Identität des Unternehmens.
Der Aufbau einer Identität und damit deren Manifest- und Erlebbar-Werden geschieht
allerdings erst durch die Austauschbeziehungen zwischen dem Unternehmen und den
internen und externen Bezugsgruppen[2]; und zwar über die Dimensionen „Leistungsangebot", „Verhalten", „Symbole" und „Kommunikation".

Dem *Kommunikationsmanagement*[3], verstanden als Steuerung der kommunikativen
Beziehungen zwischen dem Unternehmen und seinen relevanten Bezugsgruppen, kommt
dabei eine doppelte Rolle zu. Unternehmenskommunikation ist zum einen selbst Ausdruck
und damit Träger von spezifischen Identitätsmerkmalen, zum andern hat sie eine unterstützende Funktion bei der Entwicklung, Umsetzung und Vermittlung der Identität nach innen
und außen. Die Kommunikation des Selbstverständnisses nach innen stiftet Orientierung
und Sinn, die Vermittlung nach außen schafft Transparenz, Akzeptanz und Vertrauen. Da
die Kommunikation mit den verschiedenen Stakeholdern in regelmäßigem Austausch
steht, fällt die Überprüfung der Akzeptanz der Identität bei den Stakeholdern und der
Übereinstimmung von *definierter* und *realer Identitätsmanifestation* in ihr Aufgabenge-
biet. Damit leistet das identitätsorientierte Kommunikationsmanagement einen wesentlichen Beitrag zur Wertschöpfung: Intern optimiert es den Ressourceneinsatz und stärkt die

---

[2]Der Begriff Bezugsgruppe wird in der Literatur meist synonym mit dem wirtschaftswissenschaft-
lichen Terminus Stakeholder benutzt (Fröhlich et al. 2015, S. 1093 f.).
[3]In Anlehnung an Grunig und Hunt, die Public Relations definieren als „the management of communication between an organization and its public" (Grunig und Hunt 1984, S. 6).

Identifikation und damit die Motivation der Mitarbeitenden; extern verschafft es dem Unternehmen ein klares Profil und leistet damit einen Beitrag zur Stärkung der *Reputation*.

2.2 Das Modell des identitätsorientierten Kommunikationsmanagements

Im Modell des identitätsorientierten Kommunikationsmanagements wird die Unternehmensidentität abgeleitet aus der Unternehmenspolitik (Vision, Mission, Werte, Strategie) und manifestiert sich in einem spezifischen *Leistungsangebot*, im *Verhalten* der einzelnen Organisationsmitglieder, in einem bestimmten Auftritt – vermittelt über multisensorische *Symbole* – und in einer spezifischen *Kommunikation* (vgl. Kap. 4). Über diese Dimensionen vermitteln Unternehmen, sobald sie als Handelnde auftreten, ihre Identität. Die Identitätsmanifestationen werden über Steuerungsinstrumente geführt und definiert. Da die Ergebnisse der Umsetzung der Steuerungsinstrumente teilweise von der Planung abweichen, wird im Modell zwischen *definierten und realen Manifestationen* unterschieden. Mit definierten Manifestationen wird die angestrebte, ideale Realisierung der Unternehmenspolitik in den vier Identitätsdimensionen bezeichnet. Dabei können einzelne Identitätsdimensionen oder die Identität als Ganzes explizit definiert sein oder sie ergeben sich implizit aus der Unternehmenspolitik. Reale Manifestationen hingegen bezeichnen die tatsächliche Realisierung der Unternehmenspolitik in den Identitätsdimensionen.

Die aus der Unternehmenspolitik abgeleitete Identität wird in verschiedenen *Steuerungsinstrumenten* konkretisiert:

- Marketingkonzept,
- Verhaltensrichtlinien,
- Symbolhandbuch,
- Kommunikationskonzept.

Diese Instrumente steuern die Umsetzung der Unternehmenspolitik in die Identitätsmanifestationen und besitzen damit eine Scharnierfunktion. *Unternehmensidentität* umfasst im vorliegenden Modell sowohl die Steuerungsinstrumente als auch die definierten und realen Manifestationen in den vier Identitätsdimensionen „Leistungsangebot", „Verhalten", „Symbole" und „Kommunikation". Von *definierter Identität* hingegen wird gesprochen, wenn lediglich die Steuerungsinstrumente und die definierten Manifestationen gemeint sind. Sie bezeichnet damit die autorisierte und meist explizit kommunizierte Vorstellung der idealen Realisierung der Unternehmenspolitik in den vier Identitätsdimensionen.

Die gezielte Abstimmung der vier Identitätsdimensionen untereinander bzw. ihrer Manifestationen führt zu einer konsistenten Identität, die dank eindeutiger und signifikanter Merkmale wahrnehmbar ist. Identitätsmanagement zielt auf eine unverwechselbare und kohärente Kombination der Identitätsdimensionen ab, die auch mit der Unternehmenspolitik übereinstimmt.

Die Umsetzung von Unternehmenspolitik in Identität verläuft über verschiedene Prozesse (vgl. Abb. 2.1). Als *Ableitungsprozesse* werden im Modell die Übersetzung der Unternehmenspolitik in die Steuerungsinstrumente bezeichnet. *Abstimmungsprozesse* hingegen haben die Aufgabe, die Identitätsdimensionen untereinander zu koordinieren, während die Realisierung der Steuerungsinstrumente mittels der *Umsetzungsprozesse* geführt wird. *Anpassungsprozesse* laufen ab, wenn die Steuerungsinstrumente bzw. die Unternehmenspolitik aufgrund von Evaluationen der definierten oder realen Manifestationen verändert werden. Im ersten Fall zielt die Anpassung im Sinne eines „single-loop learning" (Argyris und Schön 1996, S. 20 f.) primär darauf ab, die Effektivität zu steigern. Im zweiten Fall werden Elemente der Unternehmenspolitik, auf denen die Steuerungsinstrumente basieren, weiterentwickelt (vgl. Argyris und Schön 1996, S. 21).

Die Austauschbarkeit von Produkten und Dienstleistungen und die Flut von Informationen, mit denen die Stakeholder heute konfrontiert sind, führen dazu, dass das alleinige Kommunizieren des Leistungsangebots nicht mehr ausreicht, um sich im Aufmerksamkeitswettbewerb durchzusetzen. Die Vermittlung der spezifischen Identität stellt sicher, dass sich das Unternehmen von anderen unterscheidet und damit überhaupt wahrgenommen und akzeptiert werden kann. Während Identitätskommunikation die spezifische Umsetzung von Produkt-, Kommunikations-, Verhaltens- und Symbolpolitik nach innen und außen trägt, verdichtet und spitzt die *Marke* diese Identität als kommunikatives Versprechen zu. Die Marke entspricht damit der angestrebten Positionierung (vgl. Abschn. 3.3).

Durch die Kommunikation von und über Unternehmen konstituiert sich Öffentlichkeit i. S. eines Beobachtungsraums. Öffentlichkeit führt sozialen Systemen vor, „dass und wie sie beobachtet werden" (Theis-Berglmair 2015, S. 408 f.), und wird im Modell

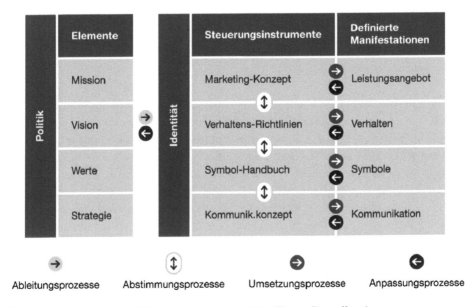

Abb. 2.1 Unternehmenspolitik und definierte Identität. (Eigene Darstellung)

als *„Kommunikationsarena"* (Zerfaß 2010, S. 195 ff.) bezeichnet. In der Arena tauschen verschiedene Akteure Informationen, Ansichten und Bewertungen aus. Dabei können sich öffentliche Meinungen ausbilden. Es gibt verschiedene Kommunikationsarenen, die sich hinsichtlich Akteur, Funktion und Themenfokus unterscheiden. Sie konstituieren sich über die Beobachtungen und Bewertungen von Absatz-, Kapital- und Personalmarkt sowie über den politischen Meinungsmarkt (vgl. Szyszka 2015, S. 214). Die gesamtgesellschaftliche Arena, die im Modell dargestellt ist, beobachtet und kommentiert die Meinungsbildung in den anderen Arenen und prägt damit diese Arenen zugleich auch wieder wesentlich mit (Abb. 2.2).

Akteure in der gesamtgesellschaftlichen Kommunikationsarena sind neben den Medien die verschiedenen Bezugsgruppen wie beispielsweise Kunden, Kapitalgeber oder Mitarbeiter. Interaktionen zwischen Unternehmen und Bezugsgruppen finden auf vielfältige Weise statt und können als Austauschprozesse bezeichnet werden: über Transaktionen von Ressourcen und Produkten, mittels institutionalisierter Unternehmenskommunikation und via interpersonaler Kommunikation zwischen einzelnen Organisationsmitgliedern und konkreten Akteuren. Die Bezugsgruppen bilden meist stark vereinfachte, typisierte und stabile Vorstellungsbilder von Unternehmen aus (vgl. Bergler 2008, S. 328 ff.). Diese *Images* (s. Abschn. 6.1 und 6.2) werden geprägt durch direkte Erfahrungen mit konkreten Produkten und Organisationsmitgliedern, durch öffentliche und nicht-öffentliche Kommunikation über das Unternehmen sowie durch institutionelle Unternehmenskommunikation.

Medien sind eine Bezugsgruppe neben anderen; sie beeinflussen in ihrer Funktion als Gestalter der öffentlichen Kommunikation und damit als Mittler auch die Images der

Abb. 2.2 In der Kommunikationsarena bilden sich Images und Reputation heraus. (Eigene Darstellung)

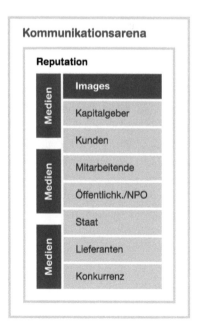

anderen Bezugsgruppen. Images prägen Einstellungen und haben damit eine verhaltenssteuernde Wirkung. Entsprechend zielt die Unternehmenskommunikation darauf ab, diese aktiv mitzugestalten. Aufgrund der stark gewachsenen Bedeutung der digitalen Medien und der Individualisierung der Massenkommunikation gelingt dies allerdings nur noch bedingt. Weisen die von den verschiedenen Bezugsgruppen entwickelten Images eine substanzielle inhaltliche Überschneidung auf und stimmen die Images im Kern mit der definierten Identität überein, dann ist die Unternehmensidentität konzis vermittelt worden.

In der Kommunikationsarena bildet sich auch die *Reputation* (s. Abschn. 6.3 und 6.4) von Unternehmen heraus, verstanden als „Ruf der Vertrauenswürdigkeit" (Eisenegger 2005, S. 24). Dabei werden die verschiedenen Images zu einem Gesamtwert des Ansehens aggregiert. Die Konstrukte Image und Reputation und die in der Kommunikationsarena kondensierten Meinungen zu relevanten Themen beeinflussen auf je spezifischen Ebenen und aus unterschiedlichen Perspektiven die Außenwahrnehmungen von Unternehmen. Diese wirken zudem gegenseitig aufeinander ein. Während Images zur Reputation aggregiert werden, beeinflusst diese wiederum das Image, das ein Unternehmen beim Einzelnen hat. Reputation wird „über das Image individualisiert" (Fleischer 2015, S. 71).

Die Stakeholder erwarten zunächst, dass sich ein Unternehmen so verhält, wie es die definierte Identität suggeriert. Diese Erwartungshaltung ist die Voraussetzung dafür, dass die Stakeholder das Unternehmen als berechenbar und damit als vertrauenswürdig einstufen. Vertrauenswürdig kann letztlich nur sein, wer zum einen fassbar ist, das heißt, sich durch eine klar definierte Identität differenziert. Zum anderen müssen die Erwartungen der Stakeholder erfüllt werden. Diese Erwartungen beziehen sich sowohl auf die *Kompetenz* einer Organisation, ihren Leistungsauftrag möglichst optimal zu erfüllen, als auch auf die *Integrität* bzgl. des Einhaltens von bestimmten Normen und Werten. Denn Normen und Werte prägen die Anliegen und Interessen der Stakeholder, die nicht immer mit den Zielen des Unternehmens vereinbar sind. Kompetenz und Integrität sind zwei zentrale Kriterien für Reputationsbildung (vgl. Eisenegger 2005, S. 37–44).

Ein Unternehmen wird nicht nur an der Adäquatheit seiner definierten Identität gemessen, sondern auch daran, ob diese im effektiven Agieren umgesetzt wird, d. h. ob definierte und reale Identitätsmanifestationen kongruent sind. Eine größere Diskrepanz zwischen definierten und realen Manifestationen führt zu einem Glaubwürdigkeitsproblem („credibility gap"). Zentraler Faktor für eine erfolgreiche Umsetzung der definierten Identität ist die *Unternehmenskultur*. Sie umfasst die unbewussten kollektiven Annahmen und Wertvorstellungen der Organisationsmitglieder[4]. Da diese Muster die Haltung und das Verhalten der Mitarbeitenden stark prägen, begrenzt die Unternehmenskultur den möglichen Gestaltungsraum von Unternehmenspolitik und Identität. Die Implementierung und Realisierung der in der Unternehmenspolitik festgelegten Werte und Zielsetzungen kann nur gelingen, wenn sie den kollektiven Einstellungen nicht zuwiderlaufen.

---

[4]Dieses Verständnis entspricht der untersten Ebene in Scheins Modell der Unternehmenskultur (vgl. Schein 2004, S. 25 ff.), s. auch Abschn. 3.2.1.

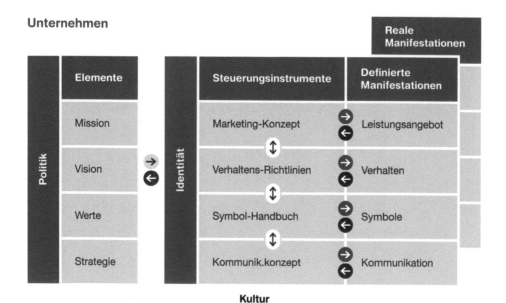

Abb. 2.3 Definierte und reale Identitätsmanifestationen. (Eigene Darstellung)

Gravierende Diskrepanzen zwischen definierten und realen Manifestationen sind in einem negativen Sinne reputationswirksam, da in diesem Fall die Erwartungen der Bezugsgruppen nicht erfüllt werden (Abb. 2.3). Größere Verschiebungen zwischen den beiden Ebenen müssen denn auch mittels Change Management angegangen werden; der Kommunikation kommt dabei eine den Wandel unterstützende Funktion zu.

Die Austauschprozesse zwischen Unternehmen und ihren Bezugsgruppen werden grundsätzlich über alle *vier Identitätsdimensionen* geführt (Abb. 2.4). Das physische Produkt in der Hand des Kunden, das Verhalten des Mitarbeiter am Point of Sale, die Architektur des Firmengebäudes, die Medienmitteilung zum Rücktritt des CEO: Sie alle sind Teil der Austauschprozesse und damit image- und reputationswirksam. Die spezifische Rolle der *Identitätsdimension Kommunikation* (s. Abschn. 6.5) bzgl. der immateriellen Werte „Image" und „Reputation" besteht primär darin, die Konkretisierung der Unternehmenspolitik in eine definierte Identität kommunikativ zu begleiten und diese nach innen und außen sichtbar zu machen. Neben einer eindeutigen *Positionierung* des Unternehmens über die Marke kommt der Kommunikation dann aber auch die Aufgabe zu, mittels Dialog mit den Stakeholdern und mittels Issues Management die von außen an das Unternehmen gestellten *Erwartungen* in Bezug auf Kompetenz und Integrität zu *erheben* und in die Unternehmensleitung einzubringen. Diese hat anschließend zu entscheiden, ob und, wenn ja, auf welcher Ebene (Unternehmenspolitik, definierte Identität, reale Manifestationen) gehandelt werden muss. Führt die Beobachtung der Kommunikationsarena zu einer Anpassung der Unternehmenspolitik, dann wird i. S. des „double-loop learning" (Argyris und Schön 1996, S. 21) nicht nur die Kommunikationsstrategie verändert, sondern auch die dieser Strategie zugrunde liegenden Normen und Werte.

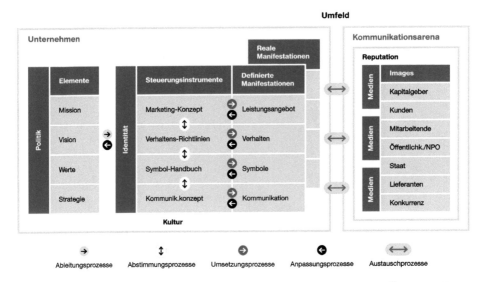

Abb. 2.4 Das Modell des identitätsorientierten Kommunikationsmanagements im Überblick. (Eigene Darstellung)

2.3   Bezüge zum klassischen Corporate-Identity-Modell

Das Modell des *identitätsorientierten Kommunikationsmanagements* geht aus vom klassischen Corporate-Identity-Modell von Birkigt et al. (2002) und entwickelt es weiter. Birkigt et al. definieren Corporate Identity als „strategisch geplante und operativ eingesetzte Selbstdarstellung und Verhaltensweise eines Unternehmens nach innen und außen auf Basis einer festgelegten Unternehmensphilosophie, einer langfristigen Unternehmenszielsetzung und eines definierten Soll-Images" (Birkigt et al. 2002, S. 59). Im Kern der Corporate Identity steht die Unternehmenspersönlichkeit, die sich einerseits aus Zweck und Zielsetzungen des Unternehmens, andererseits aus der Rolle in Markt und Gesellschaft ergibt. Diese Persönlichkeit kann sich mittels der Instrumente „Verhalten", „Kommunikation" und „Erscheinungsbild" verwirklichen. Der „Identitäts-Mix" ist „Medium und Kanal für die Vermittlung der Unternehmenspersönlichkeit" gegenüber internen und externen Zielgruppen. Die Vermittlung führt zum Corporate Image als „Spiegelbild der Corporate Identity" (Birkigt et al. 2002, S. 19–23; Abb. 2.5).

Wichtigstes Instrument der Persönlichkeitsvermittlung ist das Unternehmensverhalten. Darunter verstehen die Autoren das konkrete Verhalten des Unternehmens in Produkt-, Vertriebs-, Sozial- und Finanzpolitik (vgl. Birkigt et al. 2002, S. 59). Die Unternehmenspersönlichkeit stellt sich in einem möglichst geschlossenen Erscheinungsbild dar, in welchem Marken-, Grafik- und Architektur-Design einheitlich zusammenwirken. Die Unternehmenskommunikation stützt inhaltlich den Faktor „Unternehmensverhalten" und ist formal durch das Erscheinungsbild geprägt. Corporate Identity als Leitstrategie eines

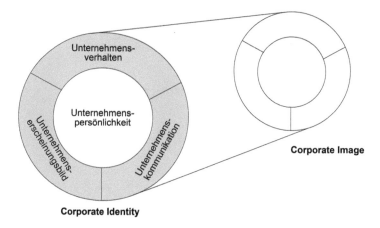

Abb. 2.5 Klassisches CI-Modell. (Birkigt et al. 2002, S. 23)

Unternehmens zielt auf eine „in sich geschlossene" Persönlichkeit ab, die nach innen stabilisierend wirkt, eine „Identifikationsplattform" darstellt und nach außen eine klare Positionierung des Unternehmens ermöglicht (vgl. Birkigt et al. 2002, S. 47 ff.).

Der klassische CI-Ansatz verortet die normativen und strategischen Vorgaben in der Unternehmenspersönlichkeit im Zentrum der Identität. Im Gegensatz dazu sind im Modell des identitätsorientierten Kommunikationsmanagements diese unternehmenspolitischen Normen und Strategien auf einer übergeordneten Ebene der Unternehmensführung angesiedelt. Dies erlaubt eine differenzierte Unterscheidung zwischen Ableitungs- und Abstimmungsprozessen einerseits sowie zwischen Steuerungsinstrumenten und Identitätsmanifestationen andererseits.

Signifikante Unterschiede zum CI-Ansatz sind zudem die Erweiterung der Identität um die Dimension des Leistungsangebots, die Einbeziehung multisensorischer Symbole sowie die Verhaltensdimension, die das konkrete Agieren der einzelnen Organisationsmitglieder umfasst. Das Leistungsangebot als vierte Identitätsdimension ermöglicht es, das Markenkonzept in Bezug zur Identität zu setzen und die Ausdifferenzierung von Marken auf Produkt- und Unternehmensebene in den Blick zu nehmen.[5] Hinzu kommt die Unterscheidung zwischen definierten und realen Identitätsmanifestationen. Diese Differenzierung ist eine wesentliche Voraussetzung dafür, um Irritationen bzgl. Glaubwürdigkeit und Reputation diagnostizieren und entsprechend angehen zu können.

---

[5]Das Leistungsangebot ist im Identitätsmodell von Melewar und Wooldridge ebenfalls ein zentraler Faktor neben „Market Conditions", „Corporate Behaviour" und „Communication and Design". Dabei findet im Leistungsangebot die Gestaltung der Marken statt. Als Effekt des Identitätsfaktors „Products and Services" prägen die Marken bei Melewar und Wooldridge die Identität mit (vgl. Herger 2006, S. 77 f.).

Schließlich wird im vorliegenden Modell das Imagekonstrukt anders als im CI-Modell nicht isoliert dargestellt, sondern es wird in der Kommunikationsarena situiert und in Beziehung zur Reputation gesetzt.

Literatur

Argyris, C., & Schön, D. A. (1996). *Organizational learning II. Theory, method, and practice.* Reading: Addison-Wesley Publishing Company.

Bergler, R. (2008). Identität und Image. In G. Bentele, R. Fröhlich, & P. Szyszka (Hrsg.), *Handbuch der Public Relations. Wissenschaftliche Grundlagen und berufliches Handeln. Mit Lexikon* (2., korrigierte und erweiterte Auflage, S. 321–334). Wiesbaden: Springer VS.

Birgikt, K., Stadler, M. M., & Funck, H. J. (2002). *Corporate identity. Grundlagen. Funktionen. Fallbeispiele* (11., überarbeitete und aktualisierte Auflage). München: Verlag Moderne Industrie.

Eisenegger, M. (2005). *Reputation in der Mediengesellschaft: Konstitution – Issues Monitoring – Issues Management.* Wiesbaden: Springer.

Fleischer, A. (2015). *Reputation und Wahrnehmung. Wie Unternehmensreputation entsteht und wie sie sich beeinflussen lässt.* Wiesbaden: Springer VS.

Fröhlich, R., Szyszka, P., & Bentele, G. (Hrsg.). (2015). *Handbuch der Public Relations. Wissenschaftliche Grundlagen und berufliches Handeln. Mit Lexikon* (3., überarbeitete und erweiterte Auflage). Wiesbaden: Springer VS.

Grunig, J. E., & Hunt, T. (1984). *Managing public relations.* New York: Rinehart & Winston.

Herger, N. (2006). *Vertrauen und Organisationskommunikation. Identität – Marke – Image – Reputation.* Wiesbaden: Springer VS.

Schein, E. H. (2004). *Organizational culture and leadership* (3. Aufl.). New York: Jossey-Bass.

Steiger, T. (2013). Organisationsverständnis. In T. Steiger & E. Lippmann (Hrsg.), *Handbuch Angewandte Psychologie für Führungskräfte – Führungskompetenz und Führungswissen* (4., vollständig überarbeitete Auflage, Bd. 1, S. 17–34). Berlin: Springer.

Szyszka, P. (2015). Integrativer Theorieentwurf. In R. Fröhlich, P. Szyszka, & G. Bentele (Hrsg.), *Handbuch der Public Relations. Wissenschaftliche Grundlagen und berufliches Handeln. Mit Lexikon* (3., überarbeitete und erweiterte Auflage, S. 205–228). Wiesbaden: Springer VS.

Theis-Berglmair, A. M. (2015). Öffentlichkeit und öffentliche Meinung. In R. Fröhlich, P. Szyszka, & G. Bentele (Hrsg.), *Handbuch der Public Relations. Wissenschaftliche Grundlagen und berufliches Handeln. Mit Lexikon* (3., überarbeitete und erweiterte Auflage, S. 399–410). Wiesbaden: Springer VS.

Zerfaß, A. (2010). *Unternehmensführung und Öffentlichkeitsarbeit. Grundlegung einer Theorie der Unternehmenskommunikation und Public Relations* (3., aktualisierte Auflage). Wiesbaden: Springer VS.

Von der Unternehmenspolitik zur Identität

3

Zusammenfassung

Zentraler Ausgangspunkt für die Identität eines Unternehmens ist die Unternehmenspolitik. Deren Bausteine sind Unternehmenszweck und -ziele (Mission), Vision, Werte und Strategie. Das Leitbild fasst in der Regel die wichtigsten Eckwerte der Unternehmenspolitik zusammen. Wichtiger Erfolgsfaktor für die Umsetzung der Unternehmenspolitik in Identität ist die Unternehmenskultur. Diese steht in vielfältigen Wechselbeziehungen zur Unternehmensidentität und kann einen angestrebten Identitätswandel je nach Ausprägung behindern oder befördern. Die Unternehmenspolitik wird erst dann identitätswirksam, wenn sie in Form von Handlungsanweisungen, Konzepten oder Teilstrategien operationalisiert wird. Diese Operationalisierungen werden als *Ableitungsprozesse* bezeichnet, die handlungsleitenden Dokumente als *Steuerungsinstrumente*. Die Steuerungsinstrumente sind grundsätzlich Konkretisierungen der Unternehmenspolitik. Identitätswirksam werden sie aber erst dann, wenn sie in konkrete Manifestationen in Form von Leistungsangeboten, Verhalten, Symbolen oder Kommunikation umgesetzt werden. Diese Schritte können als *Umsetzungsprozesse* verstanden werden. Entscheidend für eine konsistente Identität ist, dass die Übersetzung von der Unternehmenspolitik in die einzelnen Identitätsdimensionen koordiniert erfolgt und dass die vier Dimensionen untereinander abgestimmt werden. Diese Koordinationsvorgänge werden als *Abstimmungsprozesse* bezeichnet. *Anpassungsprozesse* laufen ab, wenn aufgrund von Feedbackprozessen und Evaluationen entweder die Steuerungsinstrumente oder einzelne Elemente der Unternehmenspolitik verändert werden. Eine konsistente Identität ist Voraussetzung dafür, dass die Stakeholder Vertrauen in ein Unternehmen aufbauen. Die Unternehmensmarke reduziert die facettenreiche Identität in der Regel auf wenige Werte und spitzt sie in Form der Marke zu einem kommunikativen Versprechen gegenüber den jeweiligen

© Springer Fachmedien Wiesbaden GmbH 2017
M. Niederhäuser und N. Rosenberger, *Unternehmenspolitik, Identität und Kommunikation*, DOI 10.1007/978-3-658-15702-9_3

Bezugsgruppen zu. Unternehmen, deren Markenversprechen nicht zentral in der Identität verankert sind, drohen massive Glaubwürdigkeits- und Vertrauensverluste.

3.1   Unternehmenspolitik als Ausgangspunkt

Untrennbar verknüpft mit der Identität eines Unternehmens und deren zentraler Ausgangspunkt ist die Unternehmenspolitik. Im Folgenden werden die Komponenten der Unternehmenspolitik beleuchtet und in ihrer Relevanz für die Entstehung der Identität erläutert und vertieft.

Ein Unternehmen bzw. seine Führungscrew muss sich nicht nur bei der Unternehmensgründung, sondern in periodischen Abständen grundsätzliche Fragen nach der unternehmerischen Ausrichtung stellen: Wer sind wir, welches ist unsere Kernaufgabe? Wohin wollen wir? Wie gehen wir mit unseren Anspruchsgruppen um? Diese Grundsatzfragen verlangen Entscheidungen, die von einer Einzelperson (z. B. dem Firmeninhaber), dem obersten Führungsteam oder von diesem auch unter Einbeziehung eines breiteren Mitarbeiterkreises gefällt werden müssen. Die Gesamtheit dieser Entscheidungen kann als *Unternehmenspolitik* bezeichnet werden: „Unter der Unternehmenspolitik versteht man sämtliche Entscheidungen, die das Verhalten des Unternehmens nach außen und nach innen langfristig bestimmen" (Thommen und Achleitner 2012, S. 971).

Nach dem Managementtheoretiker Hans Ulrich lässt sich Unternehmenspolitik durch folgende Merkmale charakterisieren (zit. nach Thommen und Achleitner 2012, S. 971 f.):

- Es handelt sich um *originäre Entscheidungen,* die sich nicht aus höherwertigen ableiten lassen.
- Die obersten Entscheidungen bilden die Grundlage für die Entscheidungen in den einzelnen Teilbereichen des Unternehmens; sie bilden damit die *Rahmenbedingungen.*
- Unternehmenspolitik gehört zum Aufgabenbereich der *obersten Führungsstufe* (Top-Management).
- Die Unternehmenspolitik ist *allgemein formuliert* und verfügt damit über einen geringen Konkretisierungsgrad. Sie ist nicht direkt operational.
- Die Entscheidungen sind *langfristiger Natur.* Sie behalten so lange ihre Gültigkeit, bis neue Entscheidungen gefällt werden.

Ulrich hat acht Anforderungen an unternehmenspolitische Entscheidungen formuliert. Danach sollen diese allgemeingültig, wesentlich, langfristig gültig, vollständig, wahr, realisierbar, konsistent und klar sein (vgl. Thommen und Achleitner 2012, S. 972 f.).

Änderungen in der Unternehmenspolitik müssen gut überlegt sein. Grundsätzlich ist ein Unternehmen nur bedingt in der Lage, die Unternehmenspolitik grundlegend zu verändern. In bestehenden Organisationen muss die Unternehmenspolitik Rücksicht nehmen auf die bisher definierte Identität sowie auf die Kultur, verstanden als die kollektiven Annahmen und Einstellungen der Organisationsmitglieder. Identität und Kultur bieten sowohl Potenziale als auch Begrenzungen für Veränderungen. Diese unternehmensinternen Potenziale und Begrenzungen sowie die Ansprüche und Erwartungen der externen Stakeholder definieren den unternehmenspolitischen Handlungsspielraum (vgl. Birgikt et al. 2002, S. 70).

In der Managementliteratur und in der Praxis lassen sich folgende gängige Bausteine ausmachen, die hier unter dem Begriff „Unternehmenspolitik" zusammengefasst werden[1]: Unternehmenszweck und -ziele (Mission), Vision, Werte und Strategie. Vielfach werden die wichtigsten Eckpunkte in einem für alle Mitarbeiter verbindlichen *Leitbild* zusammengefasst.

3.1.1 Unternehmenszweck und -ziele

Organisationen lassen sich auf zwei Wesensmerkmale reduzieren. Sie sind von Menschen getragene soziale Systeme, die auf eine Aufgabenerfüllung, einen Zweck ausgerichtet sind (vgl. Steiger und Lippmann 2013, S. 24). Der *Unternehmenszweck* – im englischen Sprachraum mit *Mission* bezeichnet – hat zwei Bedeutungsausprägungen: Er bezeichnet das Ziel, aber auch den Sinn einer Handlung (vgl. Schmid und Lyczek 2008, S. 29). Auf der Zielebene lässt sich für privatwirtschaftliche Unternehmen die Gewinnorientierung als wichtigstes Ziel bestimmen, ist sie doch das definierende Merkmal. Neben diesem Formalziel verfolgen Unternehmen weitere Ziele wie Markt- und Produktziele, Finanzziele, Führungs- und Organisationsziele oder auch soziale Ziele (vgl. Thommen und Achleitner 2012, S. 117).

Der Sinn des unternehmerischen Handelns weist über ökonomische Ziele hinaus. Er liegt in der Unterstützung nicht-wirtschaftlicher Ziele der Gesellschaft und im Schaffen von Werten für diese. Sinn wird immer im Austauschprozess mit der Gesellschaft bzw. mit den Anspruchsgruppen ausgehandelt und definiert (vgl. Schmid und Lyczek 2008, S. 30). Im Zentrum steht die Frage, welchen Nutzen das Unternehmen für die Gesellschaft erbringt. So will die Sonova-Firmengruppe das umfassendste Angebot an Hörlösungen bieten, um alle bedeutenden Formen von Hörverlust behandeln zu können (s. Fallbeschreibung Abschn. 8.5). Im Wettbewerb haben primär jene Unternehmen Erfolg, denen es gelingt, immer wieder Nutzen stiftende Aufgaben zu entdecken und diese im Konkurrenzvergleich besser zu erfüllen, entweder durch überlegene Nutzenstiftung (Effektivitätsvorteil) oder durch niedrigere Kosten (Effizienzvorteil; vgl. Rüegg-Stürm 2003, S. 21).

---

[1]In der Managementliteratur werden diese diversen Begriffe und Konstrukte sehr unterschiedlich konzeptualisiert. Eine nützliche Übersicht bieten Lombriser und Abplanalp (2015).

Beispiele von Missionen[2]

Wir wollen innovative Produkte erforschen, entwickeln und erfolgreich vermarkten und damit Krankheiten vorbeugen und heilen, Leiden lindern und Lebensqualität verbessern. Ebenso wollen wir wirtschaftlich erfolgreich sein, um Mehrwert für jene zu schaffen, die Ideen, Arbeit und finanzielle Ressourcen in unser Unternehmen investieren. (Novartis)

Saving People Money So They Can Live Better. (Walmart)

Google's mission is to organize the world's information and make it universally accessible and useful. (Google)

Bei Non-Profit-Organisationen (NPO) fällt definitionsgemäß die Gewinnorientierung weg. Sie verfolgen in der Regel rein ideelle Ziele zum Nutzen der Gesellschaft bzw. einzelner gesellschaftlicher Gruppierungen.

Beispiel Zoo Zürich

Der Zoo wirkt als Botschafter zwischen Mensch, Tier und Natur. Indem wir breite Bevölkerungskreise auf attraktive und erlebnisreiche Art und Weise ansprechen, wollen wir zum nachhaltigen Fortbestand der biologischen Vielfalt beitragen. (Auszug aus Leitbild)

Der Zoo Zürich versteht sich also nicht als Betreiber einer Tierschau, sondern als Naturschutzorganisation. Die Tierhaltung ist nur als Mittel zu betrachten, um das Organisationsziel – den Schutz der biologischen Vielfalt – zu erreichen (s. ausführliche Fallbeschreibung Abschn. 8.8).

3.1.2   Unternehmensvision als langfristiges Ziel

Während die Mission ihre Bedeutung bereits in der Gegenwart entfaltet, weist die *Unternehmensvision* weit nach vorne. Sie ist die auf die Zukunft gerichtete Leitidee, die ein richtungsweisendes Ziel enthält, an welchem sich alle Tätigkeiten des Unternehmens auszurichten haben (vgl. Krummenacher und Thommen 2012, S. 324). Die Vision beschreibt eine Zukunft in fünf, zehn oder mehr Jahren. Visionen sollen die Kräfte im Unternehmen bündeln, die Mitarbeiter motivieren und eine gemeinsame Marschrichtung vorgeben. Die Vision ist eng verknüpft mit dem Unternehmenszweck, da sie sich aus diesem erschließen muss. Der Wert von Visionen liegt insbesondere darin, dass sie eine Selektionsleistung bei der Wahl normativer Konzepte und strategischer Programme erbringen können.

Die Vision hat die größte Ausstrahlungskraft, wenn sie den zu erreichenden Zustand in der Zukunft in einem starken, konkreten Bild darzustellen vermag. Beispielhaft erwähnt sei hier die Ankündigung John F. Kennedys im Jahr 1961, bis Ende

---

[2]Die Beispiele sind den Websites der entsprechenden Unternehmen entnommen (Dezember 2015).

des Jahrzehnts den ersten Menschen auf dem Mond landen zu lassen. Damit wollte Kennedy bis Ende des Jahrzehnts zeigen, dass die USA ihrem weltpolitischen Gegenpart, der damaligen Sowjetunion, technologisch überlegen ist.

Eine nicht geringe Anzahl von Unternehmen verzichtet bewusst auf eine Vision. Sie begründen ihr Handeln lieber mit dem Erfüllen ihrer Mission bzw. mit dem Verfolgen konkreter Ziele. Aussagen über die ferne Zukunft zu machen halten sie für unmöglich oder gar verantwortungslos. Sie halten sich an das Bonmot des im Jahr 2015 verstorbenen deutschen Alt-Bundeskanzlers Helmut Schmidt: „Wer Visionen hat, sollte zum Arzt gehen."

Beispiel Volkswagen

Die Vision von Volkswagen wurde im Rahmen der Strategie 2018 bereits im Jahr 2007 formuliert: das erfolgreichste, faszinierendste und nachhaltigste Automobilunternehmen der Welt zu werden. Der Aspekt des „erfolgreichsten Automobilunternehmens" wurde auf der Zielebene mit ambitionierten Absatz- und Renditezahlen konkretisiert. Es ist zu vermuten, dass diese ehrgeizigen Zielvorgaben die Manipulationen bei den Dieselmotoren begünstigt haben (s. Fallbeispiel Volkswagen in Kap. 1).

Weitere Beispiele von Visionen[3]

Die Welt mit innovativen Technologien, Produkten und Designs zu inspirieren, die das Leben der Menschen bereichern und zu einer sozial verantwortungsbewussten, nachhaltigen Zukunft beizutragen. (Samsung)

Unsere Vision ist eine ökologische und friedliche Zukunft. Greenpeace zeigt Umweltprobleme auf und treibt Lösungen voran. Hartnäckig. Damit die Vision zur Realität wird. (Greenpeace)

Die Vision heißt Wirtschaftsdemokratie. (SP Schweiz)

3.1.3 Unternehmenswerte

Werte sind im sozialwissenschaftlichen Sinne „implizite oder explizite Auffassungen, die ein Individuum, eine Gruppe bzw. Organisation oder eine Gesellschaft von Wünschenswertem oder Erstrebenswertem vertritt. Werte beeinflussen die Wahl möglicher Verhaltensweisen, Handlungsalternativen und -ziele. Sie prägen die Wahrnehmung der Umwelt, der Handlungsalternativen und -folgen und somit das Entscheidungshandeln" (Mast 2013, S. 83). Werte dienen also als Orientierungsperspektiven für menschliches Handeln. Sie markieren entsprechend ein Ziel, auf das sich das Handeln ausrichten kann. Zu unterscheiden sind diese psychosozialen[4] Unternehmenswerte von den ökonomischen.

---

[3]Die Beispiele sind den Websites der entsprechenden Unternehmen entnommen (Dezember 2015).
[4]Mit dem Terminus „psychosoziale Werte" wird hier ein möglichst umfassender Begriff für verhaltenssteuernde Werte eingeführt.

Sind Erstere konstituierend für Organisationshandeln, so sind Letztere als dessen Ergebnis aufzufassen. Wirtschaftliche Werte werden üblicherweise unterschieden nach *materiellen Werten* wie Geld und Anlagen sowie *immateriellen Werten* wie Marken, Reputation oder Image (vgl. Mast 2013, S. 83).

Die *psychosozialen Werte* eines Unternehmens lassen sich gemäß Wirtschaftsethiker Josef Wieland in vier Kategorien abbilden: Leistungswerte, Kommunikationswerte, Kooperationswerte und moralische Werte; die Kooperations- und Kommunikationswerte lassen sich als Interaktionswerte zusammenfassen (vgl. Wieland 2007, S. 100; Abb. 3.1).

Jedes Unternehmen zeichnet sich aus durch und orientiert sich an Werten. Die spezifische Mischung der Werte – der Werte-Mix – erlaubt dem Unternehmen eine identitätsbildende Abgrenzung zu anderen Akteuren. Zu beachten ist, dass einzelne Werte nicht isoliert zu betrachten sind: Die Entscheidung für einen bestimmten neuen Wert – z. B. Transparenz – verlangt die Berücksichtigung weiterer Werte wie Offenheit oder Kommunikationsorientierung. Das folgende Beispiel zeigt überdies, dass traditionell gepflegte Werte in Krisensituationen über Bord geworfen werden müssen.

Beispiel Panalpina

Der global agierende Logistikkonzern Panalpina erlebte in den Jahren 2008/2009 eine der größten Krisen seiner Unternehmensgeschichte. Vorwürfe bzgl. Preisabsprachen und Korruption erschütterten das Unternehmen in seinen Grundfesten. Die Krise führte dazu, dass die Prinzipien von Compliance (Einhalten von Regeln und Gesetzen) und Transparenz zu tragenden Pfeilern einer neu formulierten Unternehmenspolitik wurden. Diese Prinzipien veränderten auch das Kommunikationsverhalten des Konzerns. Der traditionell eher verschwiegene Logistikkonzern wandelte sich zu einem offenen, proaktiv kommunizierenden Unternehmen. „Transparenz" wurde damit zu einem zentralen Kommunikationswert von Panalpina (vgl. ausführliche Fallbeschreibung in Niederhäuser und Rosenberger 2011, S. 131 ff.).

Abb. 3.1 Werte-Viereck.
(Wieland 2007, S. 100)

Leistungswerte	**Kommunikationswerte**
• Nutzen	• Achtung
• Kompetenz	• Zugehörigkeit
• Leistungsbereitschaft	• Offenheit
• Flexibilität	• Transparenz
• Kreativität	• Verständigung
• Innovationsorientierung	• Risikobereitschaft
• Qualität	

Kooperationswerte	**Moralische Werte**
• Loyalität	• Integrität
• Teamgeist	• Fairness
• Konfliktfähigkeit	• Ehrlichkeit
• Offenheit	• Vertragstreue
• Kommunikations-orientierung	• Verantwortung

Intern reduzieren Werte die Entscheidungskomplexität, indem sie Handlungsalternativen beschränken und bei Zielkonflikten entscheidungsleitend sind. Nach außen geben sie den Interaktionspartnern Erwartungssicherheit in Bezug auf das Handeln und Verhalten des Unternehmens und seiner Mitarbeiter.

Unternehmen sind nicht frei, ein beliebiges Werteset zu definieren. Werte werden in der Austauschbeziehung mit der Umwelt ausgehandelt und müssen von dieser bzw. von den Stakeholdern akzeptiert sein. Mit dem Setzen von gesamtgesellschaftlich akzeptierten Werten verschafft sich das Unternehmen Handlungsspielraum.

Ein Unternehmenswandel ist oft nur möglich, wenn alte, traditionelle Kernwerte durch neue ersetzt werden. Reichten beispielsweise früher die Werte „Qualität" und „Zuverlässigkeit" in einem monopolisierten Telecom-Markt aus, so sind im harten Wettbewerb möglicherweise „Innovation", „Flexibilität" und „Kundenorientierung" die neuen Schlüsselwerte.

Psychosoziale Werte sind Voraussetzung für das Schaffen von ökonomischen Werten, da erstere das Mitarbeiterverhalten stark prägen. Der Zusammenhang von Mitarbeiterverhalten und Unternehmenswertschaffung sollte in der internen und externen Wertekommunikation deutlich herausgestrichen werden.

Beispiel PricewaterhouseCoopers

Das Prüfungs- und Beratungsunternehmen PricewaterhouseCoopers (PwC) setzt in der Schweiz auf die drei psychosozialen Werte „Teamwork", „Excellence" und „Leadership". Damit soll die definierte Wachstums- und Qualitätsstrategie optimal unterstützt werden. Die drei definierten Grundwerte werden in acht handlungsleitende Prinzipien überführt und damit für die Mitarbeitenden und die Kunden fassbar gemacht (s. ausführliche Fallbeschreibung Abschn. 8.4).

3.1.4 Unternehmensstrategie

Die Unternehmensstrategie richtet das Geschehen im Unternehmen auf die erfolgsentscheidenden Aspekte der unternehmerischen Tätigkeit aus und sichert damit dessen langfristiges Überleben (vgl. Rüegg-Stürm 2003, S. 37 ff.).

Eine Strategie muss folgende fünf Fragen beantworten:

* Welches sind unsere relevanten *Anspruchsgruppen,* ihre Anliegen und Bedürfnisse? Die Bezugsgruppen müssen auf der Abnehmer- und Beschaffungsseite, aber auch auf dem Arbeits- und Kapitalmarkt identifiziert werden.
* Welches *Leistungsangebot* wollen wir anbieten und welchen Nutzen schaffen wir damit für potenzielle Abnehmer? Dazu gehören auch Entscheidungen in Bezug auf das angestrebte Preissegment.
* Auf welchen Teil der *Gesamtwertschöpfung* des Leistungsangebots wollen wir uns konzentrieren (Fertigungstiefe) und welche Teile wollen wir anderen Marktteilnehmern überlassen (Outsourcing)?

- Welches sind mögliche *Kooperationsfelder* und -partner? Die entsprechende Zusammenarbeit muss definiert werden.
- Welche Fähigkeiten oder *Kernkompetenzen* sind notwendig, um nachhaltig wettbewerbsfähig zu bleiben? Im Unternehmen noch nicht vorhandene Kompetenzen müssen neu aufgebaut werden.

Die Antworten auf diese Fragen machen das strategische Orientierungswissen aus. Dieses bildet den Bezugsrahmen für die Allokation der begrenzten Ressourcen (Geld, Arbeitskraft, Aufmerksamkeit der Führung etc.). Diese fünf Themenkomplexe sowie die daraus abgeleiteten Ziele definieren die angestrebte strategische Erfolgsposition.

Die unternehmenspolitischen Eckpunkte „Mission", „Vision" und „Werte" definieren den Korridor für die Unternehmensstrategie. Strategische Entscheidungen müssen den Unternehmenszweck widerspiegeln, auf die Vision ausgerichtet sein und dürfen die gesetzten Werte nicht verletzen (Abb. 3.2).

Beispiel Sonova

Die Wettbewerbsfähigkeit erhalten und ausbauen will Sonova mit der „Strategie der kundenorientierten Innovation". Kernelement ist dabei eine volle F&E-Pipeline, die Kundenbedürfnisse in neue Produkte übersetzt. In die Forschung und Entwicklung fließen bei Sonova 7–8 % des jährlichen Umsatzes. Dies führt dazu, dass zwei Drittel des Hörgeräteumsatzes mit Produkten gemacht werden, die weniger als zwei Jahre alt sind. Sonova hat vier *strategische Ziele* für nachhaltiges Wachstum definiert: weitere Durchdringung vorhandener Märkte, die Erschließung neuer Märkte, die Integration von Dienstleistungskanälen und die Ausweitung des Kundenstamms (s. ausführliche Fallbeschreibung Abschn. 8.5).

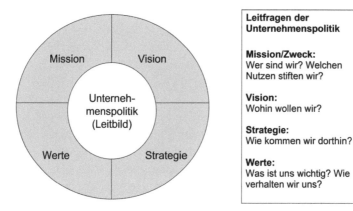

Abb. 3.2 Leitfragen der Unternehmenspolitik. (Eigene Darstellung)

Beispiel PricewaterhouseCoopers

Die *Unternehmensstrategie* von PwC basiert auf „Multikompetenz". Die Vernetzung von Wissen, Methoden und Kompetenzen aus Wirtschaftsprüfung, Steuer- und Rechtsberatung sowie Wirtschaftsberatung wird für die Lösung komplexer Kundenfragestellungen nutzbar gemacht. Erster strategischer Eckwert ist Qualität. Mit qualitativ herausragenden Dienstleistungen soll das Ansehen von PwC gesteigert werden. Dieses Ansehen, der zweite strategische Pfeiler, führt zu Umsatzwachstum, dem dritten strategischen Pfeiler, über den die Marktführerschaft weiter ausgebaut werden soll. Der vierte Strategiepfeiler, die mit dem Umsatz erwirtschaftete Marge, ist entscheidend, um in nachhaltigen Erfolg investieren zu können. Wichtigster Erfolgsfaktor sind dabei die Mitarbeiter als fünfter und letzter Strategiepfeiler, der wiederum auf den Ausgangspunkt der Qualität einen enormen Einfluss hat. So bilden die fünf Pfeiler „Qualität", „Ansehen", „Umsatzwachstum", „Marge" und „Mitarbeiter" letztlich einen in sich geschlossenen strategischen Kreis (s. ausführliche Fallbeschreibung Abschn. 8.4).

3.1.5 Unternehmenspolitik und Leitbild

Die wichtigsten Elemente der Unternehmenspolitik werden oft in einem Leitbild festgehalten und zusammengefasst. Es ist die grundlegende Willensbekundung der Unternehmensleitung und gleichzeitig Kommunikationsmittel nach innen und außen. „Das Leitbild enthält die allgemein gültigen Grundsätze über angestrebte Ziele und Verhaltensweisen des Unternehmens, an denen sich alle unternehmerischen Tätigkeiten orientieren sollten" (Thommen und Achleitner 2012, S. 1003). Das Leitbild ist das Kondensat der Unternehmenspolitik und könnte auch als Verfassung des Unternehmens bezeichnet werden. Zugleich ist es ein wichtiges *Führungsinstrument*: Es stellt die Unternehmenspolitik als Sinn gebendes Ganzes dar und macht diese damit kommunizierbar – nach innen und außen (Abb. 3.3 und 3.4).

Nach innen ist entscheidend, dass die abstrakten Formulierungen im Leitbild in Form von rangniedrigeren Normen und Leitlinien konkretisiert werden. Diese bilden die Steuerungsinstrumente für die verschiedenen Identitätsdimensionen. Die Ableitung der Steuerungsinstrumente aus der Unternehmenspolitik wird in Abschn. 3.5.3 detailliert beschrieben.

Unterstützend müssen sämtliche mitarbeiterbezogenen Prozesse auf die im Leitbild festgehaltenen Eckpunkte – z. B. die Kernwerte – ausgerichtet werden. Zu denken ist dabei an Prozesse wie das Personalauswahlverfahren oder an die Beurteilungs-, Beförderungs- und Belohnungssysteme bis hin zur Entlassungspolitik. Die Mitarbeiter sollten von ihrem ersten bis zum letzten Arbeitstag daran erinnert werden, dass die Werte die Basis für Entscheidungen im Unternehmen bilden (vgl. Lencioni 2002, S. 8). Widersprüche zwischen Leitbildaussagen (Unternehmenspolitik) und Alltagserfahrungen, zwischen Schein und Sein, beeinträchtigen die Mitarbeitermotivation und fördern eine zynische Haltung.

Nach außen legitimiert das Leitbild das unternehmerische Wirken und schafft für das Unternehmen Handlungsspielraum, indem es mannigfaltige Versprechen formuliert.

Der SOS-Kinderdorf e.V. engagiert sich seit dem Jahr 1955 für das Wohlergehen von Kindern, Jugendlichen und Erwachsenen. Dabei stellt er sich immer wieder neuen Aufgaben und sucht nach wirkungsvollen Lösungen sozialer Probleme und Notlagen.

Aufgrund dieses Selbstverständnisses befindet sich der Verein in einem permanenten Entwicklungs- und Veränderungsprozess. Mit Hilfe des vorliegenden Leitbildes soll dieser Prozess nun verdeutlicht und inhaltlich neu ausgerichtet werden.

Ausgehend von der Gründungsidee macht das Leitbild Aussagen zur angestrebten Zukunft des Vereins und beschreibt Wertvorstellungen und Grundsätze, die das Verhalten der Mitarbeiter auf allen Ebenen bestimmen sollen. Es ist in einem breit angelegten Diskussionsprozess erarbeitet und von der Vereinsführung verabschiedet worden.

Das Leitbild ist somit ein grundlegendes Element der strategischen Führung. Es dient als verbindlicher Orientierungsrahmen für das Handeln innerhalb des Vereins und beschreibt seine Identität als Organisation nach innen und außen.

Die im Leitbild enthaltenen Vorstellungen bewegen sich zwangsläufig im Spannungsfeld zwischen Anspruch und Wirklichkeit. Ihre Umsetzung in die alltägliche Praxis ist Auftrag und Verpflichtung aller für den Verein tätigen Menschen. Sie sollen deshalb in den Konzeptionen der Einrichtungen, der strategischen Planung sowie in Führungs- und Verhaltensgrundsätzen Berücksichtigung finden, damit sie mit Leben erfüllt und ihrer Verwirklichung näher gebracht werden.

Dieses Leitbild soll eine verbindliche Orientierung für einen überschaubaren Zeitraum geben. Dennoch ist es nicht statisch, sondern muss sich inneren und äußeren Veränderungen dynamisch anpassen. Seine Fortschreibung in die Zukunft ist deshalb unerlässlich.

Abb. 3.3 Präambel des Leitbilds von SOS-Kinderdorf. (SOS-Kinderdorf e. V.)

Diese Versprechen sind nichts anderes als der Versuch, die divergierenden Interessen, Anliegen und Werthaltungen der Umwelt bzw. der darin agierenden Anspruchsgruppen in praktikable Bahnen zu lenken und zu harmonisieren. Ziel ist also das Ausgleichen der Interessen zwischen Innen- und Außenwelt. Die Stakeholder registrieren die im Leitbild gemachten Versprechen, gleichen sie ab mit dem beobachtbaren Verhalten des Unternehmens, das heißt mit den realen Identitätsmanifestationen, und reagieren im Falle von Konsonanz wohlwollend (z. B. in Form einer Kaufhandlung) bzw. beim Empfinden von Widersprüchen ablehnend (z. B. in Form einer Kundenreklamation oder eines Boykotts).

3.1.6   Unternehmenspolitik und Corporate Governance

In engem Bezug zur Unternehmenspolitik steht die Corporate Governance. Nach Thommen und Achleitner versteht man darunter „sämtliche Grundsätze und Regeln, mit deren Hilfe die Strukturen und das Verhalten der obersten Führungskräfte gesteuert und

System-Handbuch

2 Führung

2.1 Leitbild

Wir wollen die Kunden mit qualitativ vorzüglichen Leistungen zufrieden stellen und uns als ausgesprochene Qualitätsanbieter und Problemlöser einen Namen machen.

Qualität ist für uns die Übereinstimmung zwischen unseren Produkten und/oder Dienstleistungen und den vorgegebenen Erfordernissen. Die Übereinstimmung erstreckt sich dabei nicht nur auf die wirtschaftlichen, sicherheitstechnischen und sozialen Aspekte, sondern auch auf ökologische und gesundheitliche Gesichtspunkte.

Die Mitarbeitenden sind der Schlüssel zu unserem Erfolg. Wir wollen alle wichtigen Stellen mit überdurchschnittlich qualifizierten Fachkräften besetzen. Eigeninitiative und Mitwirkung wird auf allen Stufen bewusst gefördert und unterstützt. Wir pflegen ein offenes Arbeitsklima. Dadurch schaffen wir die Voraussetzungen für gegenseitige Achtung und Kollegialität im Unternehmen. Unser Führungsstil ist kooperativ. Dazu gehört auch die transparente Information gegen innen und nach aussen.

Wir verkaufen ausschliesslich Produkte, die den internationalen Normen und Gesetzen entsprechen und deren Qualität entsprechend geprüft ist. Die Produkte müssen unseren hohen ökologischen Anforderungen gerecht werden.
Die beiden wichtigsten Dienstleistungen unseres Unternehmens sind die technische Beratung der Kunden sowie der optimale Lieferservice.

Abb. 3.4 Das Leitbild ist Teil des Führungshandbuchs von Kubo. (Kubo)

überwacht werden können" (2012, S. 1007). Damit prägt die Corporate Governance die Grundausrichtung der Organisation und deren Weiterentwicklung und befasst sich letztlich mit Fragen der Existenz und Identität einer Organisation (vgl. Rüegg-Stürm und Grand 2015, S. 226).

Corporate Governance ist demnach ein wichtiges Instrument, um die Definition und Implementierung der Unternehmenspolitik durch die Unternehmensleitung zu steuern und zu überwachen (Abb. 3.5). Wenn man die verschiedenen Aussagen der Unternehmenspolitik als Führungsinstrument nach innen und als Versprechen nach außen begreift, dann hat Corporate Governance v. a. auch die Funktion, die Führung zu überwachen sowie das Einhalten der Versprechen zu kontrollieren. Unternehmensskandale wie derjenige um das US-amerikanische Energieunternehmen Enron haben das Fehlen einer funktionierenden Kontrolle der Unternehmenstätigkeit und damit die Bedeutung einer solchen drastisch vor Augen geführt.

Mittlerweile hat sich ein ganzes Regelwerk etabliert, das in Form von Normen und Kodizes diese Steuerung und Überwachung sicherstellen soll. Zu nennen ist beispielsweise der Deutsche Corporate Governance Kodex (DCGK) oder der Swiss Code of Best Practice. Bei vielen Corporate-Governance-Richtlinien steht das Postulat der Transparenz im Mittelpunkt. Werden gegenüber den Aktionären, aber auch gegenüber den

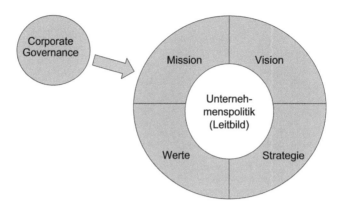

Abb. 3.5 Corporate Governance steuert und überwacht die Unternehmenspolitik. (Eigene Darstellung)

anderen Anspruchsgruppen möglichst viele Informationen über das Unternehmensgeschehen (Informationen über die Führungskräfte und ihre Verbindungen, Anreizsysteme oder die Höhe von Vergütungsleistungen) offengelegt, so die Überlegung, können Vertrauen und Akzeptanz geschaffen werden. Diese Informationen sollen es den Anspruchsgruppen erlauben, im Falle fehlender Akzeptanz zu intervenieren, sei es in Form von Aktionärsanträgen, Kundenfeedbacks oder Mitarbeiterprotesten.

Wenn Corporate Governance v. a. auch heißt, Unternehmensentscheidungen, -strukturen und -systeme sowie deren Folgen transparent zu machen, wird offensichtlich, dass die Unternehmenskommunikation auch in diesem Bereich eine wichtige Rolle spielt. Offengelegte Fakten und Tatbestände müssen verständlich formuliert, erklärt und gedeutet werden. Und deren Wahrnehmung und Beurteilung durch die Anspruchsgruppen muss erfasst und eingeordnet werden.

Zusammenfassend kann Corporate Governance als ein Steuerungsinstrument auf der Ebene der Unternehmenspolitik betrachtet werden, das primär auf die Identitätsdimensionen „Kommunikation" und „Verhalten" wirkt.

3.1.7 Unternehmenspolitik als Aufgabe des normativen und strategischen Managements

Die Management- und Führungslehre unterscheidet in der Regel drei Handlungsebenen des Managements: normative Orientierungsprozesse, strategische Entwicklungsprozesse sowie operative Führungsprozesse (vgl. Rüegg-Stürm 2003, S. 71). Die Erarbeitung der Unternehmenspolitik ist dabei klar auf den Handlungsebenen des normativen und strategischen Managements angesiedelt.

Im *normativen Management* geht es um die ethische Legitimation und letztlich um die gesellschaftliche Akzeptanz der unternehmerischen Tätigkeit. Bezeichnet Legitimation den Prozess, organisationseigene Ziele und Absichten zu etablieren, die mit den Interessen der Gesellschaft konform sind, so ist Legitimität der zu erreichende Zustand (vgl. Sandhu 2014, S. 1163). Legitimität wird demnach Organisationen und ihren Handlungen von der Gesellschaft zugeschrieben – oder eben nicht. Nur diejenigen Unternehmen, die diese sog. „licence to operate" besitzen, erhalten sich ihre Handlungsfähigkeit.

Im Mittelpunkt des normativen Managements stehen die konfligierenden Anliegen und Wertvorstellungen der verschiedenen Anspruchsgruppen. Systemtheoretisch gesprochen lösen diese divergierenden Anliegen beim Unternehmen Irritationen aus. Diese Irritationen werden in Informationen umgewandelt und für unternehmenspolitische Entscheidungen genutzt. So wird das Unternehmen letztlich von der Umwelt gezwungen, zu diversen Fragen eine Haltung zu entwickeln (z. B. Shareholder- vs. Stakeholder-Ansatz; Stellenwert von ökologischen Fragen für das Unternehmen etc.). Die Übersicht unten zeigt die unterschiedlichen Ansprüche der Stakeholder sowie deren Leistungserbringung für das Unternehmen (Tab. 3.1).

Das *strategische Management* befasst sich mit der Komplexität der Marktbedingungen und versucht, nachhaltige Wettbewerbsvorteile aufzubauen. Durch den Erhalt bestehender sowie den Aufbau zukünftiger Erfolgspositionen soll das Unternehmen langfristig überlebensfähig gemacht werden. Erfolgspositionen können z. B. überlegene Kostenstrukturen oder überdurchschnittliche Innovationsfähigkeit sein. Der deutsche Harddiscounter Aldi kann als Beispiel für die erste, das amerikanische IT-Unternehmen Apple für die zweite gelten – beiden Unternehmen gelingt es seit Jahren, diese Erfolgspositionen zu halten und in eindrückliche Geschäftserfolge zu übersetzen.

Die Bewältigung des Alltagsgeschäfts ist Aufgabe des *operativen Managements*. Durch die Konkurrenzsituation ist das Unternehmen gezwungen, die Kosten des betrieblichen Wertschöpfungsprozesses möglichst niedrig zu halten. Im Mittelpunkt dieser

Tab. 3.1 Stakeholder-Ansprüche. (Hungenberg 2008, S. 28)

Stakeholder	Leistungen und Ansprüche
Eigentümer	Stellen dem Unternehmen dauerhaft finanzielle Mittel zur Verfügung und erwarten dafür eine angemessene Verzinsung
Fremdkapitalgeber	Stellen dem Unternehmen zeitlich befristet finanzielle Mittel zur Verfügung und erwarten dafür Zins- und Tilgungsleistungen
Abnehmer	Erbringen Zahlungen für den Bezug von Produkten und erwarten dafür Produkte mit einem bestimmten Preis-Leistungs-Verhältnis
Mitarbeiter	Erbringen für das Unternehmen Arbeitsleistungen und erwarten dafür die Zahlung von Löhnen und Gehältern
Lieferanten	Stellen dem Unternehmen Materialien und Dienstleistungen zur Verfügung und erwarten dafür ein entsprechendes Entgelt
Staat und Gesellschaft	Schaffen die rechtlichen und kulturellen Grundlagen für das ökonomische Handeln und erwarten dafür Gegenleistungen in Form von Steuern und anderen Beiträgen

Herausforderung	Handlungsebene	Aufgabenschwerpunkt
	Normatives Management	
Konflikte zwischen Interessen- bzw. Anspruchsgruppen	Konsensproblem (Legitimationsdruck)	Aufbau unternehmens-politischer Verstän-digungspotenziale
	Strategisches Management	
Komplexität und Unge-wissheit der Markt- und Umweltbedingungen	Steuerungsproblem (Innovationsdruck)	Aufbau nachhaltiger Wettbewerbsvorteile und Wachstumspotenziale
	Operatives Management	
Knappheit der Ressourcen oder Produktionsfaktoren	Effizienzproblem (Kostendruck)	Aufbau betrieblicher Pro-duktivitätspotenziale

Abb. 3.6 Handlungsebenen des Managements. (Waibel und Käppeli 2015, S. 8)

Managementtätigkeit stehen also der Aufbau und die Ausschöpfung betrieblicher Pro-duktivitätspotenziale.

Die drei Handlungsebenen von normativem, strategischem und operativem Manage-ment lassen sich nicht trennscharf auseinanderhalten. Im Führungsalltag sind die Gren-zen zwischen den einzelnen Ebenen fließend (vgl. Waibel und Käppeli 2015, S. 18 ff.; Abb. 3.6).

Die unternehmenspolitischen Entscheidungen in Form einer Vision, der Mission und der definierten Werte sind demnach v. a. auf der Handlungsebene des normativen Managements anzusiedeln. Die Entscheidungen in Bezug auf die strategischen Eck-punkte sind hingegen dem strategischen Management zuzuordnen. Während der Über-setzungsprozess von Organisationspolitik in Identität ebenfalls im normativen bzw. strategischen Bereich anzusiedeln ist, befasst sich das operative Management primär mit dem (kosteneffizienten) Umsetzen und Einhalten der einzelnen Identitätsdimensionen.

3.2   Der Einfluss der Unternehmenskultur

3.2.1   Das Konstrukt Unternehmenskultur

Unternehmensidentität ist das Ergebnis der Realisierung der Unternehmenspolitik. In diesem Sinn ist Identität ein von oben nach unten mittels Führungsprozessen gesteuer-tes Konstrukt, das sich in den Dimensionen „Leistungsangebot", „Verhalten", „Symbole" und „Kommunikation" manifestiert.

Allerdings existiert im Unternehmen neben der Unternehmenspolitik noch eine zweite, wichtige Einflussgröße, die entscheidend zum Umsetzungserfolg der definierten Identität

Starke Kulturen machen ein Unternehmen also enorm handlungsfähig, da motivierte Mitarbeiter mit ähnlichen Wertvorstellungen auf ein gemeinsames Ziel hin arbeiten. Eine starke Kultur wirkt demnach als effiziente Entscheidungsinstanz: Bei schwierigen Entscheidungssituationen wie z. B. Zielkonflikten entscheidet sich der große Teil der Mitarbeiter für die gleiche Lösungsvariante, ohne dass ein langwieriger Abklärungsprozess vorausgeht.

Der Erfolg der japanischen Industrie in den vergangenen Jahrzehnten kann auch mit starken Unternehmenskulturen erklärt werden. Basis für die homogenen Unternehmenskulturen in den japanischen Produktionsbetrieben waren die Werte der konsensorientierten, kollektivistisch geprägten japanischen Gesellschaft. Selbstverständlich trugen auch innovative Managementkonzepte wie Kaizen, das ständige Streben nach Verbesserung, zum Erfolg Japans auf den Weltmärkten bei. Starke Kulturen sind meistens auch dort zu beobachten, wo Unternehmen Mitarbeiter mit ähnlichen Wert- und Zielvorstellungen anziehen, z. B. bei einer NPO wie Greenpeace oder bei jungen, rasch wachsenden Unternehmen wie Google oder Facebook.

Bei größeren Veränderungsprozessen – z. B. strategische Neuorientierung oder Fusion – wirkt eine starke Kultur hingegen hemmend, da die Widerstandskräfte in der Regel breiter verankert und abgestützt sind als in einem Unternehmen mit schwacher Kultur. Warum soll man jetzt das, was über Jahre oder Jahrzehnte gut funktioniert hat, plötzlich anders machen? Klassische Beispiele sind ehemalige Staatsbetriebe wie Bahn oder Post, die in manchen Ländern in der jüngsten Vergangenheit durch Privatisierungen dem freien Markt ausgesetzt wurden. Oft waren in diesen Betrieben starke Bürokratiekulturen verankert, die in der Monopolsituation durchaus gut funktionierten. Unter den veränderten Vorzeichen des Wettbewerbs erweisen sich solche starken Kulturen allerdings als dysfunktional und nur schwer veränderbar. Wie im nächsten Kapitel aufgezeigt wird, lassen sich Kulturen nur über Identitätsprogramme beeinflussen.

3.2.3   Wechselbeziehungen von Kultur und Identität

Mithilfe des Modells des identitätsorientierten Kommunikationsmanagements lassen sich vielfältige Wechselbeziehungen zwischen Identität und Kultur differenziert beschreiben. Die Wirkungsmechanismen zwischen den unbewussten Annahmen und Werten (Kultur) und den bewusst gesteuerten, sichtbaren Manifestationen (Identität) lassen sich in beide Richtungen modellieren:

- *Kultur beeinflusst (reale) Identitätsmanifestationen:* Die Identitätsdimensionen werden aufgrund der unternehmenspolitischen Vorgaben über Führungsprozesse definiert und implementiert. Die Verantwortung dafür liegt bei den Führungskräften des Unternehmens. Die Mitarbeiter, welche die Identität leben und nach außen tragen sollen, interpretieren die definierten Identitätsmerkmale automatisch vor dem Hintergrund der Unternehmenskultur. Diese basiert auf den im Arbeitsalltag gemachten Erfahrungen, auf den Interaktionen mit Kollegen, Vorgesetzten und dem Unternehmensumfeld. Die definierte Identität wird also je nach herrschender Kultur gut und schnell akzeptiert oder sie stößt infolge starker Inkonsistenzen auf Widerstand und wird u. U. über Jahre nicht umgesetzt. Definierte und reale Manifestationen klaffen auseinander. Beispiel: Die Vorgaben des Konzerns bzgl. Corporate Design werden in einzelnen Geschäftseinheiten systematisch missachtet. Die kulturelle Erfahrung der Mitarbeiter besteht darin, dass eine Missachtung der Vorgaben ohne jede Konsequenz bleibt, solange die Zahlen stimmen. Das Auseinanderklaffen von definierten und realen Identitätsmanifestationen ist in diesem Fall also eine Folge der Unternehmenskultur.

- *(Definierte) Identität beeinflusst Kultur:* Unternehmen können ihre Kultur über Identitätsprogramme[5] steuern, beeinflussen und damit auch verändern. Voraussetzung dafür ist, dass es dem Unternehmen gelingt, die abstrakten unternehmenspolitischen Entscheidungen in ein umfassendes und konsistentes Identitätsprogramm zu übersetzen und dieses konsequent durchzusetzen. Das Durchsetzen der definierten Identität ist eine der wichtigsten Führungsaufgaben im Unternehmen. Gelingt dies, werden sich auch die kulturell verwurzelten Grundannahmen der Organisationsmitglieder verändern. Allerdings: Ein radikaler Wandel ist in vielen Unternehmen nur schwer durchsetzbar. Gerade starke Kulturen (Wertekonsens aller Organisationsmitglieder) mobilisieren in der Regel viel Widerstandskraft gegen radikale Neudefinitionen von Politik und Identität.

Beispiel Kubo

Nach der Übernahme des Schweizer Mittelstandsunternehmens Kubo im Jahr 2005 leitete der Mehrheitsaktionär und Geschäftsführer Thomas Raible einen Change-Prozess ein, der nicht nur die unternehmensstrategische Ausrichtung neu festlegte, sondern auch mittels Aufbau und Implementierung einer klar definierten Unternehmensidentität zu einer Veränderung der Unternehmenskultur führte. Die definierten Unternehmenswerte „Kompetenz" und „Effizienz" wurden in Führungsgrundsätzen konkretisiert und über konsequentes Durchsetzen im Unternehmen verankert (s. ausführliche Fallbeschreibung Abschn. 8.3).

- *(Definierte) Identität integriert unterschiedliche Kulturen:* Durch Übernahmen gewachsene Organisationen stehen in der Regel vor der Herausforderung, unterschiedliche Unternehmenskulturen integrieren zu müssen. Eine gelungene kulturelle Integration bei Fusionen und Übernahmen wird mithin gar als erfolgskritischer Faktor angesehen. Während sich sog. „Kulturprogramme" oft im sich gegenseitig Kennenlernen erschöpfen, können Identitätsprogramme unterschiedliche Kulturen sehr viel umfassender

---

[5]Ein Identitätsprogramm umfasst sowohl das Definieren von Identität (Ableitung aus der Unternehmenspolitik) als auch das Umsetzen in konkrete Manifestationen. Identitätsprogramme, welche die Unternehmenskultur beeinflussen wollen, zielen in der Regel auf die Identitätsdimension Verhalten.

integrieren und auf eine gemeinsame Unternehmenspolitik ausrichten. Verschärft wird die Herausforderung dann, wenn nicht nur divergierende Unternehmenskulturen, sondern auch unterschiedliche Landeskulturen zu integrieren sind. In einer globalisierten Welt wird dies zum Regelfall und erfordert Identitätsprogramme, die der kulturellen Diversität Rechnung tragen und eine gewisse Vielfalt in der Einheit zulassen. Mit dem interkulturellen Management hat sich hier eine eigene Disziplin ausdifferenziert.[6]

Beispiel: AXA

In seiner erst 30-jährigen Existenz stieg der französische Versicherungs- und Vermögensverwaltungskonzern AXA zu einem der weltweit größten Unternehmen der Branche auf, mit rund 160.000 Mitarbeitern. Das rasante Wachstum wurde mehrheitlich über Akquisitionen realisiert. Dem erfolgreichen Unternehmen gelingt es, seine Identitätsprogramme weltweit durchzusetzen und den einzelnen Ländergesellschaften dabei eine relativ große Autonomie zu gewähren.

- *Unternehmenspolitik formt Kultur:* In Unternehmen, in denen Identität nicht bewusst gesteuert wird, werden die Identitätsmerkmale die herrschende Kultur widerspiegeln. Kleinunternehmen mit einer starken, oft vom Eigentümer geprägten Kultur gelingt es immer wieder, trotz fehlender definierter Identität sehr erfolgreich im Markt zu operieren. Offensichtlich gelingt es in diesen Fällen einer starken Führungsfigur, die unternehmenspolitischen Entscheidungen direkt in Kultur umzusetzen. Was im Kleinunternehmen gelingen mag, ist im Großunternehmen zum Scheitern verurteilt. Wechselndes Führungspersonal, Strategiewechsel, kulturelle Heterogenität, die Ausdifferenzierung in Subkulturen und weitere typische Merkmale von Großunternehmen machen eine definierte Identität unabdingbar. Ohne eine solche würde das Unternehmen als Ansammlung von Einzelbetrieben oder Personengruppen wahrgenommen werden.

Beispiel Trigema

Eine große Übereinstimmung von Unternehmenspolitik, Identität und Kultur zeigt sich beim bekannten deutschen Mittelstandsunternehmen Trigema. Das Textilunternehmen aus Burladingen braucht dafür weder schriftliche Verhaltensrichtlinien noch entsprechende Schulungsprogramme. Das gewünschte Verhalten ist unter der jahrzehntelangen Führung des Inhabers und Geschäftsführers Wolfgang Grupp Teil des „genetischen Codes" des Unternehmens geworden. Die Kernwerte und -gedanken von Wolfgang Grupp gelangen über das Vorleben und das Handeln des Chefs sehr effektiv zu den Mitarbeitern (s. ausführliche Fallbeschreibung Abschn. 8.7).

Identität bewegt sich also immer im Spannungsfeld von Unternehmenspolitik und Unternehmenskultur bzw. von intentionaler unternehmerischer Zukunftsgestaltung und

---

[6]Vgl. dazu beispielsweise Hofstede (1991) oder Trompenaars und Hampden-Turner (2004).

implizitem Erfahrungswissen der Organisationsmitglieder. Dasjenige Unternehmen, das Politik, Identität und Kultur konsequent und bewusst aufeinander bezieht, hat gute Voraussetzungen, in den Meinungsmärkten konsistent wahrgenommen zu werden und damit als vertrauenswürdig zu gelten.

3.3   Identität, Marke und Positionierung

Die Unternehmensidentität bildet auch die Basis für die Führung der *Unternehmensmarke*. Marken haben unterschiedliche Funktionen. Rechtlich betrachtet ist die Marke ein Zeichen, durch das ein bestimmtes Produkt eines Unternehmens von Produkten anderer Unternehmen unterscheidbar wird. Damit kennzeichnet die Marke den Hersteller des Produkts. Da das Zeichen mit Bedeutung aufgeladen wird, indem es beispielsweise mit einem bestimmten Personentyp oder Lebensstil verbunden wird (vgl. Schmid und Lyczek 2008, S. 47), differenziert die Marke das Produkt von Konkurrenzprodukten und ermöglicht dadurch Aufmerksamkeit (vgl. Herger 2006, S. 128).

Neben der kennzeichnenden und differenzierenden haben Marken auch eine legitimierende Funktion, die sich im Zuge der Ausdifferenzierung der Gesellschaft und der damit verbundenen „universellen Öffentlichkeit" ausgebildet hat. Das Markenversprechen richtet sich damit nicht mehr nur an den Absatzmarkt, sondern wird auch von anderen Öffentlichkeiten mitbeobachtet. Die Marke erhöht damit „in anonymen Märkten die Transparenz" (Herger 2006, S. 129). Damit einher geht die Ausdehnung des Markenkonstrukts von Produkten auf Unternehmen. Entsprechend ist die *Unternehmensmarke* (Corporate Brand) das angestrebte, unverwechselbare Vorstellungsbild, das die Stakeholder von einem Unternehmen haben sollten.

Das bewusste Hervorheben von in der Identität des Unternehmens verankerten und in der Marke verdichteten Stärken wird als *Positionierung* bezeichnet. Das herausragende Alleinstellungsmerkmal wird Unique Selling Proposition (USP) genannt – oder Unique Advertising Proposition (UAP), falls ein durch Kommunikation erzeugter Vorteil im Zentrum steht (z. B. BMW: „Freude am Fahren"). Bedingung für eine erfolgreiche Positionierung sind aber immer tatsächliche Stärken und Fähigkeiten: Leere, nicht einlösbare Versprechen werden schnell als solche entlarvt. Erfolgreiche Unternehmensmarken sind deshalb zentral in der Unternehmensidentität verankert, verfügen im Wettbewerbsumfeld über eine klare Positionierung und kommunizieren diese entsprechend (vgl. Esch 2007, S. 90 ff.). Die Positionierungsmerkmale eines Unternehmens basieren in der Regel auf deren strategischen Erfolgspositionen (z. B. der Fähigkeit, die günstigsten Produkte anzubieten, wie beispielsweise die Harddiscounter Aldi und Lidl). Eine Repositionierung kann rein kommunikativ erfolgen (andere bereits existierende Stärken werden hervorgehoben) oder aber es werden neue Stärken und Fähigkeiten geschaffen (z. B. der Allfinanzansatz in der Bank- und Versicherungsbranche in den 90er-Jahren). Die Kommunikation der Positionierungsbotschaften nach innen und außen kann über eine *Positionierungsplattform* (s. Abschn. 4.4.2) gesteuert werden.

Glaubwürdige Markenführung ist nur möglich, wenn die Unternehmensidentität für die Konstruktion der Unternehmensmarke und der Produktmarken den wesentlichen Bezugspunkt bildet. Bei Dienstleistungsmarken wird die Verbindung zur Unternehmensidentität über das Verhalten hergestellt, da das Markenversprechen ein ganz spezifisches Mitarbeiterverhalten in Aussicht stellt, das die Dienstleistung von anderen differenziert. Bei Produktmarken von klassischen Gütern hingegen wird der Zusammenhang mit der Unternehmensidentität primär über das Leistungsangebot, sekundär auch über das Mitarbeiterverhalten geschaffen. So ist eine Marke, die auf ein hohes Qualitätsversprechen setzt, letztlich auch auf Mitarbeiter angewiesen, die dieses Qualitätsdenken in den konkreten Entwicklungs- und Produktionsschritten glaubwürdig umsetzen. Marke und Identität beziehen sich damit immer direkt oder indirekt auf das Verhalten von Führungspersonen und Mitarbeitern.

Während Identität eine Vielzahl unternehmerischer Werte und Ziele in konkretes Handeln in den vier Dimensionen „Leistungsangebot", „Verhalten", „Kommunikation" und „Symbol" übersetzt, fokussiert die Marke auf ganz wenige Elemente. Diese Reduktion ist für eine klare Differenzierung zentral. Die Marke basiert damit auf der Identität, verdichtet und spitzt diese zu einem *kommunikativen Versprechen* gegenüber den jeweiligen Bezugsgruppen zu. Diese Verdichtung geschieht einerseits über Selektion, Kombination und Interpretation einzelner Identitätsmerkmale, andererseits mit Blick auf die Konkurrenz und auf die Bedürfnisse der Bezugsgruppen.

Die Bezugsgruppen nehmen Unternehmen aufgrund ihrer direkten Erfahrung mit diesen und durch die in der Kommunikationsarena geführten Diskurse wahr. Die persönlichen Erfahrungen gleichen sie mit dem Markenversprechen, das von der Unternehmenskommunikation über verschiedenste Instrumente vermittelt worden ist, sowie mit veröffentlichten Meinungen in den Massenmedien und in sozialen Netzwerken ab. Dadurch formen sich Images heraus, verstanden als Vorstellungsbilder, die Bezugsgruppen von Unternehmen haben (s. Abschn. 6.1). In Anlehnung an das integrierte Brand-Modell von Ind[7] und an Fombruns Reputationsmodell[8] wird im identitätsorientierten Kommunikationsmanagement

---

[7]Bei Ind vermittelt die Brand-Idee die Identität nach außen. Die Brand-Idee selbst wird über die Ebene „Marketing" und „Kommunikation", über die Ebene „Produkt" sowie über das Identitätsverständnis der Mitarbeiter kommuniziert, wobei sich diese drei Ebenen gegenseitig beeinflussen. Die Verknüpfung des Brands mit der Identität stellt sicher, dass das Versprechen mit der Organisationsleistung übereinstimmt. Ziel ist, Images zu bilden, die ihrerseits Reputation schaffen. In Inds Modell wirken Images und Reputation auf die Identität zurück. Die „Schnittstelle (Interface) zwischen Identität und Image ist fließend" (Ind 2004 nach Herger 2006, S. 66 f.).

[8]Da der Begriff Marke stark mit der Marketingfunktion verknüpft ist, ersetzt Fombrun den Begriff Marke durch jenen des Namens. Der Name verleiht in Fombruns Modell analog zur Marke einen rechtlichen Status und hat eine differenzierende Funktion. Während sich im Namen die Identität manifestiert, evozieren die Namen auf Produkt- und Organisationsebene die Images. Diese werden über die Kommunikationsprogramme „Werbung", „Medienarbeit" und „Marketing" aufgebaut und beeinflusst. Die Reputation schließlich bildet sich aus den generierten Images. Die Reputation ist damit in der Identität verankert und durch den Namen symbolisiert (vgl. Fombrun 1996 nach Herger 2006, S. 80 f.).

die Marke als kommunikatives Konstrukt verstanden, das sich auf die Identität bezieht und auf die Images wirkt. Marke und definierte Identität stellen damit zwei Formen der *Selbstbeschreibung* dar, die auf je spezifische Weise Erwartungen steuern und entsprechend auf die Images wirken[9].

Beispiel SOS-Kinderdorf

Während SOS-Kinderdorf Unternehmenszweck, -werte und -ziele in die verschiedenen Identitätsdimensionen übersetzt, reduziert das Hilfswerk seine Marke auf die Ursprungsidee und damit auf ein konkretes Leistungsangebot. Die Fokussierung der Marke auf die Einrichtung der Kinderdörfer führt dazu, dass die anderen Angebote des Sozialwerks kaum bekannt sind, die Organisation als Ganzes hingegen gerade wegen dieser Engführung der Marke einen enorm hohen Bekanntheitsgrad und sehr viel Sympathie und Akzeptanz genießt (vgl. ausführliche Fallbeschreibung Abschn. 8.6).

3.4 Unternehmensidentität und Vertrauen

3.4.1 Identitätsdimensionen und -manifestationen

Organisationen konstituieren sich über ihre Aufgabe und gewinnen über die Austauschbeziehungen mit der Umwelt an Kontur. Dabei beziehen sie sich auf die unternehmenspolitischen Vorgaben. Die Art und Weise, wie Unternehmen ihre Aufgabe erfüllen und die Interaktionen pflegen, ist für die Unternehmensidentität bestimmend (s. Abschn. 2.2). Identität formt sich entsprechend in den Dimensionen „Leistungsangebot", „Verhalten", „Symbole" und „Kommunikation" aus.

Während mit dem *Leistungsangebot* der Unternehmenszweck realisiert wird, wirken sich die anderen drei Identitätsdimensionen stark auf die Austauschbeziehungen aus. Umgesetzt und damit beobacht- und erlebbar werden die Identitätsdimensionen in ihren konkreten Manifestationen. Während dies beim Leistungsangebot die Produkte und Dienstleistungen des Unternehmens sind, geht es beim *Verhalten* um das konkrete Agieren der einzelnen Mitarbeiter und Führungspersonen. Die Identitätsdimension *Kommunikation* schließlich prägt sich in den Kommunikationsmitteln und -aktivitäten der Unternehmens-, Finanz-, Marketing- und HR-Kommunikation sowie der internen Kommunikation aus. Die Marketing-Kommunikation ist dabei auf der Schnittstelle der Dimension „Leistungsangebot" und „Kommunikation" zu sehen, während die HR-Kommunikation im Übergang

---

[9]Da Marken im Modell des identitätsorientierten Kommunikationsmanagements in ihrer Funktion als Selbstbeschreibung berücksichtigt werden, wird bewusst auf die in der Markentheorie gemachte Unterscheidung von Markenidentität und Markenimage verzichtet. Denn im Fokus steht nicht das Markenimage, sondern das Unternehmensimage, in dem das Markenimage integriert ist (vgl. zur Konzeption von Markenidentität und Markenimage beispielsweise Meffert et al. 2005).

Tab. 3.2 Beschreibung der Identitätsdimensionen. (Eigene Darstellung)

Identitätsdimension	Manifestationen
Leistungsangebot	• Produkte bzw. Dienstleistungen im Marketingmix (ohne Kommunikation)
Verhalten	• Mitarbeiterverhalten • Führungsverhalten • Führungskommunikation • Informelle Kommunikation
Symbole	• Architektur • Produktdesign • Grafik • Uniformen • Corporate Music • Olfaktorische Elemente
Kommunikation	• Unternehmenskommunikation • Finanzkommunikation • Marketingkommunikation • HR-Kommunikation • Interne Kommunikation

der Faktoren „Kommunikation" und „Verhalten" eine Rolle spielt. Führungskommunikation hingegen ist als Ausdruck des Führungsverhaltens eine Manifestation der Verhaltensdimension. Unter *Symbolen* schließlich sind sämtliche sinnlich wahrnehmbaren Zeichen zu verstehen, mit denen sich das Unternehmen inszeniert: dazu gehören Produktdesign, Architektur und Grafik genauso wie Uniformen, Corporate Music oder olfaktorische Elemente am Point of Sale (s. Tab. 3.2).

Realisiert und damit sicht- und erlebbar wird das Selbstverständnis eines Unternehmens erst durch die Übersetzung seiner Politik in diese vier Identitätsdimensionen und deren Manifestationen sowie über deren Zusammenwirken. Denn die Identität ergibt sich aus der Kombination spezifischer Merkmale der Identitätsdimensionen. Sehr viele Unternehmen haben zwar die Identität in ihren einzelnen Ausprägungen definiert, nicht jedoch deren spezifische Verknüpfung. Dabei ergibt erst der wechselseitige Bezug der verschiedenen Identitätsdimensionen aufeinander eine konsistente und damit einzigartige Identität.

Beispiel PricewaterhouseCoopers (PwC)

Das Identitätshandbuch „Heartbeat of the PwC Experience" fasst die verschiedenen unternehmenspolitischen Identitätsvorgaben wie Mission Statement, Unternehmenswerte und Leitbild sowie Steuerungsinstrumente wie den Code of Conduct in einem einzigen Dokument zusammen. Darin wird auch die ideale spezifische Identität als die bei Kunden und Mitarbeitern auszulösende PwC-Erfahrung konkretisiert. Wie diese Identitätserfahrung erzeugt werden kann, wird anhand von zwölf Standardsituationen, den sog. Moments of truth, im Sinne von Handlungsanleitungen beschrieben (s. ausführliche Fallbeschreibung Abschn. 8.4).

3.4.2 Vertrauen durch Identitätsmanagement

Eine konsistente Identität und eine darauf abgestimmte Marke verschaffen einem Unternehmen einen überzeugenden Auftritt und geben Kunden, Mitarbeitern und Investoren ein Gefühl von Sicherheit. Damit wird die Voraussetzung geschaffen, dass Vertrauen aufgebaut werden kann.

Vertrauen ist überall dort notwendig, wo Unsicherheiten bzgl. eines Objekts bestehen. Verunsicherung entsteht aufgrund unvollständiger Informationen und einer ungleichen Informationsverteilung. Der Vertrauensgeber, d. h. derjenige, der vertraut, kompensiert seine Unsicherheit und Unwissenheit bzgl. des Vertrauensobjekts mit dem Vertrauen. Das Vertrauensobjekt kann dabei z. B. eine Person, eine Organisation oder eine Institution sein. Vertrauen ist damit ein Mechanismus, der Komplexität reduziert (vgl. Luhmann 2000, S. 6). Dabei spielen die Erwartungen des Vertrauensgebers bzgl. zukünftiger Ereignisse eine wichtige Rolle. Diese wiederum bilden sich aufgrund von Kenntnissen vergangener Ereignisse und damit aufgrund von bisherigen Erfahrungen heraus.

Vertrauen bezeichnet die *Erwartung* gegenüber einem Vertrauensobjekt bzgl. Kompetenz, Absicht und Leistung (vgl. Hubig 2014, S. 354). Vertrauen ist die Voraussetzung dafür, dass sich der Vertrauensgeber für Handlungen wie Kaufen oder Investieren entscheiden kann. Diese Entscheidungen basieren auf der Annahme, dass sich das Vertrauensobjekt den Erwartungen entsprechend verhält. Vertrauen stellt also eine Alternative zu Kalkulation und Überprüfung dar, da für Letztere meist das notwendige Wissen und die Zeit fehlen.

In Bezug auf Unternehmen kann – analog zum Vertrauenskonstrukt auf personaler Ebene – zwischen einem intraorganisationalen und einem extraorganisationalen Vertrauen unterschieden werden. Ersteres entspricht dem Konzept des Selbstvertrauens einer Person und beruht auf dem Vertrauen der Organisation darauf, dass ihre Mitglieder loyal und die die Organisation konstituierenden Strukturen stabil sind. Extraorganisationales Vertrauen hingegen bringen Personen wie Kunden oder Investoren dem Unternehmen entgegen. Beide Vertrauenstypen gründen auf der Erwartung, dass bestimmte Regeln eingehalten werden. Voraussetzung für intra- und extraorganisationales Vertrauen ist, dass diese Regeln sowie interne und externe Institutionen und Systeme bekannt sind, die sich um die Durchsetzung und Einhaltung der Regeln kümmern. So können formalisierte Beschwerdeverfahren oder Corporate-Governance-Richtlinien ebenso vertrauensbildend wirken wie Rechnungslegungsvorschriften oder Zertifizierungsstellen (vgl. Hubig 2014, S. 357 ff.).

Vertrauen ermöglicht das Knüpfen von langfristigen Beziehungen zu den Stakeholdern und sichert damit den wirtschaftlichen Erfolg. Daraus leitet sich in den Wirtschaftswissenschaften die Forderung ab, dass Unternehmen das in sie gesetzte Vertrauen gezielt managen und kontrollieren sollten. Vertrauen wird dabei oft als bloßes Mittel zum Zweck verstanden. Dabei wird vergessen, dass Vertrauen weder geschaffen noch implementiert werden kann. Vertrauen wird dem Vertrauensnehmer entgegengebracht. Folglich kann von einem Unternehmen Vertrauen als „Ausprägung einer Haltung nur gefördert werden" (Hubig 2014, S. 365 f.). Eine solche Haltung ist nicht monokausal zu erzeugen. Sie stellt sich als Effekt verschiedenster Handlungen ein, die zunächst nicht einmal direkt auf das Vertrauen abzielen.

Ein *Identitätsmanagement,* das die verschiedenen Identitätsmanifestationen gezielt kombiniert und mit der Unternehmenspolitik in Einklang bringt, kann eine Haltung des Vertrauens fördern. Systemisch gesehen wirkt die Identität nach innen stabilisierend, da sie das Unternehmen nach außen abgrenzt und zu einem Ganzen fügt. Identität lässt sich mit einer Klammer vergleichen, welche die verschiedenen Handlungen der einzelnen Mitglieder zu einer sinnstiftenden Einheit fügt. Nach außen verleiht die Klammer einen klaren Umriss: Das Unternehmen wird wahrnehmbar und fassbar. Unternehmensidentität ermöglicht so, dass sowohl Mitarbeiter als auch externe Akteure konkrete Erwartungen bzgl. Absicht, Leistung und Kompetenz aufbauen können.

Je tiefer die Identität in der Unternehmenspolitik verankert ist und je konsequenter sie in den verschiedenen Identitätsdimensionen umgesetzt wird, desto eindeutiger kann sich das Unternehmen von anderen differenzieren, desto transparenter ist der Bezugsrahmen, auf den sich die Stakeholder bei der Herausbildung ihrer Erwartungen beziehen. Der *Kommunikation* kommt dabei eine spezifische Rolle zu: Sie unterstützt das Identitätsmanagement in der Vermittlung der definierten Identität nach innen und außen, spitzt die Identität zum kommunikativen Versprechen der Marke zu und ist in ihren Kommunikationsmitteln selbst Trägerin dieser Identität. Zugleich erfasst identitätsorientierte Kommunikation die Interessen und Ansprüche der Stakeholder und bringt diese in die unternehmens- und kommunikationsstrategische Entwicklung ein. Gerade durch dieses Wechselspiel zwischen unternehmensbezogener Identitätsentwicklung und umfeldbezogener Anpassung entsteht eine „sich in Interaktion aufbauende, mit der Umwelt korrespondierende Identität" (Luhmann 2000, S. 80), die Grundlage allen Vertrauens ist. Identitätsorientiertes Kommunikationsmanagement leistet damit einen wesentlichen Beitrag, um intra- und extraorganisationales Vertrauen zu ermöglichen.

3.4.3 Vertrauen und Glaubwürdigkeit

Vertrauen basiert auf Berechenbarkeit und Glaubwürdigkeit. Glaubwürdigkeit geht primär dann verloren, wenn Diskrepanzen wahrgenommen werden. Solche Widersprüche können auf ganz unterschiedlichen Ebenen zutage treten:

- *Diskrepanz zwischen Sachverhalt und Information:* Unternehmen verlieren ihre Glaubwürdigkeit, wenn sie über Tatsachen bewusst falsch informieren. Unternehmen müssen im Sinne der „funktionalen Transparenz" (Szyszka 2015, S. 223 f.) nicht alles kommunizieren, doch sollte das, was kommuniziert wird, wahr sein. Eine massive Verletzung dieses Wahrheitsgebots leistete sich Ende der 90er-Jahre der texanische Energiekonzern Enron, der über Jahre zu positive finanzielle Ergebnisse kommunizierte. Als die Bilanzfälschungen im Jahr 2001 ans Licht kamen, bedeutete dies das Ende des einstigen Börsenlieblings.

- *Diskrepanz zwischen verschiedenen Handlungen:* Handelt ein Unternehmen widersprüchlich, setzt es seine Glaubwürdigkeit aufs Spiel. So hat beispielsweise das Bitten um staatliche Unterstützung bei gleichzeitigem Ausrichten exorbitanter Bonuszahlungen an die für die Unternehmensführung verantwortlichen Personen nicht nur im Fall des amerikanischen Finanzdienstleisters AIG während der Finanzkrise zu einem massiven Glaubwürdigkeitsverlust geführt, sondern beispielsweise auch bei der Schweizer Großbank UBS.
- *Diskrepanz zwischen kommuniziertem und tatsächlichem Verhalten:* Untergraben wird die Glaubwürdigkeit sehr häufig durch Widersprüche zwischen versprochenem und effektivem Verhalten. So hat beispielsweise der Erdölkonzern BP während Jahren in seinen Imagekampagnen betont, sich stark für erneuerbare Energien zu engagieren. Der Slogan „Beyond Petroleum" und das neu eingeführte grün-gelbe Sonnenlogo positionierten das Unternehmen als ökologisch verantwortungsvoll. Allerdings umfasste die Förderung erneuerbarer Energien nur einen verschwindend geringen Anteil der Investitionen. Zudem setzte sich das Unternehmen politisch immer wieder dafür ein, dass Umweltauflagen gelockert wurden, und vernachlässigte die Sicherheitsstandards bei der Ölförderung. Wie weit definierte und reale Identitätsmanifestation im Fall von BP auseinanderklafften, hat die Ursachenforschung zur Umweltkatastrophe im Golf von Mexiko im Frühling 2010 schlagartig offenbart.
- *Diskrepanz zwischen Normen und Verhalten:* Glaubwürdigkeit wird nicht zuletzt untergraben, wenn Handlungen oder Aussagen eines Unternehmens gesamtgesellschaftlich akzeptierte Normen verletzen. Als die Deutsche Bahn unter ihrem Vorstandsvorsitzenden Hartmut Mehdorn während Jahren die dienstlichen und privaten E-Mails ihrer Mitarbeiter überwachte, verstieß sie gegen das Datenschutzgesetz. Sie offenbarte dadurch zudem einen eklatanten Mangel an intraorganisationalem Vertrauen. Die Missachtung normativer Vorgaben führte im Fall der Deutschen Bahn dazu, dass der Konzernchef gehen musste.

Während Glaubwürdigkeit primär auf der Konsistenz und Akzeptanz des Handelns sowie auf der Stimmigkeit von Reden und Handeln beruht, spielen bei der Vertrauenswürdigkeit zusätzlich bisherige Erfahrungen sowie Sympathie für und Attraktivität des Unternehmens eine wichtige Rolle. *Glaubwürdigkeit* ist damit eine notwendige, aber keine hinreichende Voraussetzung dafür, dass Vertrauen entstehen kann.

3.4.4   Change Management durch Identitätsmanagement

Identität, die durch das tatsächliche unternehmerische Handeln entsteht, zeigt sich in den realen Manifestationen. Diese werden zwar von der Unternehmenskultur beeinflusst, sind aber nicht mit dieser identisch. Denn Unternehmenskultur umfasst die Grundannahmen, die den Handlungen der einzelnen Organisationsmitglieder implizit und unbewusst zugrunde liegen (s. Abschn. 3.2.1). Je höher die Kompatibilität von definierten Manifestationen und Unternehmenskultur ist, desto geringer wird die Diskrepanz zwischen definierten und realen Manifestationen sein. Eine hohe Übereinstimmung der beiden Manifestationen wirkt vertrauensbildend.

Sind definierte und reale Manifestationen zu weit voneinander entfernt, hat das Unternehmen ein *Glaubwürdigkeitsproblem*, weil unterschiedliche Signale ausgesandt werden und deshalb keine konsistente Fremdwahrnehmung möglich ist. Um Selbstbild und Fremdwahrnehmung wieder in Übereinstimmung zu bringen, reichen Kommunikationsmaßnahmen nicht aus. Vielmehr sind Change-Managementprozesse nötig, die als Identitätsprogramme gestaltet werden können. *Identitätsprogramme*, die auf eine Veränderung der Unternehmenskultur abzielen, visieren in der Regel die Identitätsdimension „Verhalten" an.

Je nachdem, auf welcher *Verhaltensebene* die Ursache für die Diskrepanz liegt, ist ein anderer Handlungsbedarf angezeigt:

- *Veränderte Unternehmenspolitik trifft auf starke Kultur:* Ist eine Neuausrichtung der Unternehmenspolitik nicht mit den vorherrschenden Haltungen der Organisationsmitglieder vereinbar, so muss die Kultur über Identitätsprogramme im Verhaltensbereich verändert werden. Dies setzt eine konsistente Übersetzung der Vorgaben in konkrete Identitätsmanifestationen und deren konsequente Durchsetzung mittels Führung voraus. Aufgrund des konkret definierten Wunschverhaltens der Mitarbeiter werden beispielsweise neue Steuerungsinstrumente entwickelt und implementiert (s. Abschn. 4.2.2). Dies kann sich z. B. darin äußern, dass Rekrutierungs- und Beförderungskriterien angepasst oder neue Anreizsysteme geschaffen werden.
- *Definierte Identität wird nicht konsequent umgesetzt:* Diskrepanzen können auch das Resultat langfristig ungenügender Führungsarbeit sein. Unternehmen, die kein klares Führungsverständnis entwickelt haben und ihren Führungskräften freie Hand lassen, laufen Gefahr, dass mindestens in einzelnen Bereichen oder Abteilungen infolge fehlender Durchsetzungsfähigkeit größere Diskrepanzen zwischen definierten und realen Identitätsmanifestationen auftreten. Der Veränderungsbedarf besteht in diesem Fall darin, über ein gemeinsames Führungsverständnis, entsprechende Schulung und allenfalls Auswechseln von Führungspersonen eine konsequente Umsetzung der definierten Identität zu gewährleisten.

Das Modell des identitätsorientierten Kommunikationsmanagements eignet sich für das Sichtbarmachen sowohl von Diskrepanzen als auch von notwendigen Veränderungen.

3.5 Prozessmanagement und Identität

3.5.1 Die Prozesse

Die Unternehmenspolitik besteht aus obersten Unternehmensentscheidungen, die als „Verfassungsbestimmungen" tendenziell zwar eine lange Gültigkeit haben, aber einen geringen Konkretisierungsgrad aufweisen. Handlungsleitend und damit potenziell identitätsbildend werden diese unternehmenspolitischen Eckpunkte erst, wenn sie in Form von Handlungs-anweisungen, Konzepten oder Teilstrategien operationalisiert werden. Diese Operati-onalisierungen werden hier als *Ableitungsprozesse* bezeichnet, die handlungsleitenden Dokumente – falls solche existieren – als *Steuerungsinstrumente.*

Die Steuerungsinstrumente sind Konkretisierungen der Unternehmenspolitik. Identi-tätswirksam werden sie aber erst dann, wenn sie in konkrete Manifestationen in Form von Leistungsangeboten, Verhalten, Symbolen oder Kommunikation umgesetzt werden. Diese Schritte können als *Umsetzungsprozesse* verstanden werden. Entscheidend für eine konsistente Identität ist schließlich, dass die Übersetzung von der Unternehmenspolitik in die einzelnen Identitätsdimensionen koordiniert erfolgt und dass die vier Dimensio-nen untereinander abgestimmt werden. Diese Koordinationsvorgänge werden hier als *Abstimmungsprozesse* bezeichnet. *Anpassungsprozesse* schließlich laufen ab, wenn auf-grund von Feedbackprozessen und Evaluationen entweder die Steuerungsinstrumente oder einzelne Elemente der Unternehmenspolitik verändert werden (Abb. 3.8).

3.5.2 Gestaltung der Prozesse als Führungsarbeit

Grundsätzlich sind alle vier im Modell abgebildeten Prozesse mit Führungsarbeit verbun-den, da – wenn auch in unterschiedlichem Ausmaß – Organisationsmitglieder verschie-

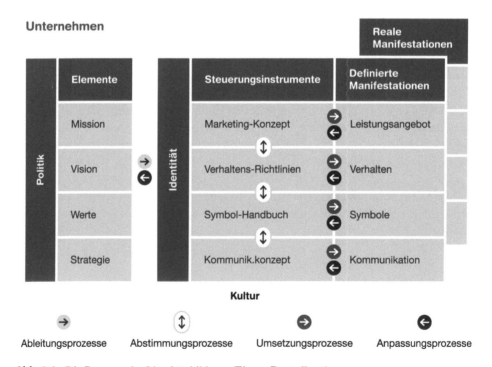

Abb. 3.8 Die Prozesse der Identitätsbildung. (Eigene Darstellung)

dener Hierarchiestufen involviert sind. Führung wird hier verstanden als „wert-, ziel- und ergebnisorientierte, aktivierende und wechselseitige, soziale Beeinflussung zur Erfüllung gemeinsamer Aufgaben in und mit einer strukturierten Arbeitssituation" (Wunderer 2011, S. 4). Erfolgreiche Führungsarbeit bei der Identitätsgestaltung eines Unternehmens bedeutet damit, dass die einzelnen Prozesse folgenden Qualitätsanforderungen genügen:

- Das Ableiten von praktikablen und handlungsleitenden Steuerungsinstrumenten aus der Unternehmenspolitik muss regelmäßig, präzise und konsistent erfolgen. Die Führungsverantwortung für den Prozess liegt beim Geschäftsleiter (Chief Executive Officer: CEO), wichtigste Akteure sind der Marketingleiter (Chief Marketing Officer: CMO), der Personalleiter (Chief HR Officer: CHRO) sowie der Kommunikationsleiter (Chief Communication Officer CCO).
- Das Umsetzen der Steuerungsinstrumente in reale Manifestationen muss zeitgerecht, vollständig und effizient erfolgen. Die Führungsverantwortung liegt bei den entsprechenden Abteilungsleitern (CMO, CHRO, CCO). Die Umsetzungsarbeit wird insbesondere von den entsprechenden Abteilungsmitarbeitern geleistet.
- Das Abstimmen der vier Identitätsdimensionen muss regelmäßig und integriert erfolgen. Integriert heißt, dass die Aktivitäten inhaltlich, zeitlich und formal abgestimmt sind. Die Verantwortlichkeiten entsprechen jenen der Ableitungsprozesse.
- Das Anpassen der Steuerungsinstrumente sowie einzelner Elemente der Unternehmenspolitik sollte aufgrund regelmäßiger und systematischer Feedback- und Evaluationsprozesse erfolgen. In der Verantwortung stehen hier die entsprechenden Führungspersonen und Mitarbeiter. Voraussetzung für erfolgreiche Anpassungsprozesse ist eine Unternehmenskultur, die offene Feedbacks zulässt, im besten Fall fördert.

Wie diese Prozesse geführt werden, ist Ausdruck des Führungsverhaltens und damit Teil der Identität. Das *Führungsverständnis* des Unternehmens bzw. der einzelnen Führungskräfte bestimmt, wie strukturiert die Identitätsprozesse erfolgen und wie stark die Mitarbeiter mit einbezogen werden. Je nach Organisations- und Führungskonzept ist der Einfluss der Mitarbeiter auf die Prozessgestaltung unterschiedlich ausgeprägt (Tab. 3.3).

Die aus der Unternehmenspolitik abgeleiteten Steuerungsinstrumente, die in Identitätsmanifestationen umgesetzt werden müssen, sind als Mittel der strukturell-systemischen Führung zu sehen. Sie setzen die Rahmenbedingungen für die Aktivitäten und das Verhalten der Mitarbeiter und unterstützen damit die direkte, personale Führung.[10]

---

[10]Die strukturell systemische Führung – auch indirekte Führung genannt – nimmt Einfluss über die Kontextgestaltung. Die gesetzten Rahmenbedingungen stecken Handlungsspielräume der Mitarbeiter ab und kanalisieren Aktivitäten. Die personal-interaktive Führung – auch direkte Führung genannt – nimmt über direkte, situative und häufig individualisierte Kommunikation Einfluss. Sie handelt im Rahmen des durch die strukturelle Führung gesetzten Kontexts und unterstützt diese (vgl. Wunderer 2011, S. 5 ff.).

Tab. 3.3 Zusammenhang von Führungskonzept und Mitarbeitereinfluss. (Eigene Darstellung, in Anlehnung an Wunderer 2011, S. 169 ff.)

Organisations- und Führungskonzept	Einfluss der Mitarbeiter
Autokratisch-zentralistisches Konzept: kommandieren, kontrollieren, korrigieren	Tief
Konsultativ-kooperatives Teamkonzept: kooperieren, kommunizieren, koordinieren	Mittel
Kooperativ-delegatives Konzept: fordern, fördern, Feedback geben	Hoch

3.5.3   Die Ableitungs- und Anpassungsprozesse

Die Herleitung von Steuerungsinstrumenten aus der Unternehmenspolitik wird als Ableitungsprozess bezeichnet. Ableiten bedeutet v. a. konkretisieren, detaillieren und beschreiben. Ableiten beinhaltet u. U. auch einen Übersetzungsprozess, nämlich dann, wenn Bedeutungen von einem Zeichensystem in ein anderes übertragen werden müssen. So übersetzt beispielsweise das Symbolhandbuch textsprachlich formulierte Vorgaben aus der Unternehmenspolitik in Bildsprache oder in eine andere Symbolsprache.

Die unternehmenspolitischen Entscheidungen müssen also dergestalt konkretisiert werden, dass sie in Form von Handlungsanweisungen das Leistungsangebot, das Verhalten, die Symbole und die Kommunikation des Unternehmens definieren.

- Das *Leistungsangebot* (Produkte und Dienstleistungen) wird in der Regel im *Marketingkonzept* im Detail beschrieben. Dieses leitet sich primär aus der Unternehmensstrategie ab, in der die grundsätzlichen Entscheidungen bzgl. Angebotsbreite und -tiefe, Preisgestaltung und angestrebtem Kundensegment bereits gefällt wurden. Federführend im entsprechenden Ableitungsprozess ist der Marketingleiter. Er verfasst das Marketingkonzept und stellt sicher, dass dieses regelmäßig an die unternehmenspolitischen Vorgaben angepasst wird.
- Die Handlungsanweisungen für das gewünschte *Verhalten* der Organisationsmitglieder liegen oft in Form eines Code of Conduct, von Business Principles oder von sonstigen schriftlich formulierten *Verhaltensrichtlinien* vor. Diese Normen sind handlungsleitende Konkretisierungen von in der Unternehmenspolitik definierten Werten. Wenn Werte als (relativ abstrakte) Ziel- und Orientierungsgrößen gelten, dann können Normen als konkrete Handlungsanweisungen verstanden werden, die einen oder mehrere Werte im Hinblick auf gewünschtes Verhalten operationalisieren (vgl. Weber-Berg 2007, S. 48). Zuständig für diesen Ableitungsprozess ist in der Regel der oberste Personalchef, oft in Zusammenarbeit mit dem Compliance Officer und weiteren relevanten Fachstellen.
- Die multisensorische Unternehmensinszenierung – hier unter dem Begriff *Symbole* zusammengefasst – wird im Steuerungsinstrument *Symbolhandbuch* beschrieben. In der

Praxis wird oft vom CD- oder allenfalls CI-Handbuch (CD: Corporate Design; CI: Corporate Identity) gesprochen. Die Konkretisierung der Unternehmenspolitik in Symbolwelten (Logo, Farben, Gestaltung, Musik etc.) ist besonders anspruchsvoll, da ein eigentlicher Übersetzungsprozess in eine andere „Sprache" stattfinden muss. Die Verantwortung für diesen Ableitungsprozess liegt bei vielen Unternehmen bei der Kommunikationsabteilung und entsprechend beim Kommunikationsleiter.

- Der *Kommunikation* kommt in diesem Konkretisierungsprozess der Unternehmenspolitik eine doppelte Rolle zu. Einerseits ist sie – wie die Produkte oder das Verhalten – *Teil der manifesten Identität*, andererseits hat sie eine *Unterstützungsfunktion* und begleitet den Konkretisierungsprozess in vielfältiger Weise. Als Identitätsmanifestation benötigt die Kommunikation ein Steuerungsinstrument. Dieses liegt in der Regel in Form eines *Kommunikationskonzepts* vor. Wegweisend für dieses ist die Unternehmenspolitik in ihrer Gesamtheit. Sowohl die normativen Elemente wie Vision, Mission und Werte als auch die strategischen Eckpfeiler bilden die Basis für die Kommunikation. Kommunikation muss die Unternehmenspolitik nach innen und außen verbreiten, erklären und verständlich machen. Der Ableitungsprozess des Kommunikationskonzepts aus der Unternehmenspolitik kann als strategische Kommunikation aufgefasst werden. Strategische Kommunikation bedeutet im Kern, dass die Kommunikationsziele und -aktivitäten auf die Unternehmensziele und -strategie ausgerichtet werden.

Während Großunternehmen in der Regel über die oben beschriebenen Steuerungsinstrumente in Form von schriftlichen Dokumenten verfügen, arbeiten Kleinbetriebe oft weniger reglementiert. Dass es keine verschriftlichten Steuerungsinstrumente gibt, heißt aber nicht unbedingt, dass keine definierte Identität existiert. In Kleinunternehmen werden die Konkretisierungs- und Übersetzungsprozesse oft im mündlichen Austausch geleistet und wirken u. U. genauso handlungsleitend wie schriftliche Regelwerke. Der Verschriftlichungs- und damit Reglementierungsgrad steigt mit zunehmender Unternehmensgröße an.

Die Ableitungsprozesse müssen zeitlich auf die unternehmerischen Planungsprozesse abgestimmt werden. Üblicherweise arbeiten Unternehmen mit Jahresplanungen sowie mit sog. Mittelfristplanungen, deren Zeithorizont sich über drei bis fünf Jahre erstreckt. Je nach Branche können die Planungshorizonte deutlich unterschiedlich sein. Ein Unternehmen wie die Deutsche Bahn muss 30 Jahre voraus planen, während für IT-Unternehmen Jahresplanungen bereits zu langfristig angelegt sind. Änderungen in der Unternehmenspolitik müssen aber auch immer wieder außerhalb der normalen Planungszyklen vorgenommen werden, beispielsweise während Unternehmenskrisen oder Fusionen.

Die *Ableitungsprozesse* sind Top-down-Prozesse. Ihr Pendant, die *Anpassungsprozesse,* verläuft in umgekehrter Richtung. Dabei melden die für die einzelnen Identitätsdimensionen Verantwortlichen ihre Beobachtungen und Erfahrungen zurück, die sie im Austausch mit den Stakeholdern erworben haben, und beeinflussen damit ihrerseits die Unternehmenspolitik. Oft ist dieser Rückkoppelungsprozess systematisiert und basiert auf Evaluationen, Marktanalysen und Umfeldbeobachtungen.

3.5.4   Die Rolle der Kommunikation in den Ableitungs- und Anpassungsprozessen

Neben der Verantwortung für die „eigene" Identitätsdimension hat die Kommunikation Unterstützungsfunktion in den drei anderen Ableitungsprozessen:

- Beim Verfassen (und regelmäßigen Anpassen) des *Marketingkonzepts* kann die Kommunikation beratend zur Seite stehen. Sie kennt die unterschiedlichen Anliegen der Stakeholder durch ihre Monitoring-Tätigkeit am besten und kann deren Bedürfnisse in die Gestaltung des Leistungsangebots einbringen. Bei der Formulierung der Kommunikationspolitik – als Teil des Marketing-Mix – sollte der Kommunikation gar eine zentrale Rolle zukommen. Unternehmenskommunikation und Marketingkommunikation sind integriert zu betrachten und bedürfen einer konsistenten Abstimmung.
- Bei der Konkretisierung von Unternehmenswerten in *Verhaltensrichtlinien* kann die Kommunikation neben der Beratungsfunktion auch eine aktive Rolle bei deren Abfassung übernehmen. Verhaltensrichtlinien müssen von den Mitarbeitern verstanden werden und entsprechend klar, eindeutig und zielgruppengerecht formuliert sein. Dies ist eine der Kernkompetenzen der Kommunikation.
- Oft trägt die Kommunikation zumindest Mitverantwortung für das *Symbolhandbuch.* Da der diesbezügliche Ableitungsprozess häufig von einer spezialisierten Agentur übernommen wird, sollte die Kommunikation in der Lage sein, eine Agentur professionell zu führen – vom Briefing bis zur Kontrolle.

Bei den *Anpassungsprozessen* kommt der Kommunikation eine wichtige Rolle zu. Über ihre Dialoginstrumente sowie ein systematisches Medien- und Issues Monitoring ist sie über Entwicklungen im politischen, technologischen und gesellschaftlichen Umfeld sowie über die Perzeption des Unternehmens in der Öffentlichkeit bestens informiert und kann diese Informationen der Unternehmensleitung zur Verfügung stellen. Damit hilft sie dem Unternehmen, notwendige Anpassungen an veränderte Umweltbedingungen zu leisten und die Unternehmenspolitik entsprechend zu gestalten. Je stärker der Kommunikationschef und seine Abteilung nicht nur als Informationslieferanten, sondern auch als interne Berater wahrgenommen werden, desto größer ist der Einfluss der Kommunikation auf unternehmenspolitische Entscheidungen.

Literatur

Birgikt, K., Stadler, M. M., & Funck, H. J. (2002). *Corporate Identity. Grundlagen. Funktionen. Fallbeispiele* (11., überarb. und aktual. Aufl.). München: Verlag Moderne Industrie.
Esch, F.-R. (2007). *Strategie und Technik der Markenführung* (4., überarb. und erw. Aufl.). München: Vahlen.
Herger, N. (2006). *Vertrauen und Organisationskommunikation. Identität – Marke – Image – Reputation.* Wiesbaden: Springer VS.

Hofstede, G. (1991). *Cultures and organizations. Software of the mind.* London: McGraw-Hill.

Hubig, Ch. (2014). Vertrauen und Glaubwürdigkeit als konstituierende Elemente der Unternehmenskommunikation. In A. Zerfaß & M. Piwinger (Hrsg.), *Handbuch Unternehmenskommunikation. Strategie – Management – Wertschöpfung* (2., vollst. überarb. Aufl., S. 351–369). Wiesbaden: Springer-Gabler.

Hungenberg, H. (2008). *Strategisches Management in Unternehmen. Ziele – Prozesse – Verfahren* (5., überarb. und erw. Aufl.). Wiesbaden: Springer-Gabler.

Krummenacher, A., & Thommen, J.-P. (2012). *Einführung in die Betriebswirtschaft. Mit Bankbetriebs- und Versicherungslehre* (4., vollst. überarb. und erw. Aufl.). Zürich: Versus.

Lencioni, P. M. (2002). Make your values mean something. *Harvard Business Review, 2002*(7), 113–117. Reprint R0207J.

Lombriser, R., & Abplanalp, P. A. (2015). *Strategisches Management. Visionen entwickeln, Erfolgspotenziale aufbauen, Strategien umsetzen* (6., vollst. überarb. und aktual Aufl.). Zürich: Versus.

Luhmann, N. (2000). *Vertrauen. Ein Mechanismus der Reduktion sozialer Komplexität* (4. Aufl.) Stuttgart: UTB.

Mast, C. (2013). *Unternehmenskommunikation. Ein Leitfaden* (5., überarb. Aufl.). Konstanz: UTB für Wissenschaft.

Niederhäuser, M., & Rosenberger, N. (2011). *Unternehmenspolitik, Identität und Kommunikation. Modell – Prozesse – Fallbeispiele.* Wiesbaden: Springer-Gabler.

Rüegg-Stürm, J. (2003). *Das neue St. Galler Management-Modell. Grundkategorien einer integrierten Managementlehre. Der HSG-Ansatz* (2., durchges. Aufl.). Bern: Haupt.

Rüegg-Stürm, J., & Grand, S. (2015). *Das St. Galler Management-Modell* (2., vollst. überarb. und grundlegend weiterentw. Aufl.). Bern: Haupt.

Sandhu, S. (2014). Public Relations und gesellschaftliche Kommunikation: Legitimation im Diskurs. In A. Zerfaß & M. Piwinger (Hrsg.), *Handbuch Unternehmenskommunikation. Strategie – Management – Wertschöpfung* (2., vollst. überarb. Aufl., S. 1161–1183). Wiesbaden: Springer-Gabler.

Schein, E. H. (2004). *Organizational culture and leadership* (3. Aufl.). New York: Jossey-Bass.

Schmid, B. F., & Lyczek, B. (2008). Die Rolle der Kommunikation in der Wertschöpfung der Unternehmung. In M. Meckel & B. F. Schmid (Hrsg.), *Unternehmenskommunikation. Kommunikationsmanagement aus Sicht der Unternehmensführung* (2., überarb. und erw. Aufl., S. 3–150). Wiesbaden: Springer-Gabler.

Steiger, T., & Lippmann, E. (Hrsg.). (2013). *Handbuch Angewandte Psychologie für Führungskräfte – Führungskompetenz und Führungswissen* (4., vollst. überarb. Aufl.). Berlin: Springer.

Szyszka, P. (2015). Integrativer Theorieentwurf. In R. Fröhlich, P. Szyszka, & G. Bentele (Hrsg.), *Handbuch der Public Relations. Wissenschaftliche Grundlagen und berufliches Handeln. Mit Lexikon* (3., überarbeitete und erweiterte Auflage, S. 205–228). Wiesbaden: Springer VS.

Thommen, J.-P., & Achleitner, A.-K. (2012). *Allgemeine Betriebswirtschaftslehre. Umfassende Einführung aus managementorientierter Sicht* (7., vollst. überarb Aufl.). Wiesbaden: Gabler.

Trompenaars, F., & Hampden-Turner, C. (2004). *Managing people across cultures.* Chichester: Capstone Publishing.

Waibel, R., & Käppeli, M. (2015). *Betriebswirtschaft für Führungskräfte. Die Erfolgslogik des unternehmerischen Denkens und Handelns* (5. überarb. Aufl.). Zürich: Versus.

Wieland, J. (2007). *Die Ethik der Governance* (5., neu durchges. Aufl.). Marburg: Metropolis.

Wunderer, R. (2011). *Führung und Zusammenarbeit. Eine unternehmerische Führungslehre* (9., neu bearb. Aufl.). München: Luchterhand.

Zerfaß, A. (2010). *Unternehmensführung und Öffentlichkeitsarbeit. Grundlegung einer Theorie der Unternehmenskommunikation und Public Relations* (3., aktual. Aufl.). Wiesbaden: Springer.

Die vier Dimensionen der Identität

Zusammenfassung

Die Kombination der vier Dimensionen der Identität – Leistungsangebot, Verhalten, Symbole und Kommunikation – geben dem Unternehmen seine unverwechselbare Identität. Jede Dimension verfügt dabei über entsprechende aus der Unternehmenspolitik abgeleitete Steuerungsinstrumente, die den Umsetzungsprozess leiten. In jeder Dimension hat die Kommunikation eine spezifische Rolle zu erfüllen: Beim Leistungsangebot unterstützt sie beispielsweise über Innovationskommunikation oder über Live-Kommunikation die Bekanntmachung von neuen Produkten oder Dienstleistungen. Die Unternehmenskommunikation hat neben ihrer Unterstützungsfunktion für das Leistungsangebot, das Verhalten sowie die Symbole eine Schlüsselrolle als eigenständige Identitätsdimension. Sie steuert die kommunikativen Beziehungen zwischen dem Unternehmen und seinen relevanten Bezugsgruppen. Sichtbar ist die Unternehmenskommunikation primär über die eingesetzten Kommunikationsmittel und die darin vermittelten Botschaften. Zentrales Steuerungsmittel ist das Kommunikationskonzept, das als Planungspapier den Umsetzungsprozess steuern soll. Die Qualität des identitätsorientierten Kommunikationsmanagements misst sich insbesondere daran, wie konsequent die Kommunikation aus der Unternehmenspolitik abgeleitet ist *(strategische Kommunikation)*, wie vollständig und effizient sie umgesetzt wird *(taktische Kommunikation)* und wie gut sie inhaltlich, formal und zeitlich abgestimmt ist *(integrierte Kommunikation)*. Ist die Kommunikation konsequent auf die Unternehmensidentität ausgerichtet und stimmt sich mit den anderen Identitätsdimensionen ab, dann trägt sie entscheidend bei zur Schaffung von materiellen und immateriellen Werten *(wertorientierte Kommunikation)*.

© Springer Fachmedien Wiesbaden GmbH 2017
M. Niederhäuser und N. Rosenberger, *Unternehmenspolitik, Identität und Kommunikation*, DOI 10.1007/978-3-658-15702-9_4

Die spezifische Ausgestaltung der vier Identitätskomponenten, die ein Unternehmen einzigartig und von Konkurrenten unterscheidbar macht, könnte man analog zum Marketing-Mix als „Identitäts-Mix" bezeichnen (Birgikt et al. 2002, S. 19). Die Kombination
von Leistungsangebot, Verhalten, Symbolen und Kommunikation ergibt die unverwechselbare Identität des Unternehmens.

Um eine nach innen und außen konsistente Identität zu gewährleisten, sollte jede der
vier *Identitätsdimensionen* bestimmte Anforderungen erfüllen:

- Das *Leistungsangebot* wird primär daran gemessen, welchen Nutzen es für die Kun-
  den stiftet. Der Nutzen kann dabei funktionaler, sozialer oder emotionaler Art sein.
- Das *Verhalten* der Mitarbeiter sollte möglichst homogen sein und muss hohe Konsistenz mit der Kommunikation aufweisen. Das Auseinanderklaffen von Verhalten und
  Kommunikation, von Tun und Sagen, führt zu Glaubwürdigkeitsverlusten. Der engli-
  sche Sprachgebrauch hat die geforderte Konsistenz in ein griffiges Sprachbild gefasst:
  Walk the talk.
- Die *Symbole* sollten möglichst einheitlich eingesetzt werden und damit die Wiederer-
  kennbarkeit sicherstellen.
- Schließlich sollten die *Kommunikation* und ihre unterschiedlichen Aufgabenfelder
  formal, inhaltlich und zeitlich abgestimmt bzw. integriert sein.

4.1   Das Leistungsangebot

Das Leistungsangebot eines Unternehmens – also die Produkte und Dienstleistungen – basiert auf den in der Unternehmensstrategie getroffenen Entscheidungen (z. B.
Angebotsbreite und -tiefe, bearbeitete Kundensegmente) und den im Marketingkonzept
konkretisierten Plänen.

4.1.1   Das Leistungsangebot als Manifestation

In den gängigen Corporate-Identity-Modellen ist das Leistungsangebot eines Unternehmens nicht oder nur implizit integriert. So definieren Birkigt et al. (2002, S. 20) in ihrem
bekannten CI-Modell das Produkt- und Dienstleistungsprogramm als Angebotsverhalten
und damit als Teil des Unternehmensverhaltens. Wenn man davon ausgeht, dass das Leistungsangebot eines Unternehmens primärer Bezugspunkt in den Austauschbeziehungen
mit dem Umfeld darstellt, scheint die gesonderte und explizite Darstellung der Produkte
und Dienstleistungen als relevante Identitätsdimension gerechtfertigt, wenn nicht zwingend. Selbstverständlich ließe sich das iPhone von Apple auch über die Dimensionen
„Unternehmensverhalten", „Symbole" und „Kommunikation" beschreiben. Das Angebotsverhalten von Apple würde man dabei wohl als innovativ, das Design als modern
und attraktiv, die Kommunikation als dominant (redaktioneller und werblicher Druck)

und personalisiert (früher Steve Jobs, heute Tim Cook) bezeichnen. Das Produkt ist aber mehr als das: In den Händen seiner Benutzer entwickelt es ein identitätsstiftendes Eigenleben, das sich ein Stück weit unabhängig von den anderen Identitätskomponenten ausprägt. Besser beschreibbar werden mit dieser Abkoppelung des Leistungsangebots auch identitätsgefährdende Widersprüche: Wenn eine Firma, die als innovativ gilt und diese Eigenschaft auch ständig kommuniziert, mit einem neuen Produkt der Konkurrenz hinterherhinkt, dann wird die fehlende Ab- und Übereinstimmung der Identitätsdimensionen schnell deutlich. Die Folge ist ein Glaubwürdigkeitsverlust (s. Abschn. 3.4.4).

Für die Manifestationen des *Leistungsangebots* sind die folgenden Kriterien besonders relevant:

Güter und Dienstleistungen
Ein materielles Produkt erhält seine Form unmittelbar nach dem Produktionsprozess und wechselt mit dem Kauf seinen Besitzer. Mögliche Produktfehler entstehen im Produktionsprozess, in den der Kunde in der Regel nicht involviert ist. Dagegen ist die Dienstleistung immateriell und erhält ihre Form erst in der Service-Situation. Die Interaktion zwischen Servicepersonal und den Kunden verkörpert den „Produktionsprozess". „Produktfehler" sind hier demnach in der Regel Verhaltensfehler von Mitarbeitern. Für die Identitätsdimension „Leistungsangebot" ist dieser Unterschied bedeutsam: Während im Gütermarkt das greifbare Produkt unabhängig von Menschen Identität herstellt (s. Beispiel iPhone), sind im Dienstleistungsmarkt praktisch immer Menschen, nämlich Mitarbeiter des Unternehmens, identitätsbildend. Im ersten Fall sind folglich primär die Funktionalität und das Design des Produkts ausschlaggebend, im zweiten das Verhalten des Personals (vgl. Thommen und Achleitner 2012, S. 174). Bei Unternehmen, die im Dienstleistungsbereich tätig sind, ist das Verhalten der Mitarbeiter damit der zentrale Parameter, der über Erfolg oder Misserfolg entscheidet.

Konsumgüter und Produktionsgüter
Die Betriebswirtschaftslehre unterscheidet zwischen Konsumgütern und Produktionsgütern (Investitionsgütern). Kennzeichnend für Konsumgüter ist die direkte menschliche Bedürfnisbefriedigung, etwa in Form von Schuhen, Genussmitteln oder einer Ferienreise. Produktionsgüter befriedigen nur indirekt menschliche Bedürfnisse, indem sie als Inputgüter für nachgelagerte Produktionsprozesse verwendet werden, an deren Ende wiederum Konsumgüter (Produkte oder Dienstleistungen) stehen können (vgl. Thommen und Achleitner 2012, S. 37). Diese Unterscheidung prägt auch die verschiedenen Märkte: Im sog. Business-to-Consumer-Markt (B2C) werden Konsumgüter, im Business-to-Business-Markt (B2B) Investitionsgüter gehandelt. Ob ein Unternehmen primär im B2C- oder im B2B-Geschäft tätig ist, hat auch weitreichende Auswirkungen auf die anderen Identitätsdimensionen: „Kommunikation", „Verhalten" und „Symbole" müssen auf die Bedürfnisse der jeweiligen Märkte abgestimmt werden. Im typischen B2C-Markt steht das Unternehmen einer Vielzahl von Endkunden gegenüber, deren Beziehung zum Unternehmen in der Regel wenig persönlich und wenig zeitintensiv ist. Oft werden die

Produkte auch nicht direkt, sondern über den zwischengeschalteten Handel abgesetzt. Im B2B-Markt stehen sich in der Regel auf Unternehmens- wie auf Kundenseite Fachleute gegenüber, die sich oft persönlich kennen und in einer Vertrauensbeziehung stehen. Während in der B2B-Beziehung die persönliche Kommunikation den primären Austauschmodus darstellt, ist es im B2C-Markt die massenmediale Kommunikation.

Leistungsangebot als Marketing-Mix

Manifest wird das Leistungsangebot aber nicht nur über sichtbare Produkte und erfahrbare Dienstleistungen. Im Sinne eines marketingorientierten Unternehmensansatzes sind Produkt, Vertrieb, Konditionen und Kommunikation (oder die vier Ps: Product, Place, Price, Promotion) nicht voneinander zu trennen und bilden erst in ihrer Summe das Leistungsangebot ab. Die spezifische Zusammensetzung der vier P bildet dabei den sog. *Marketing-Mix*. Das iPhone als greifbares, multifunktionales Produkt wird demnach vom Konsumenten integral auch über den Vertriebsort, den Preis sowie die Begleitkommunikation wahrgenommen.

Produktmarken und Markenarchitektur

Kommunikationstechnisch treten Produkte und Dienstleistungen als *Marken* auf (vgl. Abschn. 3.3). Eine Marke kann definiert werden als „ein Nutzenbündel mit spezifischen Merkmalen, die dafür sorgen, dass sich dieses Nutzenbündel gegenüber anderen Nutzenbündeln, welche dieselben Basisbedürfnisse erfüllen, aus Sicht relevanter Zielgruppen nachhaltig differenziert" (Burmann et al. 2005, S. 7). Beispiele von Produktmarken sind z. B. der Golf von Volkswagen, Nespresso von Nestlé oder der iPod von Apple.

Die Systematisierung unterschiedlicher Marken eines Unternehmens in einem hierarchischen Ordnungsrahmen wird als *Markenarchitektur* bezeichnet. Dabei wird ein oft historisch (oder durch Übernahmen) gewachsener Bestand im Markenportfolio in einen logischen Zusammenhang gebracht. Eine typische Markenarchitektur baut auf den drei Ebenen „Produktmarken", „Unternehmensbereichsmarken" und „Unternehmensmarke" auf. So führt der Medienkonzern Bertelsmann unter seiner Unternehmensmarke Bereichsmarken wie die RTL Group, Penguin Random House oder Gruner + Jahr. Letztere vertreibt Produktmarken wie „Stern", „GEO" oder „Brigitte".

Ein Unternehmen verfügt bzgl. der Markenführung über verschiedene strategische Handlungsoptionen, die sich zwischen zwei Extrempositionen bewegen: Auf der einen Seite deckt das Unternehmen seine Leistungen auf allen drei Ebenen mit der gleichen Marke ab (Unternehmensmarkenstrategie bzw. Branded House), auf der anderen tritt es gegenüber den Kunden praktisch ausschließlich über die Produktmarken in Erscheinung (Produktmarkenstrategie bzw. House of Brands). Die zwei generischen Positionen dazwischen können als Sub-Branding-Strategie (starke Unternehmensmarke, ergänzt durch Unter- bzw. Produktmarken) und als Endorsement-Branding-Strategie (starke Produktmarke, unterstützt durch Dachmarke) bezeichnet werden. Beispiele für die zwei Extrempositionen sind z. B. McDonald's oder Axa (Branded House) und Unilever oder Nestlé (House of Brands; vgl. Burmann und Meffert 2005, S. 165 ff.).

Das Leistungsangebot von Non-Profit-Organisationen

Die hier angestellten Überlegungen zum Leistungsangebot sind größtenteils auch für Non-Profit-Organisationen (NPO) anwendbar. Unter NPO werden (nicht-staatliche) Organisationen verstanden, die in der Regel Sachziele verfolgen – in Abgrenzung zu profitorientierten Unternehmen, deren Hauptzweck das Formalziel Gewinnerzielung beinhaltet (vgl. Schwarz et al. 2009, S. 20 ff.). Das Leistungsangebot von NPO ergänzt die Angebote von Markt und Staat. Dominierendes Merkmal vieler NPO ist, dass sie primär Kollektivgüter produzieren, indem ihre Leistungen einer ganzen Gruppe (z. B. Mitglieder) oder der ganzen Gesellschaft zugute kommen. So verbessert eine Gewerkschaft durch organisierte Interventionen die Lohnmacht seiner Mitglieder, während eine Naturschutzorganisation letztlich die Lebensgrundlagen der ganzen Gesellschaft verbessern will. NPO erbringen aber oft auch individuelle Dienstleistungen, die sie am Markt unter Konkurrenz und gegen mindestens kostendeckende Preise verkaufen.

4.1.2   Die Steuerungsinstrumente

Wird das Leistungsangebot in der Unternehmensstrategie grob in seinen Eckpunkten umrissen, so wird es im Marketingkonzept konkretisiert. Das *Marketingkonzept* ist das wichtigste Steuerungsinstrument der Identitätsdimension „Leistungsangebot".

Die Entwicklung (und Umsetzung) der Marketingstrategie kann als spezifischer Problemlösungsprozess verstanden und beschrieben werden (vgl. Thommen und Achleitner 2012, S. 127 ff.). Die wichtigsten Prozessphasen sind dabei „Analyse", „Ziele", „Strategie", „Marketing-Mix", „Realisierung" und „Evaluation". Das entsprechende Planungspapier, das die für einen bestimmten Zeitraum gültige Marketingstrategie festhält, wird in der Regel als Marketingkonzept bezeichnet.

Üblicherweise umfasst das Marketingkonzept folgende Inhalte (in Anlehnung an Thommen und Achleitner 2012, S. 127 ff.):

- *Analyse der Ausgangslage:* Für die Entwicklung und den Vertrieb des Leistungsangebots werden relevante Informationen aus dem Unternehmen und der Umwelt gesammelt und analysiert. Zudem werden die Bedürfnisse tatsächlicher oder potenzieller Kunden mittels Marktforschung erhoben.
- *Marketing-Ziele:* Aus unternehmensinternen (z. B. Unternehmenswerte und -ziele) und -externen Gegebenheiten werden Marketingziele definiert, die sich auf den Umsatz, den Marktanteil, die Märkte, die Produkte oder die Kunden beziehen können.
- *Marketing-Strategie:* Sie legt den Weg fest, mit dem die Marketing-Ziele erreicht werden sollen. Im Vordergrund stehen dabei Positionierungen bzgl. Leistungsangebot, Konkurrenzverhalten sowie Zielgruppen.
- *Marketing-Instrumente:* Die Marketinginstrumente werden aus den Zielen und der Strategie abgeleitet und üblicherweise mit dem 4-P-Ansatz (Product, Place, Price,

Promotion) systematisiert. Daraus ergibt sich die Gliederung der Instrumente nach Produktpolitik, Distributionspolitik, Konditionspolitik sowie Kommunikationspolitik.

- *Erstellung eines Marketing-Mix:* Die Kombination der verschiedenen Marketinginstrumente ergibt den sog. Marketing-Mix. Die Teilziele und Maßnahmen eines bestimmten Instruments müssen sowohl mit dem übergeordneten Marketingziel als auch mit den anderen Instrumenten abgestimmt sein.
- *Evaluationsplanung:* Es werden Schlüsseldaten festgelegt, die nach der Realisierung des Marketingkonzepts eine periodische Überprüfung der Zielerreichung ermöglichen.

4.1.3 Der Umsetzungs- und Anpassungsprozess

Der Weg vom Marketingkonzept zum Leistungsangebot ist komplex und involviert diverse Unternehmensfunktionen. Grundsätzlich geht es darum, die in den Feldern Produkt-, Distributions-, Konditions- und Kommunikationspolitik definierten Maßnahmen umzusetzen. Dies kann bedeuten, dass ein neues Produkt entwickelt, ein alternativer Vertriebsweg gewählt, ein neues Preissystem getestet oder eine neue Werbekampagne lanciert wird.

Verantwortlich für diesen Umsetzungsprozess ist der *Marketingleiter.* Organisatorisch ist die Marketingabteilung in der Regel als Linien- oder Stabsfunktion in die Geschäftsleitung eingebunden.

Die Vielfalt der in den 4 Ps definierten Maßnahmen erfordert unterschiedliche *Umsetzungsinstrumente.* Übergeordnet sind etwa Innovationsmanagement, Qualitätsmanagement, Zertifizierungen oder die Servicepolitik zu nennen.

- In der *Produktpolitik* steht die Produktentwicklung bzw. Produktanpassung im Vordergrund. Innovationsfähigkeit und ständige Qualitätsverbesserungen sind dabei zentral.
- In der *Distributionspolitik* werden aus verschiedenen Alternativen die passenden Distributionskanäle gewählt. Diese müssen aufgebaut, bewirtschaftet und ständig überprüft werden.
- In der *Konditionspolitik* werden die Instrumente „Preise", „Rabatte" und „Transportbedingungen" eingesetzt.
- Die *Kommunikationspolitik* verfügt über eine breite Palette von Umsetzungsinstrumenten: Neben den klassischen Instrumenten wie Produkt-PR, Werbung, Verkaufsförderung und persönlicher Verkauf sind auch Sponsoring, Product Placement oder Testimonials zu nennen.

Verändert wird das Marketingkonzept entweder top-down über Änderungen in der Unternehmenspolitik, z. B. bei einer neuen Strategie, oder bottom-up über Anpassungen aufgrund von Evaluationen der definierten Manifestationen. Dieser *Anpassungsprozess* kann eines oder mehrere der vier Ps betreffen. So kann verändertes Einkaufsverhalten beispielsweise dazu führen, dass die Distributionspolitik im Marketingkonzept angepasst werden muss.

4.1.4 Die Rolle der Kommunikation

Die Unternehmenskommunikation ist über verschiedene Aufgabenfelder mit dem Leistungsangebot eines Unternehmens verknüpft.

- *Marketingkommunikation:* Je nach Integrationsgrad der Unternehmenskommunikation kann die Marketingkommunikation als ein Teilgebiet verstanden werden. In einem integrierten Modell trägt die Unternehmenskommunikation auch die Verantwortung für die Kommunikation gegenüber den Marktteilnehmern, allen voran gegenüber den Kunden und potenziellen Kunden. Indem den Kunden die verschiedenen Facetten der Unternehmenspolitik und -identität vermittelt werden, schafft die Kommunikation Vertrauen in das Unternehmen und damit auch in sein Leistungsangebot. Dieses wird dann über spezifische Kommunikationsinstrumente wie Produkt-PR oder Werbung „vermarktet". In der Realität ist die Marketingkommunikation organisatorisch oft unabhängig von der Unternehmenskommunikation. In diesen Fällen muss die Schnittstelle über gut organisierte Abstimmungsprozesse bewirtschaftet werden.
- *Live-Kommunikation:* Wichtige Plattformen, um mit den Marktteilnehmern über das Leistungsangebot persönlich zu kommunizieren, sind Veranstaltungen bzw. Events. Ob Messeauftritt oder Topkundenanlass, die Unternehmenskommunikation kann hier ihre spezifischen Kompetenzen einbringen, von der Konzeption des Anlasses bis zur Formulierung der Botschaften.
- *Innovationskommunikation:* Die Dynamik der globalisierten Märkte sowie der rasante technologische Wandel führen dazu, dass Unternehmen ihr Leistungsangebot in immer höherer Kadenz verändern müssen. Innovationsfähigkeit wird für Unternehmen zunehmend zu einer Überlebensfrage. Da ist auch die Innovationskommunikation gefordert. Intern geht es darum, über geeignete Kommunikationsmaßnahmen ein positives Innovationsklima zu schaffen. Die Kommunikation muss dabei insbesondere die Einstellungen und Haltungen der Mitarbeiter ins Visier nehmen. Die Innovationskraft des Unternehmens muss aber auch nach außen getragen werden. Die Kommunikation formuliert dabei Botschaften über die Innovationspolitik und -prozesse des Unternehmens sowie über deren Ergebnis, die innovativen Produkte.
- *Investor Relations:* Für die Finanzmarktkommunikation ist das Leistungsangebot des Unternehmens eine zentrale Botschaftsquelle. Investoren und Analysten verfolgen mit großem Interesse die Entwicklung des Leistungsangebots eines Unternehmens, da sich dessen Attraktivität letztlich in Umsatz- und Rentabilitätszahlen niederschlägt.
- *Krisenkommunikation:* Bei Produktfehlern oder bei Fehlverhalten von Mitarbeitern im Zusammenhang mit Produkten oder Dienstleistungen greift die Unternehmenskommunikation mittels Krisenkommunikation steuernd ein und versucht, das Unternehmen vor Reputationsverlusten zu schützen.
- *Issues Monitoring:* Leistungsangebote schaffen Nutzen für die Kunden, bergen aber oft auch Risiken und Gefahren für das Individuum, die Gesellschaft oder die Umwelt.

Man denke nur an den klimaschädlichen CO_2-Ausstoß von Autos, an die Strahlung von Mobiltelefonen oder an die „Fettmacher" unter den Nahrungsmitteln. In der Kommunikationsarena werden Nutzen und Risiken von Produkten oder Dienstleistungen laufend verhandelt und in Bezug auf deren gesellschaftliche Akzeptanz überprüft. Im Sinne eines Frühwarnsystems übernimmt das sog. Issues Monitoring die Funktion, frühzeitig solche gesellschaftlich relevanten Themen zu identifizieren und damit die Basis für eine unternehmerische Handlungsstrategie zu schaffen. Eine der Hauptfunktionen der Unternehmenskommunikation ist nun gerade die ständige Beobachtung der Kommunikationsarena. Sie sollte deshalb das Issues Monitoring federführend betreiben. Versagt das Issues Monitoring, ist die Unternehmenskrise nicht mehr weit: Gefordert ist dann Krisenkommunikation.

Beispiel Toyota

Wegen Problemen mit den Gaspedalen bei verschiedenen Modellen leitete der japanische Automobilkonzern Toyota in den Jahren 2009/2010 die größte Rückrufaktion in seiner Unternehmensgeschichte ein. Vorab in den USA mussten Millionen von Fahrzeugen in die Servicestätten des weltweit größten Automobilherstellers gebracht werden. Diese Rückrufaktion sowie die Folgen der Finanzkrise führten zu Toyotas bisher größter Unternehmenskrise. Auf dem Spiel stand nicht weniger als der über Jahrzehnte aufgebaute Ruf, qualitativ hervorragende Autos zu produzieren. Die Unternehmenskommunikation sah sich mit der Herausforderung konfrontiert, nicht nur die unmittelbare Krisenkommunikation rund um die Rückrufaktion weltweit zu führen, sondern auch den vom CEO angekündigten internen Veränderungsprozess („zurück zu den alten Werten") kommunikativ zu begleiten. Gleichzeitig war die Marketingkommunikation gefordert, verunsicherte und von Konkurrenten kommunikativ bearbeitete Kunden bei der Stange zu halten, um die Verkaufszahlen nicht dramatisch einbrechen zu lassen. Schließlich galt es, über Investor-Relations-Aktivitäten das Vertrauen der Aktionäre in die Handlungsfähigkeit des Top-Managements zu erhalten (Rottwilm 2015).

4.2   Das Verhalten

Das Verhalten der Mitarbeiter eines Unternehmens wird im Wesentlichen von zwei konkurrierenden Einflussfeldern bestimmt: Auf der einen Seite wird aus den in der Unternehmenspolitik definierten Werten ein gewünschtes Verhalten abgeleitet und in Form von *Handlungsanweisungen* für die Mitarbeiter verfügbar gemacht; auf der anderen Seite ist das Verhalten der Mitarbeiter von den in der Vergangenheit gemachten Erfahrungen beeinflusst, die man unter *Unternehmenskultur* zusammenfassen kann. Je nachdem, ob sich diese zwei Einflussfelder gleichgerichtet oder gegenläufig gestalten, entsteht ein kleineres oder größeres Spannungsfeld.

4.2.1 Das Verhalten als Manifestation

Unternehmen sind soziale Gebilde, die erst durch das Handeln ihrer Mitarbeiter entstehen und Kontur gewinnen. Ob im Backoffice oder an der Verkaufsfront tätig, ob in einer Führungsposition oder als einfacher Angestellter, alle Organisationsmitglieder sind handelnde Subjekte und verhalten sich in ihrem Arbeitsalltag auf eine bestimmte Art und Weise. Sie agieren unter sich und verhalten sich gegenüber der Außenwelt – sei es gegenüber Kunden, Lieferanten oder auch gegenüber den Medien. *Verhalten* als konstituierendes Element von Identität bezieht sich dabei immer auf das Beobachtbare: Menschen verhalten sich in den drei Modi *verbal, paraverbal* und *nonverbal*. Als Beispiel sei hier der Verkäufer erwähnt, der im Elektronikshop umstandslos das defekte Gerät austauscht (nonverbal) und dem Kunden mit freundlicher Stimme (paraverbal) einen guten Tag wünscht (verbal). Damit wird deutlich, dass hier auch die *interpersonale Kommunikation* grundsätzlich als Teil des Verhaltens modelliert wird, sei es die Kommunikation zwischen Vorgesetztem und Mitarbeiter (Führungskommunikation), sei es das Verkaufsgespräch an der Front oder gar die informellen Gespräche der Mitarbeiter („Flurfunk"). Abgrenzen lassen sich diese interpersonalen Kommunikationsformen von der *Identitätsdimension „Kommunikation"* dadurch, dass Letztere als Managementfunktion ausdifferenziert und institutionell verankert ist, planmäßig gesteuert wird und sich in der Regel des Einsatzes von Kommunikationsinstrumenten bedient.

Wenn hier also von Verhalten die Rede ist, dann ist primär das *Verhalten der Organisationsmitglieder* und nicht das Verhalten des Unternehmens als abstraktes Ganzes gemeint. Erst gleichgerichtetes, konsistentes Verhalten der Organisationsmitglieder konstituiert annäherungsweise ein Unternehmensverhalten. Dieses wird primär in der (formulierten) Unternehmenspolitik sowie in den Identitätssteuerungsinstrumenten sichtbar.

4.2.2 Die Steuerungsinstrumente

Wie lässt sich nun das Verhalten von Organisationsmitgliedern steuern? Mit welchen Instrumenten gelingt es internationalen Großkonzernen wie z. B. Siemens mit weltweit rund 350.000 Mitarbeitern, ein konsistentes Verhalten seiner Führungskräfte und Mitarbeiter zu generieren?

Während sich in Kleinunternehmen das Verhalten der Mitarbeiter oft direkt am Inhaber orientiert und keiner schriftlichen Anweisungen bedarf, bauen große Organisationen in der Regel auf ein ganzes Set von *Verhaltensgrundsätzen und -richtlinien*. In der Praxis sind folgende Regelwerke – oder Kombinationen davon – zu beobachten:

- Der *Code of (Business) Conduct* regelt sensible Bereiche, in denen Führungskräfte und Mitarbeiter u. U. in Interessenkonflikte geraten könnten. Typische Themen sind Umgangsregeln bzgl. Annahme von Geschenken und Begünstigungen, Insiderhandel (bei Aktiengesellschaften), Diskriminierung, Umgang mit vertraulichen Informationen oder private Nutzung von Unternehmensmitteln. Die hier formulierten Regeln basieren oft nicht nur auf den unternehmenseigenen Werten, sondern auch auf Landesgesetzen (s. Tab. 4.1).

- *Management-* bzw. *Führungsgrundsätze* definieren das Führungsverständnis im Unternehmen. Dies kann im weiteren Sinn das Verhalten der Führungskräfte gegenüber verschiedenen Anspruchsgruppen und in Bezug auf unterschiedliche Themen wie z. B. Verhalten bei Veränderungen sein. Im engeren Sinn geht es um das Verhalten der Führungskräfte als Vorgesetzte.

Tab. 4.1 Inhaltsübersicht des Code of Conduct der Sonova Holding AG. (Sonova Gruppe Verhaltenskodex, Stäfa 2012/2013)

1	Zielsetzung
2	Geltungsbereich
3	Soziale Verantwortung
	Wir übernehmen Verantwortung
4	Verhalten im Arbeitsumfeld
	Wir halten uns strikt an geltendes Recht und verbindliche Normen
	Wir respektieren das Kartell- und Wettbewerbsrecht und halten dies ein
	Wir schützen unser geistiges Eigentum
	Wir schützen und schätzen Firmeneigentum
	Wir behandeln wichtige Informationen vertraulich
	Wir respektieren die Eigentumsrechte Dritter
	Wir sichern Daten und halten Datenschutzgesetze ein
	Wir verbieten Insiderhandel
	Wir nutzen E-Mails, Internet und Social Media in angemessener Weise
5	Verhalten gegenüber unseren Kunden
	Kunden stehen an erster Stelle
	Wir führen unsere Geschäfte auf faire Art und Weise und tolerieren keine Bestechung
	Wir halten Vorschriften im internationalen Handel und zu Exportkontrollen ein
6	Verhalten gegenüber Mitbewerbern
	Wir bekennen uns zu einem fairen Wettbewerb
7	Verhalten gegenüber der Öffentlichkeit
	Wir informieren die Öffentlichkeit und lokale Interessengruppen zeitgerecht und genau
8	Verhalten gegenüber Lieferanten und Geschäftspartnern
	Wir respektieren die Interessen unserer Geschäftspartner
	Wir gehen bei der Annahme von Geschenken von unseren Geschäftspartnern und bei der Vergabe von Geschenken an diese sehr sorgsam vor
9	Verhalten gegenüber unseren Mitarbeitern und Kollegen
	Wir sehen unsere Mitarbeiter als Schlüssel zum Erfolg
	Wir vermeiden Interessenskonflikte
	Wir fördern kulturelle Vielfalt in unseren Unternehmen
	Wir respektieren die persönliche Integrität unserer Mitarbeiter
10	Wie du Unterstützung erhältst

- *Verhaltensregeln* für Mitarbeiter betreffen oft das Verhalten im Unternehmen selber, z. B. das Teamverhalten, oder gegenüber Kunden, z. B. das Verhalten am Telefon (s. Abb. 4.1).

Unsere sieben goldenen Regeln /

So werden wir **aufmerksamer, erreichbarer** und **zuverlässiger** im Kontakt mit Kunden und Kollegen:

1 Wir reagieren schnell, **freundlich** und professionell.

2 Wir stellen uns vor und nennen auch unsere Gesprächspartner bei ihrem **Namen.**

3 Wir stellen sicher, dass wir die Anliegen unseres Gegenübers verstehen, versetzen uns in seine Lage und unternehmen alles, um die **bestmögliche Lösung** für ihn zu finden.

4 Wir benutzen eine **verständliche Sprache** und informieren kompetent und umfassend.

5 Wir machen verbindliche Aussagen und lösen unsere **Versprechen** ein.

6 Wir halten Kunden und Kollegen über den Stand der Bearbeitung ihrer Anliegen **auf dem Laufenden.**

7 Wir vertreten die AXA Winterthur **engagiert** und loyal.

AXA **winterthur**

Finanzielle Sicherheit / **neu definiert**

Abb. 4.1   Sieben goldene Regeln der AXA Winterthur. (AXA Winterthur)

Unternehmensskandale und nachfolgende juristische Auseinandersetzungen haben dazu geführt, dass viele Unternehmen die wichtigsten Verhaltensrichtlinien – insbesondere den Code of Conduct – von den Mitarbeitern unterschreiben lassen und als Teil des Arbeitsvertrags deklarieren. Sie stellen damit sicher, dass individuelles Fehlverhalten v. a. in haftungsrechtlich sensiblen Ländern wie den USA nicht in Form von Strafzahlungen auf das Unternehmen zurückfällt.

4.2.3   Der Umsetzungs- und Anpassungsprozess

Das in schriftlich fixierten Normen und Richtlinien festgelegte Unternehmensverhalten in gelebtes Mitarbeiterverhalten umzusetzen, gehört mit zu den anspruchsvollsten Führungstätigkeiten, denn es geht in der Regel darum, Menschen zu Verhaltensänderungen zu motivieren. Grundsätzlich ist festzuhalten, dass das Vorleben sowie die Kommunikation der Führungskräfte im Alltag entscheidenden Einfluss auf das Verhalten der Mitarbeiter haben (Abb. 4.2).

Framework for ethical decision making

As a guide in deciding on a course of action, follow these steps and ask yourself these questions:

Recognise the event, decision or issue. Are you being asked to do something that you think might be wrong? Are you aware of potentially illegal or unethical conduct on the part of others at PwC or a client? Are you trying to make a decision and are you unsure about the ethical course of action?

Think before you act. Summarise and clarify your issue. Ask yourself, why the dilemma? Consider the options and consequences. Consider who may be affected. Consult others.

Decide on a course of action. Determine your responsibility. Review all relevant facts and information. Refer to applicable PwC policies or professional standards. Assess the risks and how you could reduce them. Contemplate the best course of action. Consult others.

Abb. 4.2 Verhaltensüberprüfung bei PwC mithilfe von zehn Fragen. (PricewaterhouseCoopers Schweiz)

Die *Verantwortung* für Mitarbeiterprogramme in Bezug auf deren Verhalten liegt in der Regel bei der HR-Abteilung bzw. dem *Personalleiter.*

Um das Verhalten der Mitarbeiter in die gewünschte Richtung zu lenken, steht dem Unternehmen eine ganze Palette von *Instrumenten* zur Verfügung:

- Wichtigstes und nachhaltigstes Umsetzungsinstrument ist die Ausrichtung des ganzen HR-Prozesses (Personalselektion, -einsatz, -entwicklung, -freistellung) auf die Werte des Unternehmens und die daraus abgeleiteten Verhaltensnormen. Konformes Verhalten wird durch Anstellung, positive Beurteilung und Beförderung belohnt, dysfunktionales wird im Extremfall mit Entlassung geahndet. Von besonderem Stellenwert ist vor diesem Hintergrund die Ausgestaltung der Anreizsysteme im Unternehmen.
- Ein interessantes, mitunter aber auch problematisches Instrument sind Managementrotationen. Mit dem regelmäßigen, absichtlichen Versetzen von Managern in andere Landes- oder Weltregionen soll verhindert werden, dass sich unerwünschte Verhaltensweisen in Teams oder in Zusammenarbeit mit lokalen Stakeholdern herausbilden. Panalpina versucht u. a. über dieses Instrument, die Korruptionsgefahr im Keim zu ersticken. Zu trauriger Berühmtheit gelangte der Telekomkonzern France Télécom, der im Jahr 2009 nach einer längeren Selbstmordserie im Unternehmen die Managementrotationen stoppte, da diese offenbar einen Stressfaktor für die Mitarbeiter darstellten.
- Die Einführung neuer Verhaltensrichtlinien wird oft auch über Trainingsprogramme – z. B. in Form von Workshops – unterstützt. Zunehmend wird gewünschtes Verhalten auch über Online-Programme geschult.

Beispiel UBS

Im Januar 2010 fasste die UBS bereits bestehende Einrichtungen im Bereich Führung und Ausbildung unter einem einzigen virtuellen Dach zusammen – der UBS Business University. Das neue Kompetenzzentrum stimmt die Aktivitäten im Bereich Schulung und Weiterentwicklung für UBS-Mitarbeiter weltweit aufeinander ab. Führungskräfte und Mitarbeiter werden in Themen wie Führung, Risikomanagement oder Kundenverhalten geschult. Ziel ist es, bei Mitarbeitern mit vergleichbaren Rollen weltweit ein konsistentes Verhalten sicherzustellen.[1]

Diese Zusammenführung bestehender Schulungseinrichtungen war nicht zuletzt eine Konsequenz der Finanzkrise ab 2007, welche die UBS besonders hart traf. Über eine weltweite Mitarbeiterschulung, so die Überlegung, müsste sich das Verhalten von Mitarbeitenden besser steuern lassen bzw. Fehlverhalten vermieden werden. Im Jahr 2012 musste die UBS im „Fall Adoboli" allerdings schmerzhaft erfahren, dass eine noch so gute Schulung der Mitarbeitenden verpufft, wenn Anreiz- und Kontrollsysteme dieser entgegenwirken. Kweku Adoboli, ein Wertpapierhändler der Londoner Niederlassung der UBS, hatte mit risikoreichen Machenschaften über zwei Milliarden Dollar verzockt. Der damalige CEO Oswald Grübel musste daraufhin zurücktreten.

---

[1]vgl. www.ubs.com/global/de/about_ubs/business_university (02.01.2016).

Anreizsysteme versuchen Verhalten zu beeinflussen, indem sie erwünschtes Verhalten belohnen bzw. unerwünschtes sanktionieren. In Unternehmen stehen aber oft gewisse Werte (und die daraus abgeleiteten Verhaltensregeln) in Widerspruch: So werden beispielsweise auf der einen Seite maximale Leistungsorientierung und Zielerreichung gefordert, während auf der anderen Seite das Einhalten sämtlicher Regeln und Gesetze (Compliance) oder auch ein bestimmtes soziales Verhalten gewünscht wird. Werden nun Anreizsysteme (z. B. in Form von Boni) einseitig auf kurzfristige finanzielle Zielerreichung ausgerichtet – wie bei gewissen Banken zumindest bis zur großen Finanzkrise üblich –, so gefährden Unternehmen ihr in der Unternehmenspolitik verankertes Wertesystem und damit letztlich die Zukunft ihres Unternehmens. Nur ein austariertes, sämtliche Unternehmenswerte integrierendes Anreizsystem wird das Verhalten der Mitarbeiter nachhaltig in die gewünschte Richtung lenken.

Eine weitere große Herausforderung, um Werte und Verhaltensgrundsätze in tatsächliches Verhalten umzusetzen, kann eine starke, in Widerspruch zum definierten Verhalten stehende *Unternehmenskultur* darstellen. Die Widerstandskräfte gegen Veränderungen sind in starken Kulturen sehr viel stärker ausgeprägt. Das Aufbrechen des Widerstands funktioniert oft nur über größere Personalwechsel, vornehmlich in den Positionen des mittleren Managements.

Verhaltensrichtlinien können im Sinne eines *Anpassungsprozesses* auch Bottom-up verändert werden. Beispielsweise dann, wenn sich diese in der Beobachtung der Verhaltensmanifestationen – also in der sog. „Realität" – als nicht praktikabel erweisen. Solange die veränderten Richtlinien mit den Unternehmenswerten und der -strategie übereinstimmen, sind derartige Anpassungen als legitim anzusehen.

4.2.4   Die Rolle der Kommunikation

Die Unternehmenskommunikation hat im Bereich des Verhaltens eine wichtige unterstützende Funktion, und zwar in mehrfacher Hinsicht:

- Es geht zuerst einmal darum, die Steuerungsinstrumente wie z. B. den Code of Conduct bei den entsprechenden Bezugsgruppen bekannt zu machen und zu verankern.
- Nach innen muss der Sinn der Verhaltensrichtlinien erklärt werden. Oft geht neuen Richtlinien eine Neuformulierung der Unternehmenspolitik mit veränderten Werten oder einer neuen Strategie voraus. Wenn man diesen Prozess als Change Management bezeichnen will, dann handelt es sich kommunikativ um die spezifische Disziplin der Veränderungskommunikation. Als Beispiel seien hier die Schweizer Großbanken genannt: Der wachsende Widerstand des Auslands in Bezug auf das Bankkundengeheimnis löste zunehmend Irritationen aus. Der massive Druck – auch juristischer Art – führte schließlich zu einer Neuformulierung von Unternehmensstrategien („Weißgeld-Strategie"), neuen Werten („Compliance") und letztlich neuen Verhaltensstandards. Zehntausende von Mitarbeitern auf einen neuen Weg einzuschwören, ist

nachhaltig nur zu leisten, wenn die gesamte Instrumentenpalette, von Anreizsystemen bis zu Schulungsmaßnahmen, eingesetzt wird.

- In der Personalmarktkommunikation signalisiert das Unternehmen, welche Mitarbeiter im Unternehmen erwünscht sind. Ziel ist es, diejenigen potenziellen Mitarbeiter auf das Unternehmen aufmerksam zu machen, die ins Wertesystem der Organisation passen.
- Nach außen werden damit Irritationen abgebaut, die durch unterschiedliche Wertvorstellungen von Unternehmen und Umwelt entstanden sein können. Anders gesagt: Das Unternehmen integriert in seine Verhaltensrichtlinien gesellschaftlich und kulturell geforderte Wertvorstellungen und kommuniziert dies den Stakeholdern. Damit verschafft sich das Unternehmen Handlungsspielraum.

4.3 Die Symbole

4.3.1 Symbole als Manifestation

Die Identität eines Unternehmens kann prominent über inszenierte, sinnlich wahrnehmbare Zeichen vermittelt werden. Diese Kennzeichen sollen hier als *Symbole* bezeichnet werden. Symbole sind Gegenstände oder Vorgänge, die stellvertretend für einen anderen, nicht sinnlich wahrnehmbaren Sachverhalt stehen. Gemeint sind damit primär *visuelle* Elemente wie Logo, Grafik, Bilder, Produktdesign, Uniformen oder Architektur, aber auch andere Sinne ansprechende Elemente *auditiver* (Gehörsinn), *olfaktorischer* (Geruchsinn), *gustatorischer* (Geschmackssinn) oder *haptischer* (Tastsinn) Art. Unternehmen stiften demnach Identität über den *Einsatz multisensorischer Symbole*[2].

Diese Unternehmenssymbole sollen der abstrakten – nicht primär sinnlich wahrnehmbaren – Unternehmenspolitik konkrete Form verleihen. Zu entscheiden, welches Logo, welche Farben, welche Musik oder gar welcher Duft zu einem Unternehmen passen, erfordert viel spezifisches Know-how. Oft wird deshalb auf die Unterstützung einer auf Corporate Identity spezialisierten Agentur zurückgegriffen.

Eine klare, einheitliche Symbolwelt ist zentral für das Wiedererkennen des Unternehmens durch die Bezugsgruppen und erlaubt es, sich auch in Märkten von großer Produkthomogenität von Konkurrenten unterscheidbar zu machen. Zudem verspricht das Ansprechen mehrerer Sinnesmodalitäten erhöhte Aufmerksamkeit, stärkere Markenerlebnisse und bessere

---

[2]In der Praxis wie auch in weiten Teilen der Fachliteratur, die in der Tradition von Birkigt et al. (2002) steht, wird für diese Identitätsdimension der Begriff „Design" und folgerichtig Corporate Design (abgekürzt: CD) verwendet. Da dieser Begriff in der Umgangssprache aber sehr stark mit dem Visuellen verknüpft wird, soll hier in Anlehnung an van Riel und Fombrun (2007, S. 68) von Symbolen gesprochen werden. Statt „multisensorisch" wird in der Literatur auch der Begriff „multisensuell" verwendet (Haug 2012).

Erinnerungsleistungen, als wenn Botschaften nur über einen Wahrnehmungskanal gesendet werden (vgl. Haug 2012, S. 241 ff.).

Beispiel Abercrombie & Fitch

Die US-amerikanische Kultmarke Abercrombie & Fitch war jahrelang eines der erfolgreichsten Modelabels für Teenager. Das Shop-Konzept baut auf einer einheitlichen multisensorischen Symbolwelt auf: Halb nackte durchtrainierte Männer („Hot Guys") begrüßen die Kundschaft am Eingang, attraktives Verkaufspersonal („Models") kümmert sich um die Kunden. Die Räume sind dunkel, die Musik laut. Lüftungsanlagen blasen den süßlichen Geruch des A&F-Parfüms „Fierce" (zu Deutsch: „wild") in Räume, Kleider und Umgebung. Die hohen Preise sowie die relativ geringe Anzahl von Shops halten das Label bewusst exklusiv. Der sehr bewusste Einsatz von schönen, schlanken und weißen Mitarbeitern hat der Firma den Vorwurf der Diskriminierung eingetragen und das lange Zeit höchste begehrte Modelabel in jüngster Zeit an den Rand des Abgrunds gebracht.[3]

Beispiel Swisscom

Das führende Schweizer Telekommunikationsunternehmen Swisscom stellt in seinem Identitätshandbuch fest, dass erst durch das Zusammenwirken verschiedener sensorischer Dimensionen ein ganzheitliches Erscheinungsbild des Unternehmens entstehe. Dies sei aber die Voraussetzung für durchgängige Markenerlebnisse. Folgerichtig werden die Handbuchbenutzer angehalten, sich bei allen Aktionen folgende Fragen zu stellen:

1. Sieht es aus wie Swisscom?
2. Klingt es nach Swisscom?
3. Fühlt es sich an wie Swisscom?
4. Riecht und schmeckt es nach Swisscom?[4]

Beispiel Apple-Campus

Der neue Apple-Campus in Cupertino – erstmals 2011 vom inzwischen verstorbenen Steve Jobs als Campus 2 vorgestellt, mit geplanter Eröffnung im Jahr 2017 – ist die symbolträchtige architektonische Umsetzung der Apple-Unternehmenspolitik. Das Gebäude gleicht einem riesigen runden Raumschiff, das Platz für rund 13.000 Mitarbeitende bietet. Neu und andersartig sind Identitätsmerkmale von Apple, neu und andersartig ist auch das Gebäude. Apple zeigt seine Größe, indem es nicht in die Höhe, sondern in die Breite baut (Michel 2015).

---

[3]www.brandtrust.de (publiziert am 16.9.2013). Zugegriffen: 04.02.2016.
[4]www.swisscom.ch. Zugegriffen: 05.02.2016.

4.3.2   Die Steuerungsinstrumente

Das wichtigste Steuerungsmittel der Unternehmenssymbolik bilden die entsprechenden *Richtlinien*, in der Praxis oft CD-Manual genannt. In diesem Handbuch werden in der Regel mindestens das Logo, die Hausfarben und -schriften sowie deren wichtigsten Anwendungsvarianten festgelegt und beschrieben. CD-Richtlinien gehören zum Standardrepertoire nicht nur großer Organisationen, sondern sind auch bei kleinen und mittleren Unternehmen (KMU) weit verbreitet. In jüngster Zeit gehen immer mehr Unternehmen dazu über, das CD-Manual zu einem eigentlichen *Symbolhandbuch* zu erweitern und beispielsweise Symbole visueller (Bildsprache) oder auditiver (Corporate Music) Art zu definieren.

4.3.3   Der Umsetzungs- und Anpassungsprozess

Die Einführung neuer Unternehmenssymbole ist ein komplexer Vorgang, der je nach Firmengröße und bestehender Symbolik große personelle und finanzielle Ressourcen benötigt. Während die kostenintensive Big-Bang-Strategie den Wechsel von alt auf neu minutiös auf einen bestimmten Zeitpunkt hin plant und umsetzt, wählen viele Firmen den kostengünstigeren Weg des allmählichen Ersetzens alter Symbole durch neue. Erstere Strategie ist dann unabdingbar, wenn durch eine Unternehmensfusion sehr rasch eine neue Symbolwelt geschaffen und implementiert werden muss.

Die *Verantwortung* für die Unternehmenssymbole liegt bei den meisten Unternehmen bei der *Kommunikationsabteilung*, fallweise auch beim Marketing oder bei einer eigenen CI-Abteilung.

Instrumentell lässt sich der Umsetzungsprozess wie folgt unterstützen:

- Voraussetzung für ein effizientes Umsetzen von Symbolrichtlinien sind geeignete Strukturen. Pro Unternehmenseinheit sollte ein Symbolverantwortlicher bestimmt werden, der die Richtlinien in seinem Verantwortungsbereich implementiert und die Einhaltung überwacht.
- Die Symbolverantwortlichen müssen für ihre Aufgabe geschult werden. Sie sollten das Symbolhandbuch und alle darin beschriebenen Anwendungsvarianten im Detail kennen und in der Lage sein, „Anwender" in ihrem Verantwortungsbereich zu unterstützen, zu beraten und auch zu kontrollieren.

Wichtigstes Hilfsmittel in der Umsetzung ist ein Set von entsprechenden Dokumentvorlagen, sog. Templates. Diese können unternehmenszentral im Intranet verfügbar gemacht werden.

Das Führen der Unternehmenssymbole in großen, internationalen Organisationen ist eine äußerst anspruchsvolle Aufgabe. Ob es gelingt, weltweit eine konsistente Symbolwelt zu implementieren, hängt primär von der Einsicht und der Unterstützung des (Top-)

Managements ab. Manager mit Ergebnisverantwortung stehen teuren Symbolwechseln oft skeptisch gegenüber, da sich für die entsprechende Investition kein messbarer Return on Invest errechnen lässt. Die Unternehmensführung muss deshalb die vollständige und zeitgerechte Implementierung der Symbole in die Zielvereinbarungen der Manager integrieren, um eine wirksame Umsetzung zu garantieren.

In Bezug auf den *Anpassungsprozess* gilt auch hier: Ein von einer Branding-Agentur erarbeitetes neues Symbolhandbuch kann (und muss) zwar top-down implementiert werden. Den Realitätscheck machen aber die Anwender in den einzelnen Abteilungen oder Divisionen. Gerade in internationalen Organisationen müssen kulturelle Unterschiede in Bezug auf die sinnliche Wahrnehmung berücksichtigt werden. Problematische Vorgaben werden dabei oft erst bei der Implementierung erkannt und im Nachhinein entsprechend angepasst.

4.3.4 Die Rolle der Kommunikation

Wo die Unternehmenskommunikation nicht selber die Verantwortung für die Unternehmenssymbole trägt, hat sie dennoch eine prominente Funktion in diesem Bereich:

- Sie unterstützt die Projektleitung beim Bekanntmachen der Unternehmenssymbole und schafft Verständnis für mögliche Änderungen. Sie erklärt den Mitarbeitern die wichtige identitätsbildende Rolle der Symbole und motiviert sie, die Richtlinien jederzeit einzuhalten.
- Die Unternehmenskommunikation ist durch den Einsatz vielfältiger Kommunikationsinstrumente auch selber wichtige Trägerin der definierten Symbole und hat damit eine Vorbildfunktion nach innen und außen. Ob Mitarbeiterzeitung, Geschäftsbericht oder Internet-Auftritt: Sie alle prägen nicht nur mit verbalen Botschaften, sondern auch über die benutzten Symbole die Identität des Unternehmens.

4.4 Die Kommunikation

In den vorangehenden Unterkapiteln wurde die Kommunikation in ihrer Unterstützungsfunktion für die drei Identitätsdimensionen „Leistungsangebot", „Verhalten" und „Symbole" beleuchtet. Im Folgenden soll nun die Kommunikation als eigenständige Identitätskomponente beschrieben werden.

Unternehmenskommunikation umfasst die Steuerung der kommunikativen Beziehungen zwischen dem Unternehmen und seinen relevanten Bezugsgruppen. Sie generiert über sprachliche Zeichen Botschaften, die langfristig-strategischer bis kurzfristig-taktischer Art sein können. *Strategisch* geht es primär darum, Unternehmenspolitik und -identität nach innen und außen konsistent zu vermitteln. Auf der *taktischen* Ebene werden durch das Umfeld ausgelöste Irritationen kommunikativ bereinigt. Kommunikation ist daher die flexibelste Identitätsdimension. Darin liegen gleichermaßen Chancen und Gefahren. Chancen, indem kurzfristig auf Veränderungen im Unternehmen oder in seinem Umfeld reagiert werden kann, neue Sinnzusammenhänge hergestellt und die übrigen Identitätskomponenten neu interpretiert werden können. Gefahren, indem Kommunikation beispielsweise in Krisensituationen Produkt- oder Verhaltensfehler in einer ersten, raschen (Abwehr-)Reaktion negiert oder beschönigt und dem Unternehmen damit mittelfristig Glaubwürdigkeitsverluste beschert.

4.4.1 Kommunikation als Manifestation

Der Identitätsdimension „Kommunikation" kommt im Identitätsmanagement eine Schlüsselrolle zu. Als eine von vier Identitätskomponenten ist Kommunikation eine eigene Manifestation der Unternehmensidentität. Und sie unterstützt die Implementierung der übrigen Identitätskomponenten nach innen und außen. So muss beispielsweise ein neuer Code of Conduct, der verhaltenssteuernd wirken soll, bekannt gemacht, erklärt und in einen größeren Sinnzusammenhang gestellt werden. Dies geschieht in der Regel primär über Führungskommunikation und Schulung, kann aber auch über die klassischen internen Kommunikationsmittel wie Hauszeitung oder Intranet begleitet und unterstützt werden.

Sichtbar wird Unternehmenskommunikation primär über die benutzten *Kommunikationsmittel* und die darin vermittelten *Botschaften*. Kommunikationsmittel kann man mit Bruhn (2014, S. 8) definieren als die „reale, sinnlich wahrnehmbare Erscheinungsform der Kommunikationsbotschaft". Kommunikationsmittel wären demnach beispielsweise ein Pressetext, ein Unternehmensfilm, eine Anzeige oder eine Rede des CEO. Als *Kommunikationsinstrumente* – ein alltagssprachlich häufig verwendeter Begriff – werden hier komplexere Kommunikationsaktivitäten wie der Tag der offenen Tür, die Medienkonferenz oder der Internet-Auftritt bezeichnet; Kommunikationsinstrumente bedürfen in der Regel des Einsatzes verschiedener Kommunikationsmittel. So treten bei einer Medienkonferenz Personen auf, es werden Pressemappen mit Texten und Bildern ausgelegt und es gibt möglicherweise eine Liveübertragung ins Internet (Webstream). Die Kommunikationsinstrumente und -mittel werden in *Aufgabenfeldern* der Kommunikation eingesetzt. Aufgabenfelder sind beispielsweise die Medienarbeit, Online-Kommunikation oder Corporate Publishing (s. Abschn. 5.2). Der Begriff *Kommunikationsmaßnahme* schließlich bezeichnet die strategisch abgestützte und konzeptionell verankerte Entscheidung, welche Instrumente und Mittel in welchen Aufgabenfeldern eingesetzt werden sollen, um die Unternehmensbotschaften zu verbreiten und damit die Kommunikationsziele zu erreichen (Tab. 4.2).[5]

Grundsätzlich kann zwischen Kommunikationsinstrumenten und -mitteln unterschieden werden, die auf einer persönlichen Kommunikationssituation (face to face) basieren, und solchen, die medial vermittelt werden. Wie die unten stehende Übersicht zeigt, ist die Palette möglicher Kommunikationsmittel und -instrumente breit: Die Bandbreite

---

[5]Diese Definitionen sind in Anlehnung an Bruhn (2014, S. 6 ff.) und Bentele (2015, S. 1143) entwickelt.

Tab. 4.2 Zusammenhang von Kommunikationsinstrument, -mittel und -maßnahme. (Eigene Darstellung)

Aufgabenfeld	Medienarbeit
Kommunikationsinstrument	Medienkonferenz
Kommunikationsmittel	Pressemappe, CEO-Rede, Webstream etc.
Kommunikationsmaßnahme	Entscheidung, eine Medienkonferenz durchzuführen, um Kommunikationsziele zu erreichen

reicht vom Hintergrundgespräch mit einem Journalisten über den Tag der offenen Tür bis zum Facebook-Auftritt im Internet (Tab. 4.3).

Das Unternehmen ermöglicht über seine Kommunikationsmittel die Austauschbeziehungen mit Teilöffentlichkeiten bzw. mit seinen Bezugsgruppen. Realisiert werden diese Austauschbeziehungen über verschiedene Interaktionsmuster, wobei die Anzahl der Teilnehmer und die raumzeitliche Anwesenheit die einzelnen Muster prägen. Grundsätzlich können nach Zerfaß (2010, S. 204 ff.) vier *Interaktionsmuster* unterschieden werden:

- direkte Kommunikation zwischen Anwesenden (Encounter-Öffentlichkeit),
- direkte Kommunikation bei Präsenzveranstaltungen (veranstaltete Präsenzöffentlichkeiten),
- medial vermittelte Kommunikation gegenüber definierten Empfängerkreisen (kontrollierte Medienöffentlichkeit) und
- medial vermittelte Kommunikation für ein breites Publikum (abstrakte Teilöffentlichkeiten).

Mit dem Einsatz verschiedenster Mittel und Instrumente versuchen Unternehmen, die Images und Meinungen in der Kommunikationsarena und in spezifischen Meinungsmärkten mitzugestalten.

Zentrales Element jeder Unternehmenskommunikation sind die über die Kommunikationsmittel verbreiteten *Botschaften*. Botschaften sind „Kern- oder Schlüsselaussagen, mittels derer ein Sender im Rahmen einer Mitteilung einem Empfänger einen ihm wesentlichen Sachverhalt prägnant und möglichst eindeutig übermitteln will" (Szyszka 2015, S. 1096). Manifest und damit identitätsbildend sind allerdings sämtliche Aussagen der Unternehmenskommunikation, insbesondere auch jene, die ziellos oder gar im Widerspruch zu den Kernbotschaften gemacht werden.

Botschaften treten häufig in Form von textsprachlichen Zeichen auf, können aber auch andere Formen annehmen. So transportiert ein Unternehmensvideo auch über die Bildsprache Botschaften. Mit der Digitalisierung der Kommunikation und der Verbreitung des Social Web hat sich ein Trend hin zum verstärkten Einsatz von Bildern, v. a. auch von bewegten Bildern etabliert. Die Unternehmensbotschaften lassen sich damit schneller und – im sich verschärfenden Kampf um die Aufmerksamkeit der Zielgruppen – auffälliger transportieren.

Tab. 4.3 Auswahl möglicher Kommunikationsmittel und -instrumente. (Eigene Darstellung)

Persönliche Kommunikation		Medial vermittelte Kommunikation	
Gespräche	Veranstaltungen	Printmedien	Elektronische Medien
Mit Journalisten, Analysten etc.	Analysten- und Medienkonferenzen	Serienbriefe	E-Mail
Hotlines	Expertenrunden	Broschüren	SMS, MMS
etc.	Informations- und Diskussionsveranstaltungen	Magazine	E-Newsletter
	Betriebsbesichtigungen	Medienmitteilungen	Internet bzw. Intranet-Auftritt
	Tag der offenen Tür	Anzeigen	Soziale Medien: Facebook, Twitter, Blog, YouTube etc.
	Ausstellungen	Mitarbeiterzeitung	DVD, CD-ROM
	Kongresse	Kundenzeitung	Videofilme
	etc.	etc.	Business-TV
			Videokonferenzen
			etc.

4.4.2 Die Steuerungsinstrumente

So wie das Leistungsangebot anhand des Marketingkonzepts gesteuert wird, basiert die Unternehmenskommunikation auf dem *Kommunikationskonzept.* Dieses kann in einem oder mehreren grundlegenden Dokumenten beschrieben werden. Nach Zerfaß (2010, S. 321 f.) kann man mindestens drei Konkretisierungsstufen von Kommunikationskonzepten unterscheiden: das *Rahmenkonzept* formuliert die prinzipiellen Aufgaben und Leitlinien der Kommunikation. Während das *strategische Kommunikationskonzept* Kommunikationsziele und Maßnahmen zur Unterstützung der Unternehmenspolitik und -strategie formuliert und im Hinblick auf den Effektivitätsaspekt organisiert, optimiert das *operative Kommunikationskonzept* die nicht-strategischen Aspekte (Ablaufplanung, Medien-Mix, Budgetierung) der Kommunikation unter Effizienzgesichtspunkten. In der Praxis werden das Rahmenkonzept und das strategische Kommunikationskonzept oft in einem sog. Dachkonzept kombiniert dargestellt.

Rahmenkonzept und strategisches Konzept werden aus der Unternehmenspolitik abgeleitet und sind *Steuerungsinstrumente* für die Kommunikation. Inhaltlich werden darin folgende Eckpunkte beantwortet und schriftlich festgehalten:

- Wie ist unsere Ausgangslage (Analyse)?
- Welches Grundverständnis von Kommunikation(-smanagement) haben wir?
- Welche sind unsere zentralen Kommunikationsziele?

- Welche sind unsere wichtigsten Bezugsgruppen?
- Was sind unsere zentralen Botschaften?
- Mit welchen Maßnahmen und Instrumenten erreichen wir unsere Bezugsgruppen?
- Wie evaluieren wir die Wirkung und damit den Erfolg unserer Kommunikation?

Methodisch lassen sich diese Fragen mit dem klassischen „Viersprung"-Schema der Kommunikationskonzeption von Analyse, Strategie (bestehend aus Grundverständnis, Zielen, Bezugsgruppen und Botschaften), Maßnahmen und Evaluation bearbeiten.[6]

Die Analyse
Wie jeder Managementprozess beginnt auch derjenige des Kommunikationsmanagements mit der Analyse der Ausgangssituation. Zerfaß (2010, S. 326–344) steckt vier methodische Felder der Analyse ab:

- Die *Stakeholder- und Kommunikationsfeldanalyse* identifiziert potenzielle Kommunikationspartner, mit denen Austauschprozesse sinnvoll und wahrscheinlich sind. Diese Bezugsgruppen lassen sich nach verschiedenen Kriterien gruppieren, beispielsweise nach ihren Zielen, ihren Interessen sowie ihrer Macht – immer in Bezug auf das Unternehmen. Im Weiteren interessieren die Verflechtungen zwischen den Bezugsgruppen im gesellschaftspolitischen Umfeld.
- Die *Themenanalyse* beschäftigt sich mit der Frage, welche strategiekritischen Fragestellungen und Problemfelder in verschiedenen Kommunikationsarenen diskutiert und als wichtig erachtet werden. Die entsprechende Methodik ist auch unter dem Begriff Issues Management bekannt.
- Die *Image- und Meinungsforschung* klärt Wissen und Einstellungen einzelner Akteure oder Akteursgruppen in Bezug auf das Unternehmen oder unternehmensrelevante Themen.
- Die *Potenzialanalyse* erhebt die spezifischen Kompetenzen und Ressourcen, die der Unternehmenskommunikation zur Verfügung stehen. Die Analyse legt auch die spezifischen Schwächen der bisherigen Kommunikationsaktivitäten offen und löst idealerweise einen Lernprozess aus. Die Stärken und Schwächen der Unternehmenskommunikation müssen als Rahmenbedingungen in der Kommunikationsplanung berücksichtigt werden.

Im Sinne des identitätsorientierten Kommunikationsmanagements sind zudem Aspekte der Unternehmenspolitik und ihrer Umsetzung in die vier Identitätsdimensionen zu analysieren.

---

[6]Zur Methodik der Kommunikationskonzeption vgl. beispielsweise Leipziger (2010) oder Merten (2013).

Die Ergebnisse der verschiedenen Analysen können beispielsweise in Form einer *SWOT-Matrix*[7] dargestellt und bewertet werden. Das der Analyse folgende Fazit bringt die spezifische Problemstellung auf den Punkt und bildet die Basis für die Kommunikationsstrategie.

Das Grundverständnis von Kommunikation

Basierend auf der Unternehmenspolitik, insbesondere den darin definierten Werten, muss ein Unternehmen ein grundlegendes Verständnis dafür entwickeln, welchen Stellenwert die Unternehmenskommunikation nach innen und außen haben soll und wie sie zu betreiben ist. Grunig und Hunt (1984, S. 22) haben als Ergebnis ihrer empirischen Forschung bereits vor Jahrzehnten vier Grundmodelle der PR (oder der Unternehmenskommunikation) beschrieben, die auch heute noch beobachtet werden können (Abb. 4.3).

Danach lässt sich das spezifische Kommunikationsverständnis über den verfolgten Zweck sowie die Richtung (Einweg, Zweiweg) und die Ausgewogenheit der Kommunikation charakterisieren:

- Das *Publicity-Modell* will mit ausgeprägter Einwegkommunikation primär Aufmerksamkeit für die eigenen Botschaften wecken und nimmt dabei in Kauf, dass der Wahrheitsgehalt weniger wichtig ist als die Zielerreichung. In der Marketingkommunikation noch einigermaßen akzeptiert – wenn auch mit abnehmender Tendenz – stößt dieses Modell in der klassischen Unternehmenskommunikation schnell auf Kritik.
- Das Modell *Informationstätigkeit* bezweckt die effiziente Verbreitung von wahren Informationen an die Bezugsgruppen, ohne dass Wert auf ausgeprägte Feedbackwege gelegt wird. Die früher weit verbreitete Bezeichnung „Informationsstelle" für heutige Kommunikationsabteilungen zeugt von diesem Modell, das am ehesten noch von Regierungen und Verwaltungen eingesetzt wird, mit abnehmender Tendenz.

Charakteristika	„Publicity"	„Informations-tätigkeit"	„Asymmetrische Kommunikation"	„Symmetrische Kommunikation"
Zweck	Propaganda: Aufmerksamkeit/ Interesse wecken	Verbreiten von Informationen	Zielgerichtet informieren/überzeugen mit wi Erkenntnissen	Wechselseitiges Verständnis schaffen
Art der Kommunikation	Einweg: Wahrheit/Inhalte im Hintergrund, Animation zentral	Einweg: Wahrheit/Inhalte aus Sicht des Senders zentral	Zweiweg: unausgewogen, Informationsgrad Empfänger zentral	Zweiweg: ausgewogen, da argumentativer Austausch
Kommunikations-Modell	Vom Sender zum Empfänger	Vom Sender zum Empfänger	Vom Sender zum Empfänger und umgekehrt	Vom Sender zum Empfänger und umgekehrt

Abb. 4.3 Grundmodell des Kommunikationsmanagements. (In Anlehnung an Grunig und Hunt 1984, S. 22, und Mast 2016, S. 27)

---

[7]SWOT steht für die Differenzierung von Analyseergebnissen nach Stärken/Schwächen (**S**trengths, **W**eaknesses) und Chancen/Gefahren (**O**pportunities/**T**hreaths).

- Die *asymmetrische Kommunikation* setzt nicht nur auf Information, sondern will die Bezugsgruppen vom Standpunkt des Unternehmens überzeugen. Es werden dabei ausgebaute Feedbacksysteme eingesetzt, um die Überzeugungsarbeit noch besser auf die Zielgruppen abstimmen zu können.
- Im Modell der *symmetrischen Kommunikation* tauschen das Unternehmen und seine Bezugsgruppen im Dialog ihre Argumente aus und schaffen damit wechselseitig Verständnis für ihre Positionen. Für die verständigungsorientierte Öffentlichkeitsarbeit von Burkart (2015) und den Stakeholder-Management-Ansatz ist dieses Modell Voraussetzung.

Grunigs Vorstellung von exzellenter Kommunikation geht von einer grundsätzlich symmetrischen Ausrichtung der Kommunikation aus, wobei je nach Problemstellung die verschiedenen Modelle situativ eingesetzt werden.

Das vom Unternehmen favorisierte Kommunikationsmodell ist entscheidend für die konzeptionelle Ausgestaltung der gesamten Kommunikationsstrategie. Sichtbar wird das Grundverständnis der Kommunikation eines Unternehmens nicht zuletzt am gewählten Instrumenten-Mix und an den verbreiteten Botschaften. So wird ein Unternehmen, dessen kommunikatives Hauptziel Informationstätigkeit ist, weniger mit Dialoginstrumenten als mit Einwegkommunikation arbeiten.

Unternehmen müssen sich jedoch bewusst sein, dass je nach Größe, Branche und landesüblichen Handelsbräuchen der Freiheitsgrad bzgl. Wahl des Kommunikationsmodells bzw. Ausgestaltung des Kommunikationsmanagements eingeschränkt ist. Denn Unternehmen müssen die folgenden Entwicklungen im Umfeld berücksichtigen:

- Der traditionelle Ansatz der Push-Kommunikation (Botschaften werden in die Zielbereiche „hineingedrückt") wird paradigmatisch abgelöst durch prozessorientierte Pull-Kommunikation. Diese setzt auf Bereitstellung von Informationen und Interaktionsmöglichkeiten und ändert die Rollenverteilung von Kommunikator und Rezipient fundamental (vgl. Mast 2013, S. 76 f.).
- Die „Öffentlichkeit" von Unternehmen hat in den vergangenen Jahren massiv zugenommen. Heute kann es sich kein größeres Unternehmen mehr leisten, die ihm zukommende Verantwortung für Gesellschaft und Umwelt zu negieren. Überredung als alleiniger Kommunikationsmodus wird diesem Umstand nicht mehr gerecht. Vielmehr geht es für Unternehmen heute darum, sich von der Gesellschaft die Legitimation für das eigene Wirken zu erwerben.[8]

---

[8]Wie sich Unternehmen diese Legitimation über den Ansatz des Stakeholder-Managements erarbeiten können, beschreiben u. a. Karmasin und Weder (2014, S. 81–103).

- Die neuen Online-Medien, die üblicherweise unter dem Begriff „Web 2.0" oder „Social Web" zusammengefasst werden, sind im Kern als Dialogmedien aufgebaut. Facebook, YouTube und Twitter – um nur einige zu nennen – lassen sich zwar von Unternehmen auch monologisch nutzen, würden aber dadurch ihrem eigentlichen Zweck entfremdet, nämlich dem des Austausches. Mit der adäquaten Nutzung dieser Online-Medien treten Unternehmen also automatisch in einen Dialogmodus.
- Das wachsende Ungleichgewicht zwischen sich professionalisierenden und wachsenden PR-Abteilungen auf Unternehmensseite und einem (klassischen) Mediensystem, das durch die neuen Medien und den Wettbewerbsdruck an Schlagkraft verliert, führt zu einem zunehmenden Unbehagen in der Bevölkerung gegenüber dem PR-System. Vor allem in der Politik werden bereits Stimmen laut, welche die angeblich ausufernde Kommunikations- und Überzeugungsarbeit von Regierungen und Verwaltungen zurückdrängen wollen.

Diese Trends lassen vermuten, dass die symmetrische Kommunikation weiter an Bedeutung gewinnen wird, während die reine Informationstätigkeit wie auch die asymmetrische persuasive Kommunikationsarbeit zunehmend infrage gestellt werden.

Die Kommunikationsziele

Im Konzept sind Kommunikationsziele der Dreh- und Angelpunkt. Sie definieren, was bei den Bezugsgruppen durch die Kommunikationsmaßnahmen des Unternehmens bewirkt werden soll. Kommunikationsziele müssen die spezifischen kommunikativen Problemstellungen des Unternehmens lösen und unterstützen die in der Unternehmenspolitik festgelegten strategischen Unternehmensziele. Da sich die Erfolgskontrolle auf die Zielerreichung bezieht, sollten Kommunikationsziele messbar gemacht werden. Grundsätzlich können sich Kommunikationsziele auf drei Wirkungsebenen beziehen (vgl. Mast 2016, S. 128 f.):

- kognitiv orientierte Kommunikationsziele zielen auf die Erhöhung des Informationsstands der Bezugsgruppen (Wissensebene),
- affektiv orientierte Kommunikationsziele zielen auf Interessesteigerung und Einstellungsänderungen bei den Bezugsgruppen (Gefühlsebene),
- konativ orientierte Kommunikationsziele zielen direkt auf Verhaltensänderungen bei den Bezugsgruppen (Handlungsebene).

Um die strategischen Ziele der Unternehmenskommunikation zu erreichen, müssen oft alle Zielebenen einbezogen werden. Das kann beispielsweise für die interne Kommunikation einer neuen Unternehmensstrategie folgende Ziele umfassen: Die Mitarbeiter kennen und verstehen die Strategie (kognitives Ziel), sie unterstützen die Strategie (affektives Ziel) und sie handeln gemäß der neuen Strategie (konatives Ziel).

Die Bezugsgruppen

Unternehmen sind soziale Gebilde, die sich in einem sozialen Umfeld bewegen. Durch ihre Tätigkeit schaffen sie intra- und interorganisational vielfältige Beziehungsnetze, die sich anhand von Beziehungsmerkmalen (Kapitalgeber, Mitarbeiter, Nachbarn etc.) anordnen lassen (vgl. Szyszka 2015, S. 1095 f.). Der daraus abgeleitete Begriff der *Bezugsgruppen* beschreibt damit alle Gruppierungen, die in irgendeiner Weise mit dem Unternehmen verbunden sind. Da die Bezugsgruppen in der Regel Ansprüche an das Unternehmen haben, wird in der Wirtschafts- und zunehmend auch in der Kommunikationswissenschaft von *Anspruchsgruppen* bzw. *Stakeholdern* gesprochen. Dort, wo Bezugsgruppen zu Objekten kommunikativer Zielerreichung und damit zu Zielen von Kommunikationsaktivitäten werden, haben sie den Status von *Zielgruppen* (vgl. Szyszka 2004, S. 47).

Die relevanten Anspruchsgruppen eines Unternehmens sowie deren spezifische Anliegen und Bedürfnisse lassen sich aus der Unternehmensstrategie ableiten. Werden bestimmte Anspruchsgruppen vom Unternehmen als besonders wichtig angesehen, so sind diese in aller Regel auch für die Kommunikation zentral. Folgende Anspruchsgruppen können für ein typisches Wirtschaftsunternehmen genannt werden: Kapitalgeber, Kunden, Mitarbeiter, Staat bzw. Öffentlichkeit, Lieferanten, Konkurrenten. Diese grobe funktionale Aufteilung kann je nach Kommunikationszielen auch feingliedriger gemacht werden; so lassen sich beispielsweise Zielgruppen nach soziodemografischen (z. B. Alter, Geschlecht) oder nach psychografischen Merkmalen (z. B. Einstellungen, Konsumverhalten) segmentieren.

Unternehmen interagieren aber nicht nur mit ihren direkten Anspruchsgruppen, sondern zunehmend mit zwischengeschalteten Gruppen, den sog. Multiplikatoren (vgl. Bentele und Will 2008, S. 164 f.). Neben den Journalisten zählen dazu beispielsweise auch Analysten, Lobbyisten, Parteien, Gewerkschaften oder NPOs. Wenn Unternehmen mit diesen Gruppen interagieren, werden diese nur als Mittel angesehen, um die Kommunikationsziele bei den primären Anspruchsgruppen zu erreichen. So sind die Inhalte, die der CEO an der Pressekonferenz den Journalisten kommuniziert, für End-Zielgruppen wie Investoren oder Kunden gedacht.

Die Botschaften

Steht fest, was bei welchen Bezugsgruppen bewirkt werden soll, so ist das nur über das Vermitteln von Botschaften zu erreichen. Botschaften sind diejenigen Kernaussagen des Unternehmens, die nach der Umsetzung des Konzepts in den Köpfen der Bezugsgruppen verankert sein sollten (vgl. Mast 2016, S. 130). Botschaften fassen den inhaltlichen Kern des Kommunikationskonzeptes zusammen und sind eng mit den Kommunikationszielen verknüpft.

Identitätsorientiertes Kommunikationsmanagement schöpft seine Botschaften aus der Unternehmenspolitik und den definierten Identitätsdimensionen. Je nach Unternehmens- und Kommunikationszielen können dabei die Unternehmensstrategie und das Leistungsangebot oder die Unternehmenswerte und die Verhaltensweisen der Mitarbei-

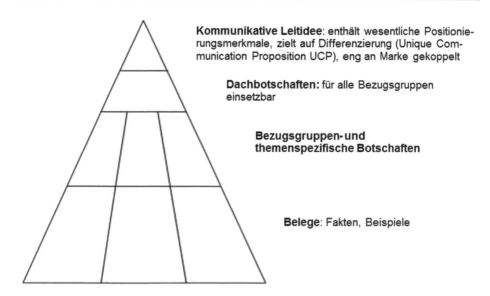

Kommunikative Leitidee: enthält wesentliche Positionierungsmerkmale, zielt auf Differenzierung (Unique Communication Proposition UCP), eng an Marke gekoppelt

Dachbotschaften: für alle Bezugsgruppen
einsetzbar

Bezugsgruppen- und
themenspezifische Botschaften

Belege: Fakten, Beispiele

Abb. 4.4 Positionierungsplattform. (Eigene Darstellung, in Anlehnung an Bruhn 2014, S. 141)

ter thematisiert werden. Wenn im Modell die Unternehmensmarke als kommunikative
Verdichtung der Identität definiert ist, dann sollten die *Markenbotschaften* ein zentraler
Bezugspunkt für sämtliche Botschaften und Kommunikationsinhalte sein.

Maximale Aufmerksamkeit und Überzeugungskraft werden die sich auf Unternehmenspolitik und Identität beziehenden Botschaften dann entfalten, wenn sie nicht nur
argumentativ, sondern auch narrativ vermittelt werden. Narrationen stellen Kontinuität
her, bilden komplexe Zusammenhänge und abstrakte Inhalte vereinfacht und mit einer
Deutung versehen ab, bieten Identifikationsmöglichkeiten und sind gut erinnerbar. Strategisches (Public) Storytelling (siehe Abschn. 5.1) ist deshalb zentrales Instrument der
Identitätskommunikation, Storymanagement entsprechend ein wichtiges Aufgabenfeld
des Kommunikationsmanagements.

Wichtig ist, dass sämtliche Kommunikationsinhalte des Unternehmens – zu denken ist
dabei z. B. an die Pflichtkommunikation von börsennotierten Unternehmen – an der
eigenen Identität und an der Marke ausgerichtet werden und nicht in Widerspruch zu diesen geraten. Das *Alignment*[9] von Unternehmenspolitik, Identität und Image lässt sich
nicht ausschließlich, aber auch über die Kommunikation eines abgestimmten Botschaf-
tensets herstellen.

In Anlehnung an Bruhn (vgl. 2014, S. 140 ff.) kann man die Botschaften mittels einer
pyramidenförmigen *Positionierungsplattform*[10] hierarchisieren (siehe Abb. 4.4). Die Aussagen

---

[9]Alignment bedeutet so viel wie das Abgleichen oder das Ausrichten verschiedener Elemente aufeinander.

[10]Bruhns (2014, S. 141) Botschaftsplattform enthält die drei Ebenen: Kommunikative Leitidee,
Kernaussagen und Einzelaussagen.

werden von oben nach unten immer weiter ausdifferenziert und zielgruppenspezifisch gestaltet. Zuoberst steht die *kommunikative Leitidee,* in der die wesentlichen Merkmale der Positionierung enthalten sind. Darunter konkretisieren die *Kern- oder Dachbotschaften* die kommunikative Leitidee. Sie beinhalten die zentralen Botschaften des Unternehmens. Danach werden bezugsgruppen- und themenspezifische Botschaften formuliert, die auf der untersten Stufe mit Beispielen und Belegen argumentativ gestützt werden. Als unternehmenseigene, allenfalls interaktive Intranet-Lösung konzipiert, ist die Positionierungsplattform ein effektives Tool, um unternehmensweit mit den gleichen Botschaften zu arbeiten und diese auch ständig mit neuen Fakten und Beispielen zu aktualisieren.

Die Maßnahmenplanung

Wenn Maßnahmen als Entscheidungen verstanden werden, mit welchen Instrumenten und Mitteln welche Unternehmensbotschaften verbreitet werden sollen, dann besteht das Gütekriterium der Maßnahmenplanung darin, wie effektiv und effizient die Maßnahmen die Strategie umsetzen können. Die Maßnahmen müssen sich an die von der Strategie vorgegebene Begrenzung halten und dürfen diese nicht überschreiten. Die Planung von Maßnahmen enthält zwingend auch die Definition von Budget, Organisation und Zeitplan.

Die in der Maßnahmenplanung zur Verfügung stehenden Kommunikationsinstrumente und -mittel wurden in Abschn. 4.4.1 detailliert beschrieben.

Die Evaluation

Nur eine systematische Evaluation der Ziele und Maßnahmen erlaubt es, den Nutzen bzw. die Wirkung der eingesetzten Ressourcen zu beurteilen. Messen lässt sich die Wirkung auf folgenden Stufen (vgl. Mast 2016, S. 140 ff.):

- Input: personelle und finanzielle Aufwendungen für Planung und Umsetzung von Kommunikationsmaßnahmen;
- interner Output: Effizienz des Leistungserstellungsprozesses;
- externer Output: Zugänglichkeit von Inhalten für die Bezugsgruppen (Medienresonanz, Besucheranzahl etc.);
- direkter Outcome: Wahrnehmung, Nutzung und Verstehen von Inhalten durch die Bezugsgruppen (Verweildauer Leser, Erinnerungsleistung etc.);
- indirekter Outcome: Wirkung auf Meinungen, Einstellungen und Verhalten der Bezugsgruppen (Imagewerte, Verhaltensänderungen etc.);
- Outflow: betriebswirtschaftliche Wirkung (Markenwertsteigerung, Abverkauf, etc.).

Während sich in der Praxis Wirkungskontrollen auf den Stufen „Input", „Output" und „Outcome" etabliert haben, gelingt das Aufzeigen von Wirkungszusammenhängen bis zur Outflow-Stufe noch kaum.

Neben dieser Ergebniskontrolle oder *summativen Evaluation* kommt einer zweiten Evaluationsform eine ebenso hohe Bedeutung zu: Die sog. *formative Evaluation* ist eine Verlaufskontrolle, die während des gesamten Konzeptions- und Umsetzungsprozesses überprüft, ob die einzelnen Arbeitsschritte kohärent auf die Zielerreichung ausgerichtet sind. Der ständige Abgleich von Unternehmenspolitik und daraus abgeleitetem Kommunikationskonzept kann ebenfalls als formative Evaluation bezeichnet werden.

4.4.3 Der Umsetzungs- und Anpassungsprozess

Die Überführung konzeptionell definierter Kommunikation in Kommunikationsmaßnahmen ist ein vielschichtiger Prozess. Verantwortet wird dieser vom Leiter Unternehmenskommunikation. Der Umsetzungsprozess wird primär über Teamführung bzw. Coaching, Beratung und Schulung realisiert. Voraussetzung für einen erfolgreichen Umsetzungsprozess ist eine adäquate Organisation.

Die Organisation der Kommunikation
Es gibt keine idealtypische Organisationsform für die Unternehmenskommunikation. Entscheidend für die Wahl der richtigen Organisation der Kommunikationsfunktion sind die gewählte Unternehmenspolitik, das vorherrschende Grundverständnis von Kommunikation sowie der Zentralisierungsgrad der Geschäftsaktivitäten. Während die ersten zwei Parameter das Ziel- und Aufgabenportfolio der Kommunikationsfunktion definieren, entscheidet letzterer darüber, welche Kommunikationsaufgaben zentral und welche dezentral organisiert werden.

In der Fachliteratur unbestritten ist die Forderung, dass der Kommunikationsleiter seine Aufgaben am effektivsten wahrnehmen kann, wenn er – als Stabsfunktion oder als Linienfunktion – direkt an den CEO berichtet[11]. Dort, wo dies nicht der Fall ist, braucht es zumindest einen direkten Zugang zur Unternehmensspitze, da der CEO zentraler Treiber der Unternehmenspolitik und damit auch wichtigster Gestalter der Identität des Unternehmens ist.

Die Aufbauorganisation der Kommunikationsabteilung lässt sich je nach Stellenanzahl mehr oder weniger ausdifferenziert gestalten. Es geht dabei darum, die strategisch definierten Aufgabenfelder der Unternehmenskommunikation so in einen Führungszusammenhang zu bringen, dass mit minimalem Aufwand eine maximale Zielerreichung möglich ist.

Die Aufgabenfelder der Unternehmenskommunikation lassen sich nach unterschiedlichen Kriterien strukturieren (vgl. Röttger et al. 2014, S. 188 ff.; Tab. 4.4). Kommunikationsabteilungen werden häufig entlang dieser Aufgabenfelder aufgebaut. Die Organisation der Kommunikationsabteilung nach Bezugsgruppen erleichtert die systematische und konsistente Pflege der Austauschbeziehungen, während sich bei thematischen oder instrumentellen Aufstellungen Fachspezialisten herausbilden. Letztere Organisationsformen haben den Nachteil, dass die Bezugsgruppen u. U. nicht mehr „aus einer Hand" bedient werden. Der konsequente Aufbau der Kommunikationsabteilung ausschließlich nach

---

[11]Vgl. zu dieser Frage z. B. die Ausführungen von Argenti (2009, S. 50 f.).

Tab. 4.4 Aufgabenfelder des Kommunikationsmanagements. (Eigene Darstellung in Anlehnung an Röttger et al. 2014, S. 188 ff.; Szyszka 2004, S. 51)

Internal relations	Corporate identity	Online-PR
Customer relations	Issues management	Corporate publishing
Financial bzw. Investor relations	Krisenkommunikation	Kampagnen
Public affairs	Change communication	Events
Media relations	CEO-Kommunikation	Sponsoring
Community relations	Produkt-PR	(Medien-)Training
etc.	etc.	etc.

Bezugsgruppen, Themen oder Instrumenten ist allerdings eher selten anzutreffen. In der Praxis finden sich häufig Mischformen.

In jüngster Zeit sind Unternehmen dazu übergegangen, die traditionellen Organisationsformen ihrer Unternehmenskommunikation aufzulösen und sich – in Analogie zum journalistischen Newsroom – in sog. *Corporate Newsrooms* zu organisieren. Der radikale Medienwandel, u. a. sichtbar an einer Vielzahl von neuen Kanälen, sowie ein verändertes Nutzungsverhalten der Rezipienten haben dazu geführt, dass Unternehmen den integrierten Kommunikationsansatz am besten über eine konsequente Themensteuerung zu erreichen glauben. Dabei wird nicht mehr primär in Zielgruppen gedacht, sondern in Themen und zu bespielenden Medien bzw. Kanälen. Organisatorisch arbeiten im Corporate Newsroom in der Regel Themenmanager und Kanalmanager Hand in Hand, geführt vom Leiter Newsroom bzw. dem Chef vom Dienst (vgl. auch Moss 2015).

Beispiel AXA Winterthur

Die Versicherung AXA Winterthur startete ihren Corporate Newsroom im Herbst 2015. Die Kommunikationsabteilung wurde radikal umgebaut und richtet sich neu nicht mehr nach Zielgruppen, sondern nach Themen aus. Der Themenplanungsprozess startet mit definierten, internen Topthemen, die über Jahres-, Halbjahres-, Zweiwochen- und Tagesplanungen in attraktive Geschichten heruntergebrochen, mit der externen Agenda abgeglichen und allenfalls vom Tagesgeschehen übersteuert werden.

Mit der Newsroom-Organisation wird die Reaktions- und Aktionszeit der Kommunikationsabteilung von Wochen und Tagen auf Stunden und Minuten verkürzt. Zudem erhofft man sich eine deutlich erhöhte Präsenz in der öffentlichen Wahrnehmung und damit eine bessere Wirkung der PR-Arbeit.

Organisatorisch arbeiten Themenmanager und Channel-Manager unter dem Leiter Newsroom zusammen. Die Themenmanager sind für die integrierte Kommunikation ihrer Themen verantwortlich und vertreten diese auch gegenüber den Medien. Damit geht AXA Winterthur über die bisherigen Newsroom-Ansätze hinaus, die den Mediensprechern im Newsroom eine Sonderstellung einräumen. Die Channel-Manager verantworten definierte Kanäle, entwickeln diese weiter und sorgen darin für einen attraktiven Themenmix.[12]

Je nach Zentralisierungsgrad hat die Unternehmenskommunikation in Konzernorganisationen üblicherweise Ansprechpartner in den Divisionen oder Unternehmensbereichen. Der Professionalisierungsgrad dieser Kommunikationsleute nimmt in der Regel von oben nach unten ab. Ob diese Kommunikationsfunktionen direkt geführt werden – z. B. über eine Matrixorganisation – oder über eine sog. „Dotted Line" (nur fachliche Weisungsbefugnis), spielt in der Praxis eine untergeordnete Rolle. Entscheidend ist, dass die Unternehmenskommunikation in der Lage ist, ihr Kommunikationskonzept bis in die äußersten Verästelungen der Organisation durch- und umzusetzen. Dies setzt eine Unternehmensführung voraus, die der Kommunikation ein entsprechendes Gewicht einzuräumen gewillt ist.

Jede Umsetzung von Kommunikationsmaßnahmen testet deren Praktikabilität und stellt damit potenziell auch das zugrunde liegende Kommunikationskonzept infrage. Das regelmäßige Überprüfen und möglicherweise Korrigieren des Konzeptes aufgrund der Praxiserfahrungen ist im Modell in den *Anpassungsprozessen* abgebildet.

Die Umsetzungsinstrumente
Die Kommunikationsleitung verfügt über verschiedene Instrumente, um im Rahmen der gewählten Aufbau- und Ablauforganisation das Kommunikationskonzept umzusetzen.

• Der Umsetzungsprozess beginnt bereits in der Konzeptionsphase: Die Einbeziehung interner Kommunikationsverantwortlicher und weiterer für die Umsetzung wichtiger Personen in die Ausgestaltung des Kommunikationskonzepts erleichtert die spätere Umsetzung signifikant. Denn so lassen sich mögliche interne Widerstände frühzeitig abbauen.
• Der Umsetzungsprozess wird letztlich über Führung realisiert. Je nach Festlegung im Konzept kann dies Führung des eigenen Teams, der Ansprechpartner in den Divisionen oder das Führen von externen Lieferanten bedeuten.
• Mitarbeiter müssen in der Lage sein, Kommunikationsmaßnahmen professionell umzusetzen. Dort, wo die benötigten Kompetenzen fehlen, kann diese Lücke über Beratung, Coaching und über interne oder externe Schulung geschlossen werden.
• Kennzeichnend für das strategische Kommunikationskonzept ist, dass es direkt von der Unternehmenspolitik abgeleitet ist. Für die Feinsteuerung der Kommunikation werden je nach Bedarf Teilkonzepte verfasst, die sich durch eine thematische (Konzept für Nachhaltigkeitskommunikation), zeitliche (Jahresplan) oder bezugsgruppenspezifische (Medienkonzept) Eingrenzung und einen entsprechend höheren Detaillierungsgrad auszeichnen. Diese Teilkonzepte erleichtern der Kommunikationsführung die Delegation von Umsetzungsaufgaben.

---

[12]Die Informationen stammen aus einem Gespräch vom 06.01.2016 mit Thomas Hügli, dem Chief Communication and Corporate Responsibility Officer von AXA Winterthur.

In ihrer Rolle als Trägerin zentraler Unternehmensbotschaften überschreitet die Kommunikation immer wieder strukturelle Grenzen. Widerstände von Personen, die ihren Bereich gegen „Übergriffe" schützen wollen, sind an der Tagesordnung. So verlangt das Postulat der integrierten Kommunikation die Abstimmung der Kommunikation in formaler, inhaltlicher und zeitlicher Hinsicht. Dies schafft automatisch Schnittstellen und Abstimmungsprozesse zu anderen unternehmensinternen Stellen. Die entsprechenden Widerstände zu überwinden, ist eine der größten Herausforderungen der Unternehmenskommunikation.

4.5   Abstimmung der Identitätsdimensionen

Die vier Identitätsdimensionen „Leistungsangebot", „Verhalten", „Symbole" und „Kommunikation" bilden in ihrer spezifischen Manifestation die unverwechselbare Unternehmensidentität und unterscheiden das Unternehmen damit von anderen. Über Ableitungs-, Umsetzungs- und Anpassungsprozesse wird die Identität aus der Unternehmenspolitik geformt und implementiert, über die Austauschprozesse mit dem Umfeld wird sie laufend auf ihre Tauglichkeit geprüft. Damit diese vier Identitätskomponenten auch langfristig einen wiedererkennbaren, konsistenten Mix nach innen und außen formen, ist eine regelmäßige Abstimmung der vier Dimensionen unabdingbar.

Wenn die Verantwortlichen für Marketing (Leistungsangebot), Unternehmenskommunikation (Kommunikation, Symbole) und Personal (Verhalten) in der Regel die Steuerungshoheit über die vier Identitätsdimensionen haben, so sind diese folgerichtig auch die Hauptbeteiligten im Abstimmungsprozess. Berichten die drei Funktionen an den CEO, so ist dieser prädestiniert, die Leitung des Abstimmungsprozesses zu übernehmen. Organisieren lässt sich der Abstimmungsprozess über regelmäßige Koordinationssitzungen, in denen die Umsetzungsprozesse in den einzelnen Teilbereichen diskutiert und koordiniert werden. Die Abstimmung kann dabei *inhaltlich bzw. thematisch, zeitlich* und/oder *formal* erfolgen. Plant beispielsweise das Marketing, im Frühjahr auf ökologische Automodelle einen speziellen Rabatt zu gewähren, sollte die Unternehmenskommunikation in der Lage sein, ihre taktische Kommunikation auf diesen Umstand auszurichten und entsprechende Themen in internen und externen Medien zu platzieren.

Eine andere Möglichkeit wäre, die Funktion eines Corporate Reputation Officers (CRO) zu schaffen. Dieser hätte die Aufgabe, die Koordination der reputationsbildenden Identitätsdimensionen sicherzustellen (s. auch Abschn. 6.5.4).

4.6   Kommunikation als identitätsorientiertes Kommunikationsmanagement

Unternehmen werden nicht nur über ihre (autorisierte) Unternehmenskommunikation, sondern auch über die Identitätsdimensionen „Leistungsangebot", „Verhalten" und „Symbole" wahrgenommen und beurteilt. Eine professionelle Kommunikationsführung im Unternehmen ist sich dieses Umstandes bewusst und bezieht sämtliche strategischen und taktischen Überlegungen auf die Identität des Unternehmens. Ziel ist es, die angestrebte Konsistenz von Unternehmenspolitik, Identität und Image zu unterstützen und größere Diskrepanzen zwischen dem, was das Unternehmen ist, und dem, was es sein will, zu vermeiden helfen. Die Kommunikation spielt in diesem Prozess eine doppelte Rolle und hat damit eine Schlüsselfunktion: Einerseits vermittelt sie explizit die Identität des Unternehmens nach innen und außen, andererseits ist sie als eigene Identitätsdimension implizit identitätsbildend.

Wer Kommunikation in diesem Sinne versteht, betreibt *identitätsorientiertes Kommunikationsmanagement*. Dessen Qualität misst sich insbesondere daran, wie konsequent die Kommunikation aus der Unternehmenspolitik abgeleitet ist *(strategische Kommunikation)*, wie vollständig und effizient sie umgesetzt wird *(taktische Kommunikation)* und wie gut sie inhaltlich, formal und zeitlich abgestimmt ist *(integrierte Kommunikation)*. Ist die Kommunikation konsequent auf die Unternehmensidentität ausgerichtet und stimmt sich mit den anderen Identitätsdimensionen ab, dann trägt sie entscheidend bei zur Schaffung von materiellen und immateriellen Werten *(wertorientierte Kommunikation)*.

Literatur

Argenti, P. (2009). *Corporate communication* (5. Aufl.). New York: McGraw Hill.

Bentele, G. (2015). Lexikon-Stichwörter PR-Instrumente und PR-Maßnahme. In R. Fröhlich, P. Szyszka, & G. Bentele (Hrsg.), *Handbuch der Public Relations. Wissenschaftliche Grundlagen und berufliches Handeln. Mit Lexikon* (3., überarb. und erw. Aufl., S. 1143). Wiesbaden: Springer VS.

Bentele, G., & Will, M. (2008). Public Relations als Kommunikationsmangement. In M. Meckel & B. F. Schmid (Hrsg.), *Unternehmenskommunikation. Kommunikationsmanagement aus Sicht der Unternehmensführung* (2., überarb. und erw. Aufl., S. 153–185). Wiesbaden: Springer-Gabler.

Birgikt, K., Stadler, M. M., & Funck, H. J. (2002). *Corporate Identity. Grundlagen. Funktionen. Fallbeispiele* (11., überarb. und aktual. Aufl.). München: Verlag Moderne Industrie.

Bruhn, M. (2014). *Unternehmens- und Marketingkommunikation. Handbuch für ein integriertes Kommunikationsmanagement* (3., vollst. überarb. Aufl.). München: Vahlen.

Burkart, R. (2015). Verständigungsorientierte Öffentlichkeitsarbeit. In R. Fröhlich, P. Szyszka, & G. Bentele (Hrsg.), *Handbuch der Public Relations. Wissenschaftliche Grundlagen und berufliches Handeln. Mit Lexikon* (3., überarb. und erw. Aufl., S. 1156 f.). Wiesbaden: Springer VS.

Burmann, C., & Meffert, H. (2005). Gestaltung von Markenarchitekturen. In H. Meffert, C. Burmann, & M. Koers (Hrsg.), *Markenmanagement. Identitätsorientierte Markenführung und praktische Umsetzung. Mit Best Practice-Fallstudien* (2., vollst. überarb. und erw. Aufl., S. 164–182). Wiesbaden: Springer.

Burmann, C., Meffert, H., & Koers, M. (2005). Grundlagen der Markenführung. In H. Meffert, C. Burmann, & M. Koers (Hrsg.), *Markenmanagement. Identitätsorientierte Markenführung und praktische Umsetzung. Mit Best Practice-Fallstudien* (2., vollst. überarb. und erw. Aufl., S. 3–17). Wiesbaden: Springer.

Grunig, J. E., & Hunt, T. (1984). *Managing public relations*. New York: Holt, Rinehart and Winston.

Haug, A. (2012). *Multisensuelle Unternehmenskommunikation. Erfolgreicher Markenaufbau durch die Ansprache aller Sinne*. Wiesbaden: Springer-Gabler.

Karmasin, M., & Weder, F. (2014). Stakeholder-Management als kommunikatives Beziehungsmanagement: Netzwerktheoretische Grundlagen der Unternehmenskommunikation. In A. Zerfaß & M. Piwinger (Hrsg.), *Handbuch Unternehmenskommunikation. Strategie – Management – Wertschöpfung* (2., vollst. überarb. Aufl., S. 81–104). Wiesbaden: Gabler.

Leipziger, J. (2010). *Konzepte entwickeln. Handfeste Anleitungen für bessere Kommunikation.* Frankfurt am Main: F.A.Z.-Institut.

Mast, C. (2013). *Unternehmenskommunikation. Ein Leitfaden* (5., überarb. Aufl.). Konstanz: UVK.

Mast, C. (2016). *Unternehmenskommunikation. Ein Leitfaden* (6., überarb. Aufl.). Konstanz: UVK.

Michel, A. M. (2015). Der Apfel ist gelandet. http://www.faz.net/aktuell/feuilleton/medien/apple-baut-campus-2-der-apfel-ist-gelandet-13792953.html. Zugegriffen: 08. Nov. 2016.

Moss, C. (Hrsg.). (2015). *Der Newsroom in der Unternehmenskommunikation. Wie sich Themen effizient steuern lassen.* Wiesbaden: Springer VS.

Röttger, U., Preusse, J., & Schmitt, J. (2014). *Grundlagen der Public Relations. Eine kommunikationswissenschaftliche Einführung* (2., aktual. Aufl.). Wiesbaden: Springer VS.

Rottwilm, C. (2015). VW, Toyota, GM – wenn Autoriesen gegen die Wand fahren. http://www.manager-magazin.de/finanzen/boerse/volkswagen-toyota-gm-die-krisen-der-autokonzerne-a-1053960.html. Zugegriffen: 08. Nov. 2016.

Schwarz, P., Purtschert, R., Giroud, C., & Schauer, R. (2009). *Das Freiburger Management-Modell für Nonprofit-Organisationen (NPO)* (6. Aufl.). Bern: Haupt.

Szyszka, P. (2004). Public Relations und Öffentlichkeitsarbeit. Einführung und Grundlagen. In Gemeinschaftswerk der Evangelischen Publizistik (Hrsg.), *Öffentlichkeitsarbeit für Nonprofit-Organisationen* (S. 31–62). Wiesbaden: Springer-Gabler.

Szyszka, P. (2015). Lexikon-Stichwörter Bezugsgruppe und Botschaft. In R. Fröhlich, P. Szyszka, & G. Bentele (Hrsg.), *Handbuch der Public Relations. Wissenschaftliche Grundlagen und berufliches Handeln.* Mit Lexikon (3., überarb. und erw. Aufl., S. 1095 f.). Wiesbaden: Springer VS.

Thommen, J.-P., & Achleitner, A.-K. (2012). *Allgemeine Betriebswirtschaftslehre. Umfassende Einführung aus managementorientierter Sicht* (7., vollst. überarb. Aufl.). Wiesbaden: Springer-Gabler.

van Riel, C. & Fombrun, Ch. (2007). *Essentials of Corporate Communication. Implementing practices for effective reputation management.* London: Routledge.

Zerfaß, A. (2010). *Unternehmensführung und Öffentlichkeitsarbeit. Grundlegung einer Theorie der Unternehmenskommunikation und Public Relations* (3., aktual. Aufl.). Wiesbaden: Springer.

Identitätskommunikation 5

Zusammenfassung

Unternehmen betreiben Identitätskommunikation in oft organisatorisch definierten Aufgabenfeldern der Unternehmenskommunikation wie beispielsweise Medienarbeit, interne Kommunikation, Markt- und Marketingkommunikation oder Online-Kommunikation. Das zentrale Verfahren der Identitätskommunikation ist Storytelling. Wird der narrative Kommunikationsmodus in der Unternehmenskommunikation gezielt für die Vermittlung von Botschaften genutzt, dann kann man von *Storytelling* sprechen. Storytelling, das sich konsequent an der Unternehmenspolitik orientiert, wird als *strategisches Storytelling* bezeichnet. Das Konzept des *Public Storytelling* fokussiert darauf, wie die Rezipienten eine Geschichte aufnehmen und verstehen. Wenn die Figuren in den erzählten Geschichten auf Archetypen oder auf universelle Erzählmuster wie etwa das Gute gegen das Bösen verweisen, dann wird die Deutung der Geschichte durch die Rezipienten entlang dem vorgeformten Erzählmuster erfolgen. Von *strategischem Public Storytelling* ist dann zu sprechen, wenn die Positionierung des Unternehmens gezielt über eine Identitäts-Story vermittelt wird, die bei den Bezugsgruppen solche vorgeformten Grundgeschichten aktualisiert. Die Identitätskommunikation sieht sich je nach Organisationstyp aufgrund der spezifischen Rahmenbedingungen unterschiedlichen Herausforderungen gegenüber. Der Autonomiegrad sowie die organisationale Refinanzierungsform bestimmen weitgehend die strategischen und operativen Optionen eines Unternehmens, den Ressourceneinsatz und damit auch das identitätsorientierte Kommunikationsmanagement.

© Springer Fachmedien Wiesbaden GmbH 2017
M. Niederhäuser und N. Rosenberger, *Unternehmenspolitik, Identität und Kommunikation*, DOI 10.1007/978-3-658-15702-9_5

5.1   Storytelling als zentrales Verfahren der Identitätskommunikation

5.1.1   Identität, Kommunikation und Erzählen

Der Kommunikation kommt im Identitätsmanagement eine dreifache Rolle zu: Sie übernimmt erstens als Managementfunktion die Aufgabe, die definierte Identität nach innen und außen zu vermitteln und die Erwartungen und Interessen der Stakeholder in das Führungssystem hineinzutragen. Damit stellt die Kommunikation die Positionierung des Unternehmens in Markt und Gesellschaft sicher. Identitätskommunikation meint in diesem Verständnis die *Kommunikation von Identität.*

Zweitens ist die Kommunikation als eine der vier Identitätsdimensionen am Entstehen und Aktualisieren der Unternehmensidentität wesentlich mitbeteiligt. Die von der Unternehmenskommunikation eingesetzten Kommunikationsmittel und die damit verbreiteten Botschaften wirken ebenso identitätsstiftend wie das Leistungsangebot, die Symbole und das Verhalten (s. Abschn. 4.4). Die Unternehmensidentität wird damit immer auch über Kommunikation erzeugt und im Kommunikationshandeln manifest; kommunikative Handlungen sind also Vorgänge der Identitätsbildung und Identitätszuschreibung. Identitätskommunikation ist in diesem Fall als *Identität durch Kommunikation* zu verstehen.

Drittens unterstützt die Kommunikation die Unternehmensleitung bei der Moderation des internen Identitätsdiskurses, indem sie andere Unternehmensfunktionen dabei unterstützt, die für die Identität zentralen Steuerungsinstrumente zu formulieren und zu implementieren (s. Abschn. 3.5.4). Den Identitätsdiskurs führt die Kommunikation zudem über das Erarbeiten und Schreiben von Kommunikationskonzepten, einem Prozess, bei dem es stets um eine Auseinandersetzung mit der organisationalen Verfasstheit aus unterschiedlichen Perspektiven geht (vgl. Rosenberger 2013, S. 44). Eine explizite Diskussion des organisationalen Selbstverständnisses und dessen Wahrnehmung findet im Konzeptionsprozess einerseits im Rahmen von Interviews und Gesprächen statt, die mit Auftraggebern, Teammitgliedern, Dienstleistern oder Experten geführt werden. Andererseits findet sie durch Analyse, Beurteilung und Verarbeitung bestehender Texte der Ebenen Unternehmenspolitik, Steuerungsinstrumente oder reale Manifestationen statt, die als Bezugspunkt für eine strategisch verstandene Konzeption unerlässlich sind. Dieses interaktive und intertextuelle Schreiben im Konzeptionsprozess ist damit ebenfalls ein wesentliches Führungsinstrument im internen Identitätsdiskurs (vgl. Rosenberger 2013, S. 48 f.). Identitätskommunikation wird aus dieser Perspektive zur *Kommunikation über Identität.*

Die drei Funktionen von Identitätskommunikation lassen sich im Modell des identitätsorientierten Kommunikationsmanagements auf verschiedenen Ebenen verorten: Kommunikation vermittelt definierte Identität, erzeugt Identität in Form von realen Manifestationen und reflektiert definierte Identität, reale Manifestation und perzipierte Identität (Image). Kommunikation leistet damit *Darstellung und Herstellung von Identität* zugleich.

Identität ist, in dieser Lesart, kein endgültiges Ergebnis, sondern wird mit jedem Kommunikationshandeln von Neuem erzeugt und ist damit als diskursives, sprachliches Konstrukt (vgl. Brown 2006, S. 731) zu verstehen. Als solches existiert Identität nicht per se als dahinterliegende Realität und kann auch nicht als wahr oder falsch beurteilt und verhandelt werden. Vielmehr ist die über Kommunikation respektive Sprache erzeugte Identität Ausdruck von intersubjektiv geteilten Erfahrungen und von tatsächlichen oder möglichen Ereignissen, das heißt Ausdruck von „Lebenswelt" im Sinne von Habermas (Habermas nach Geiger 2006). Diese Lebenswelt wird nicht argumentativ begründet und entwickelt, sondern narrativ erzeugt.[1] Im Gegensatz zum argumentativen Denken, das auf Einzelheiten oder Teilaspekte fokussiert und Zusammenhänge zwischen Fakten herstellt und so Tatsachen schafft und beweist, verbindet narratives Denken Fakten mit Emotionen, Einstellungen, Handlungsweisen und Rahmenbedingungen und eröffnet damit Optionen (vgl. Frenzel et al. 2006, S. 18). Erzählungen sind bei Habermas „zeitlich strukturierte Erfahrungsbeschreibungen". Sie ermöglichen es, Lebenswelt zu reproduzieren, Ereignisse verstehbar zu machen und zeitlich einzuordnen (vgl. Geiger 2006, S. 115). Identitätsbildung heißt im diesem Sinne immer auch die Organisation in der Welt einzuordnen, Aktivitäten und Einstellungen mit dieser Einordnung zu verknüpfen und damit Handlungsgewissheit innerhalb dieser Einordnung zu schaffen.

Herstellen und Darstellen von Identität geschieht in diesem Verständnis primär über Erzählen. Dies gilt sowohl für Individuen[2] als auch für Kollektive. Unternehmensidentität wird in dieser Lesart durch die identitätsrelevanten Erzählungen konstituiert, die Mitglieder des Unternehmens einander in Gesprächen erzählen, in Unternehmensdarstellungen

---

[1]Die Unterscheidung von narrativem und argumentativem Kommunikationsmodus basiert bei Habermas auf der Unterscheidung von Lebenswelt und Diskurs. In der „Lebenswelt" wird weder über Wissen noch über Wahrheitsfragen entschieden. Vielmehr geht es um „Handlungsgewissheit" im Sinne von „Für-wahr-Halten der handlungssteuernden Mechanismen" und um das Herstellen dieser Gewissheit über das Erzählen. Diskurse im Sinne von Habermas prüfen „problematisierte Geltungsansprüche von Normen und Meinungen" und bedienen sich ausschließlich der Argumentation (Geiger 2006, S. 119 f.). Die Unterscheidung von narrativem und argumentativem Denk- und Kommunikationsmodus findet sich beispielsweise auch in Lyotards Differenzierung von „narrativem Wissen" und „wissenschaftlichem Wissen". Das „narrative Wissen" ist dabei ein „Erzählwissen, das in Form von Geschichten innerhalb einer bestimmten Gruppe weitergetragen wird" (Geiger 2006, S. 173), während „wissenschaftliches Wissen" durch „Argumentation und Beweis verifiziert" (Geiger 2006, S. 170) wird.

[2]So wollen Menschen mit dem Erzählen von Geschichten nicht nur die eigentliche Story vermitteln, sondern zugleich ein bestimmtes Selbstbild erzeugen, das vom Gesprächspartner als solches erkannt werden soll (vgl. Fludernik 2007, S. 260). Identität wird damit konstant über solche „self-narrations" konstruiert. Mit diesen Geschichten werden Vergangenheit und Zukunft in eine Kontinuität gebracht und die gemachten Erfahrungen werden mit Bedeutung versehen (vgl. Fludernik 2007, S. 262). Der Ansatz der „narrativen Identität" hat über die Literaturwissenschaft hinaus in Philosophie, Psychologie und Sprachwissenschaft Beachtung gefunden (vgl. Lucius-Hoene und Deppermann 2004, S. 167) und ist letztlich Grundlage bzw. Voraussetzung für die in den Sozialwissenschaften eingesetzte Forschungsmethode des „narrativen Interviews".

schildern oder in Texten implizit vermitteln (vgl. Brown 2006, S. 734). Dabei wird nicht
eine Geschichte, sondern es werden unzählige Geschichten erzählt, die die Identität formen und speisen. Trotz dieser „prinzipiellen Pluralität beziehungsweise Polyphonie"
identitätsbildender Erzählungen gibt es gewisse Geschichten, die als Resultat „sozialer
Aushandlungs- und Sozialisationsprozesse" (Rometsch 2008, S. 185) verbreiteter sind als
andere und den Identitätsbildungsprozess dominieren. Es sind dies oft die Erzählungen
organisationaler Identität, „deren Autorschaft dem (Top)-Management zugeschrieben
wird" (Rometsch 2008, S. 180). Dazu gehören im identitätsorientierten Kommunikationsmanagement auch die Erzählungen der institutionalisierten Unternehmenskommunikation, die in den vom Top-Management definierten Elementen der Unternehmenspolitik
verortet sind. Das Erzählen aus unternehmensstrategischer Perspektive formt die definierte Identität im Sinne einer „Corporate Identity". Hingegen manifestiert sich im poly-
phonen Nebeneinander verschiedenster Erzählungen die „Organizational Identity", in der
zum Ausdruck kommt, wie die Mitarbeitenden die Organisation wahrnehmen und empfinden (Schultz et al. 2000, S. 17; Cornelissen et al. 2007, S. 2 f.).[3]

Organisationale Identität wird damit primär im Erzählen von Geschichten und
Geschichtsfragmenten hergestellt und vermittelt. Damit können identitätsrelevante
Geschichten in Unternehmen als performative Sprechakte (vgl. Brown 2006, S. 734)
bezeichnet werden: Sie vermitteln nicht nur eine bestimmte Story, sondern sie konstitui-
ren damit zugleich Unternehmensidentität. Während Identitätsbildung per se narrativ ist,
können einzelne Aspekte dieser Identität gleichsam narrativ oder argumentativ vermittelt, illustriert und erklärt werden; sei es beispielsweise durch das Erzählen von Erfolgs-
storys oder von zufriedenen Kunden, oder sei es durch die Verknüpfung von Fakten zu
einer Beweiskette.

5.1.2   Erzählung: Story, Narration und Plot

Im Zuge des „narrative turn" in den Sozialwissenschaften wurde das Erzählen nicht
mehr nur auf erzählende literarische Formen bezogen, sondern viel breiter auf alle semi-
otischen Aktivitäten ausgedehnt, die erzählend gestaltet sind (vgl. Herman 2007, S. 5).
Dabei gerät die Erzählung[4] als grundlegende Strategie in den Fokus, mit deren Hilfe
Menschen Zeit, Vorgänge und Veränderungen kognitiv bewältigen können. Erfahrungen
und Erinnerungen an Ereignisse werden denn auch hauptsächlich in Form von Geschich-

---

[3]Traditionell beschäftigt sich der Corporate-Communication-Ansatz mit der strategisch verankerten Identität, während Organizational Communication die Polyphonie des Identitätsbildungspro-
zesses in den Blick nimmt (vgl. Christensen und Cornelissen 2013, S. 65; Wehmeier et al. 2013,
S. 17).

[4]Das in der englischen Literatur gebräuchliche Nomen „Narrative" wird hier mit dem Begriff
des „Erzählens" und der „Erzählung" übersetzt. Synonym zu „Erzählung" wird hier der Begriff
„Geschichte", nicht aber „Story" gebraucht.

ten gestaltet (vgl. Herman 2007, S. 3 ff.). Damit kann Kontinuität zwischen Vergangenheit und Zukunft hergestellt und die Erfahrungen können mit Bedeutung aufgeladen werden. In diesen Geschichten ist es weniger das erzählte Geschehen, das zählt, als vielmehr die Bewertung, die die Ereignisse dadurch bekommen (vgl. Fludernik 2007, S. 262). Erzählen kann damit als Sinngebungsverfahren bezeichnet werden, das Vergangenheit, Gegenwart und Zukunft zusammenhält (vgl. Bird 2007, S. 348).

In diesem Zusammenhang sind denn auch die drei Strukturmerkmale von Erzählungen zu sehen: Zeit, Entwicklung und Charaktere sind die Elemente, die aus einem Text eine Geschichte machen. So werden in einer Erzählung zum einen einzelne Ereignisse oder Begebenheiten durch einen zeitlichen Verlauf strukturiert. Neben dieser zeitlichen Strukturierung braucht es eine Entwicklung bzw. Veränderung des Anfangsstadiums. Dies geschieht oft durch das Auftreten einer Störung oder eines Ungleichgewichts in der Vorstellungswelt des Erzählers oder des Deuters. Deshalb kommt es in Geschichten oft zu Konflikten oder ungeplanten Ereignissen, die den Absichten der Figuren entgegenwirken. Schließlich müssen in einer Geschichte Figuren vorkommen, die mit ihrem Umfeld interagieren und typisch menschliche Erfahrungen machen, das heißt spezifische Charaktere darstellen (vgl. Herman 2007, S. 9–11). Die Figuren verweisen oft auf Archetypen wie beispielsweise Abenteurer, Rebell oder tapferer Held und können auf eine typische Rolle reduziert werden, welche die Grundkonstellation einer Erzählung abbilden: Held, Auftraggeber, Wunschobjekt, Helfer, Gegner oder Nutznießer (vgl. Herman 2007, S. 13). Dabei können sowohl einzelne Figuren mehrere Rollen einnehmen (beispielsweise wenn der Held sein eigener Auftraggeber ist) als auch mehrere Figuren dieselbe Rolle innehaben (beispielsweise wenn der Held auf mehrere Gegner trifft). Indem Ereignisse und Erfahrungen zeitlich strukturiert, inhaltlich entwickelt und mit Charakteren versehen werden, reduzieren Erzählungen Komplexität, legen ein bestimmtes Verständnis und eine Bewertung der Ereignisse fest und offerieren Identifikationsmöglichkeiten (vgl. Wyss 2011, S. 40).

Für Analyse und Interpretation von Erzählungen hat sich die von Literaturtheoretikern entwickelte Unterscheidung von Story und Narration auch außerhalb der Literaturwissenschaft durchgesetzt. Als *Story* wird die Geschichte bezeichnet, die mit dem konkreten Text erzählt wird und unabhängig von diesem existiert. Die Story ist der Inhalt der Erzählung und umfasst alle einzelnen Ereignisse und Handlungen, also das Geschehen. Mit „Story" kann das „Was" der Erzählung bezeichnet werden. Der manifeste Erzähltext hingegen, das heißt der Text der Erzählung, ist die *Narration.*[5] *Plot* schließlich ist die spezifische Verknüpfung der Ereignisse und Handlungen der Story (vgl. Abott 2007, S. 39 f.).

---

[5]Diese Unterscheidung von „Story" und „Narration" entspricht jener von „fabula" und „sjužet" von Tomaševskij, von „histoire" und „discours" von Todorov und von „histoire" und „récit" von Genette (vgl. zu den unterschiedlichen Konzepten Schmid 2008, S. 242 ff.).

Identitätsnarrationen manifestieren sich auf der Ebene eines einzelnen Kommunikationsbeitrags wie beispielsweise eines Blogposts oder eines CEO-Interviews gleichermaßen wie in Kommunikationsinstrumenten wie etwa einem Nachhaltigkeitsbericht oder einem Facebook-Auftritt. Gerade durch die spezifische Komposition von Inhalt, sprachlicher Realisierung und multimodaler Gestaltung werden Botschaften des Unternehmens „in identifizierbarer und nutzerfreundlicher narrativer Form" (Stücheli-Herlach und Perrin 2013, S. 20) erkennbar.

Beispiel Novartis

Mit dem Claim „caring and curing" stellt das Pharmaunternehmen Novartis einen direkten Zusammenhang zwischen seinem Organisationshandeln, dem konkreten Leiden kranker Menschen und positiven Emotionen her. Die Aktivitäten des Unternehmens richten sich in dieser „Lebenswelt" auf die Überwindung von Schmerz, Leid und Tod. Für die Unternehmensidentität von Novartis zentral ist die diesen Zusammenhang schaffende Story des welt- bzw. daseinsverbessernden Helden. Innerhalb dieser identitätsstiftenden Narration spielt die Frage keine Rolle, ob beispielsweise die konkrete F&E-Strategie oder die Preispolitik des Pharmariesen dem hehren Anspruch des Linderns von Leid gerecht wird. Dies kann in der argumentativen Auseinandersetzung mit dem Unternehmenshandeln je nach Standpunkt positiv oder negativ beantwortet werden. Einzelne Aspekte der Identitäts-Story des Weltverbesserers illustriert Novartis im narrativen und argumentativen Kommunikationsmodus. Um die Glaubwürdigkeit des helfenden „Selbstverständnisses" zu belegen, führt das Pharmaunternehmen beispielsweise in seinem Geschäftsbericht 2014 u. a. seine Malariainitiative an, in deren Rahmen Novartis den öffentlichen Gesundheitssystemen der betroffenen Länder das Malaria-Präparat „Coartem" seit 2001 ohne Gewinn zur Verfügung stellt (vgl. Geschäftsbericht Novartis 2014, S. 58). Gleichzeitig illustrieren die im Geschäftsbericht publizierten Fotografien den Claim „caring and curing": Die Bilder porträtieren zum einen Menschen in Situationen, in denen sie entweder medizinische Hilfe bekommen oder in denen sie dank therapeutischer Hilfsmittel am Leben teilnehmen können. Die Fotografien erzählen damit hoch verdichtet sowohl die individuellen Leidens- und Lebensgeschichten der Porträtierten als auch die immer gleiche Erzählung von Linderung oder Überwindung von Krankheit und Schmerz dank medizinischer Hilfe. Zum anderen verweisen Fotografien von Novartis-Mitarbeitenden aus dem F&E-Bereich auf diejenigen, die diese medizinische Hilfe erst möglich machen (vgl. Geschäftsbericht Novartis 2014).

5.1.3 Formen und Einsatzfelder von Storytelling in Unternehmen

Geschichten stellen in Unternehmen eine effiziente und häufige Form der Informationsverarbeitung und -verbreitung dar. Wird der narrative Kommunikationsmodus in Unternehmen gezielt genutzt, dann sprechen wir von Storytelling. *Storytelling* kann damit als das „prozessuale Management von Geschichten über das Unternehmen und seine internen und externen Bezugsgruppen definiert werden" (Schmieja 2012, S. 37). Storytelling umfasst dabei nicht nur das Erzählen von Geschichten, sondern auch den Austausch und das Auswerten von Geschichten. So werden in Unternehmen Geschichten erzählt, um Ideen oder Werte zu vermitteln, um „Mitstreiter" zu gewinnen oder um „Möglichkeiten aufzuzeigen". Geschichten fördern den Austausch von Wissen und Ideen und stärken Kooperation und Reflexion. Über das gezielte Auswerten von Geschichten, die im Unternehmen und außerhalb des Unternehmens über dessen Produkte, Projekte und Akteure erzählt werden, können Wahrnehmungen und Befindlichkeiten erfasst und damit Potenziale identifiziert werden (vgl. Frenzel et al. 2006, S. 243).

Storytelling ist damit als Top-down-, In-beetween- und Bottom-up-Prozess zu verstehen und wird in Unternehmen in verschiedensten Bereichen eingesetzt. Während im Wissensmanagement über Erfahrungsgeschichten organisationsinternes, nicht formalisiertes Wissen gesammelt und zugänglich gemacht werden kann, ermöglichen Geschichten im Change Management, dass Mitarbeiter ihren Gefühlen Ausdruck verleihen können und die Unternehmensleitung ihre Vorstellungen der anstehenden Veränderungen vermitteln kann. Im Kontext von Qualitätsmanagement und Marktforschung können durch die Analyse von Geschichten, welche die Zielgruppen erzählen, wichtige Erkenntnisse gewonnen werden (vgl. Schmieja 2012, S. 42 f.).

Im identitätsorientierten Kommunikationsmanagement hat die institutionalisierte Unternehmenskommunikation die Aufgabe, die vom Top-Management definierten Identitätselemente und -geschichten gezielt nach innen und außen zu vermitteln (s. Abschn. 5.1.1). Damit soll Unternehmensidentität erzeugt und gefestigt, das Unternehmen von seinen Mitbewerbern klar differenziert und die Positionierung des Unternehmens in Markt und Gesellschaft sichergestellt werden. Dabei werden ganz unterschiedliche Geschichten eingesetzt, die sich zum einen unterscheiden durch die Stringenz ihres Bezugs auf Unternehmenspolitik und Identität, zum anderen durch ihr Potenzial, tradierte Narrationsmuster zu aktualisieren. Entsprechend lassen sich vier Modi des Geschichtenmanagements in der Unternehmenskommunikation unterscheiden: Storytelling, strategisches Storytelling, Public Storytelling und strategisches Public Storytelling.

5.1.4 Storytelling in der Kommunikation von Identität

Werden Erzählungen in einzelnen Kommunikationsinstrumenten des Unternehmens eingesetzt, sprechen wir von *Storytelling*. So nutzt die Marketingkommunikation Storytelling intensiv für die Lancierung und Bewerbung von Produkten. Dabei werden sowohl authentische Geschichten erzählt, in denen von einem realen Kundenerlebnis berichtet wird, als auch fiktive Geschichten.

Beispiel Apple

Anfang 1984 kündigte Apple seinen neusten Rechner Macintosh mit dem Werbespot „1984" an. Darin wird die Story einer erfolgreichen Rebellion erzählt. Der Plot setzt mit dem monotonen Aufmarsch gleichgeschalteter und uniformierter Menschen in einer fabrikähnlichen Halle ein, in dem auf einem Großbildschirm die Propagandarede ihres Anführers gezeigt wird. Während das Fußvolk im Saal Platz nimmt, stürmt eine junge Frau mit einem Vorschlaghammer in der Hand dorthin. Sie wird von der bewaffneten Geheimpolizei des Führers verfolgt und schafft es knapp, ihr Schlagwerkzeug gegen den Bildschirm zu schleudern. Dieses zerstört den Bildschirm in dem Moment, in dem „Big Brother" auf dem Monitor „Wir werden siegen" ruft. Der Abspann kündigt den neuen Macintosh mit den Worten an: „you'll see why 1984 won't be like 1984". Die explizite Bezugnahme auf Georg Orwells pessimistischen Zukunftsroman, in dem ein totalitärer Überwachungsstaat dargestellt wird, legt den Zuschauern die Deutung nahe, dass Apple sich gegen den marktbeherrschenden Riesen IBM stellt und damit letztlich Individualität und Freiheit für alle erkämpft. Die Inszenierung von Apple als Kämpfer für eine gute Sache zeigt sich in der Narration: Aufgrund der dominierenden metallisch-grauen Farbtöne wirkt die Szenerie kühl, unmenschlich und totalitär. Demgegenüber verkörpert die Angreiferin mit orangefarbenen Shorts und einem strahlend weißen Top, auf dem die Umrisse eines Macintosh prangen, Individualität und Vitalität. Dieser in der filmischen Narration inszenierte Kontrast unterstützte das Kommunikationsziel, das Außergewöhnliche und Revolutionäre des neuen Rechners begreifbar zu machen (vgl. Isaacson 2011, S. 194). Der an einen Science-Fiction-Film erinnernde Spot wurde erstmals am 22. Januar 1984, zu Beginn des dritten Quarter des 18. Super-Bowl-Finales, vor 96 Mio. Zuschauern ausgestrahlt. Die Wirkung war außerordentlich: Noch am gleichen Abend brachten alle drei nationalen und 50 regionale Fernsehsender Berichte über den Werbefilm und sorgten damit für eine – für die Vor-Web-2.0-Zeit – unglaublich schnelle Verbreitung (vgl. Isaacson 2011, S. 197).

Storytelling spielt nicht nur in der Produktwerbung eine zentrale Rolle, sondern auch im Brand Management. Dabei vermitteln Geschichten das Markenversprechen und illustrieren Positionierungsbotschaften. So werden in Unternehmenspublikationen häufig reale Erfolgsgeschichten des Unternehmens dazu genutzt, um Stärken oder Errungenschaften zu kommunizieren. Mit dem Erzählen von Geschichten von Mitarbeitenden oder Kunden kann angestrebtes und versprochenes Verhalten ebenso anschaulich vermittelt werden wie beispielsweise die positive Wirkung von Unternehmensleistungen und -angeboten. Hinzu kommen fiktive Geschichten, mit denen Positionierungs- und Markenbotschaften inszeniert werden.

Beispiel SOS Kinderdorf

Der SOS-Kinderdorf-Verein Deutschland setzt in seinen verschiedenen Publikationen konsequent authentische Lebensgeschichten ehemaliger Bewohner von Kinderdorfeinrichtungen ein, um die Markenbotschaft zu transportieren. Das Markenversprechen, dass dank der familiennahen Betreuung in SOS-Kinderdörfern Kinder trotz schwierigen Startbedingungen den Weg in ein selbstständiges, glückliches und erfolgreiches Erwachsenenleben finden, belegt beispielsweise die Geschichte von Janvier, die im

Jahresbericht 2012 erzählt wird. Die Story des afrikanischen Waisenjungen, der einige Jahre in einem SOS Kinderdorf lebt und danach privat als Familienvater und beruflich als studierter Bankmanager reüssiert, wird nach einer einleitenden Kurzzusammenfassung chronologisch erzählt. Dabei werden die verschiedenen Ereignisse und Schritte zu einem sinnvollen Lebenslauf gefügt. In der gelungenen Entwicklungsgeschichte von Janvier, die sich „fast wie ein Märchen liest" (Jahresbericht SOS-Kinderdorf e. V. 2012, S. 8), erscheint das SOS-Kinderdorf als Hort einer besseren Welt, in der Unmögliches möglich wird. „Junge Erwachsene, die ihren Weg finden: Schön, mitzuerleben, was gelingt, wenn Menschen ihre Stärken entdecken" (Jahresbericht SOS-Kinderdorf e. V. 2012, S. 8). Die NGO hat dabei die Rolle des Helfers inne, der den Helden, Auftraggeber und Nutznießer Janvier auf dem Weg zu einem selbstbestimmten Leben begleitet (s. ausführliche Fallbeschreibung Abschn. 8.6).

Die in der Finanzkommunikation eingesetzten Geschichten sind stark standardisiert und tendenziell eher „präskriptiv" als „deskriptiv" (Schreyögg und Geiger 2003, S. 44), da sie über das Aufzeigen eines zukünftigen Verlaufs einen Erwartungshorizont aufbauen. So werden in Geschäftsberichten positive Entwicklungsgeschichten evoziert über Bezüge zu früheren und prognostizierten Kennzahlen, über Vergleiche mit der Konkurrenz oder der Branche und über Kausalbezüge (vgl. Rosenberger und Wieder 2014, S. 288 f.). Das mit dem Bericht Rechenschaft ablegende Unternehmen ordnet damit Ergebnisse und Entscheidungen in ein positives Kontinuum ein und inszeniert sich darin als gezielt agierender Held in Vergangenheit, Gegenwart und Zukunft. Die gegenüber Analysten und Investoren kommunizierte „equity story" fügt Potenziale bzgl. Wachstum, Ertrag und Wettbewerbsvorteile sowie Positionierung und Strategie des Unternehmens zu einer nachvollziehbaren und damit sinnhaften Entwicklungsgeschichte zusammen (vgl. Nix 2005, S. 306 ff.). Auch hier werden (vergangene, aktuelle oder zukünftige) Begebenheiten und Ereignisse durch einen zeitlichen Verlauf strukturiert und in eine Entwicklung überführt. In den im Bereich „Investor Relations" erzählten Geschichten lassen sich ebenfalls typische Rollen wie Held, Auftraggeber, Nutznießer oder Helfer identifizieren, allerdings sind diese nicht personifiziert.

Beispiel Equity Story der BASF Venture Capital
Die Corporate Venture Capital Gesellschaft der BASF Gruppe investiert weltweit in Start-ups und Fonds. Die Beteiligungen fokussieren auf innovative, auf Chemie basierende Technologien und auf neue Materialien und Werkstoffe mit aussichtsreichen Marktchancen. In ihrer Equity Story wird die BASF Gruppe als Auftraggeber und die Corporate Venture Capital Gesellschaft als Held dargestellt. Die Nutznießer sind die Start-ups und Fonds, in welche die Beteiligungsgesellschaft investiert. Interne und externe Ressourcen der BASF Gruppe wie beispielsweise Industriepartner treten in der Equity Story als Helfer auf, die Venture Capital unterstützen, die strategischen und operativen Interessen der BASF Gruppe mit innovativen Technologien junger Unternehmen zu verbinden (BASF Venture Capital 2016).

5.1.5   Strategisches Storytelling in der Kommunikation von Identität

Die Geschichten, die in den verschiedenen Kommunikationsmitteln eines Unternehmens in Bild, Ton und Text verbreitet werden, sind Teil der Unternehmensidentität und prägen die Images in der Kommunikationsarena mit. Storytelling, das sich konsequent an der Unternehmenspolitik orientiert, kann als *strategisches Storytelling* bezeichnet werden. Es zielt auf ein möglichst hohes Alignement von Unternehmenspolitik, Identität und Image, indem sich die instrumentell verbreiteten Geschichten systematisch auf die Unternehmenspolitik beziehen und so im Idealfall auf eine *Identitäts-Story* verweisen, in der die wesentlichen Werte und Attribute, über die sich das Unternehmen definiert und mit denen es sich darstellt, zu einer Geschichte verbunden werden. Die Entwicklung, Überprüfung und Weiterentwicklung der Corporate Story ist Teil des internen Identitätsdiskurses und ermöglicht es, einen Referenzrahmen für die Orchestrierung der Kommunikation zu definieren.[6]

Strategisches Storytelling bezeichnet in diesem Sinne ein Geschichtenmanagement, das die verschiedenen Identitätsbotschaften und -erzählungen in eine Identitäts-Story zu überführen vermag bzw. aus dieser abgeleitet werden kann. In dieser wird der Kristallisationspunkt von Unternehmenspolitik und definierter Identität bestimmt, bewusst gemacht und vermittelt. Die Identitäts-Story kann von Unternehmen explizit erzählt oder implizit vermittelt werden, indem verschiedene Identitätsmanifestationen und entsprechende Kommunikationsangebote konsequent auf deren narrativen Kern anspielen.

Beispiel Dyson: explizite Identitäts-Story

Das weltweit tätige Technologieunternehmen Dyson kommuniziert seine „Identitäts-Story" explizit, indem es anstelle einer herkömmliche Unternehmensbeschreibung „Wir über uns" die Entwicklungsgeschichte des ersten beutellosen Staubsaugers skizziert: Sie beginnt mit dem Ärger von James Dyson über die abnehmende Saugkraft seines Staubsaugers und seiner Entscheidung, ein besser funktionierendes Gerät zu entwickeln. Er arbeitete fünf Jahre an einer Lösung und baute dazu 5127 Prototypen. Die Erfindung des weltweit ersten beutellosen Staubsaugers markiert zugleich den Ausgangspunkt der biografischen Entwicklung von James Dyson vom Außenseiter zum erfolgreichen und preisgekrönten Unternehmer. Die explizit erzählte erste Innovationsgeschichte steht stellvertretend für alle weiteren Entwicklungen des Unternehmens und vermittelt die zentralen Unternehmenswerte „Innovation aus Frust", „Beharrlichkeit" und „Querdenken". Denn die Ingenieure von Dyson entwickeln überall dort Neuerungen, wo etwas nicht optimal funktioniert. Die Unternehmenskommunikation nimmt die

---

[6]In Anlehnung an das Konzept der „Core Story" (Fog et al. 2010, S. 11) und der „Corporate Story" (van Riel 2000) sollten sich alle intern und extern von der Unternehmenskommunikation erzählten Geschichten auf die Identitäts-Story beziehen.

Motive dieser Identitäts-Story konsequent in verschiedenen Formen auf. So vergleicht die Produktkommunikation in Werbespots und Anzeigen Dyson-Produkte mit nicht optimal funktionierenden Konkurrenzprodukten. Aktualisiert wird der narrative Kern „Innovation aus Frust" aber auch durch die Kernbotschaften „Ein Dyson ist einzigartig" und „Dinge verbessern aus Leidenschaft", die sich wiederum in einer spezifischen Dyson-Sprache niederschlagen. Diese zeichnet sich durch einen Mix von direkter Werbesprache („Vergessen Sie die herkömmlichen Staubsauger") und Dyson-Fachsprache („Dyson Ball™ Technologie") aus (s. ausführliche Fallbeschreibung Abschn. 8.2).

Beispiel Migros: implizite Identitäts-Story

Migros, eines der beiden großen Detailhandelsunternehmen der Schweiz, wurde 1925 gegründet. Dank Großeinkäufen am Produktionsort und eigenen Läden konnte auf Zwischenhändler verzichtet und Güter des täglichen Bedarfs zu erschwinglichen Preisen verkauft werden. Der Name „Migros" setzt sich aus „demi" und „en gros" zusammen und signalisiert, dass die Genossenschaft sowohl Großhandels- als auch Detailhandelsorganisation ist. Das Logo – ein orangefarbenes M – deutet die Brücke an, die direkt vom Produzenten zum Konsumenten führt. Sinnfällig wird diese Verbindung auch in den legendären fahrbaren Läden, mit denen Migros seine Waren noch bis vor Kurzem zu Kunden in entlegene Dörfer gebracht hat, oder im Migros-Kulturprozent. Mit dieser satzungsgemäß festgeschriebenen Selbstverpflichtung engagiert sich Migros organisatorisch und finanziell in den Bereichen Kultur, Gesellschaft, Bildung, Freizeit und Wirtschaft. Das Verbinden der Genossenschaft mit seinem Umfeld und vice versa ist denn auch das Motiv der implizit von der Migros durch Logo, Geschäftätigkeit und gemeinnützigem Engagement erzählten Identitäts-Story. Verschiedenste in der Unternehmenskommunikation eingesetzte Narrationen speisen diese Identitäts-Story zusätzlich. Der TV-Spot „Ein M besser" beispielsweise erzählt die Geschichte eines Huhns, das frühmorgens vom Bauernhof in die Stadt läuft, um dort in der Migros-Filiale ein Ei frisch zu legen. Implizit deutet aber auch das symmetrische Kommunikationsverständnis der Migros die Identitäts-Story an: Mit der Online-Konsumentenplattform „Migipedia" ermöglicht Migros die direkte Kommunikation des Unternehmens mit den Konsumenten und der Konsumenten untereinander. Und mit den unter dem Label „Generation M" gebündelten Nachhaltigkeitsaktivitäten kommuniziert Migros nicht nur ihre CSR-Aktivitäten, sondern motiviert die Kunden, sich selbst für konkrete Nachhaltigkeitsaktionen zu verpflichten. Die Brücke zwischen Migros und Umfeld wird hier zugleich zur Brücke zwischen den Generationen und den Zeiten. So erinnert sich ein älterer Mann im Lancierungsspot des Labels „Generation M", wie sein Vater den ersten Zug gefahren hat, mit dem das Migros-Mineralwasser per Bahn ausgeliefert worden ist. „Wir haben gestern schon an heute gedacht und wir denken heute schon an morgen", beendet eine Offstimme den Spot.

5.1.6   Public Storytelling in der Kommunikation von Identität

Während die Geschichten im klassischen Storytelling von der institutionalisierten Unternehmenskommunikation für die Kommunikationsmittel konzipiert und realisiert werden, fokussiert das Konzept des *Public Storytelling* darauf, wie die Rezipienten einen Text, ein Bild oder einen Film als Geschichte aufnehmen und verstehen. Im Sinne der kognitiven Erzählforschung (vgl. Hermann 2007) ergibt sich eine Erzählung aus dieser Perspektive nicht nur aus den konkreten Merkmalen ihrer Narration, sondern v. a. auch aus der Art und Weise, wie der Text rezipiert wird. Stellt sich der Adressat beim Lesen Fragen nach der Sequenzierung der Ereignisse, nach Veränderungen oder ihrer Bedeutung für die Figuren, dann wird der Text in der Lektüre zur Erzählung (vgl. Ryan 2007, S. 33). Auf den Kontext des identitätsorientierten Kommunikationsmanagements übertragen stellt sich damit die Frage, ob die eingesetzten Narrationen in der Kommunikationsarena als identitätsrelevante Geschichten wahrgenommen, im Hinblick auf die Positionierung in Markt und Gesellschaft erinnert und im Sinne des kommunizierenden Unternehmens verstanden und gedeutet werden.

Verweisen die Figuren in den erzählten Geschichten auf Archetypen wie beispielsweise der Weise oder der Schöpfer (vgl. Mark und Pearson 2001)[7], auf universelle Erzählmuster wie etwa der Gute gegen den Bösen oder auf kulturell geprägte Grundstorys wie jene von David gegen Goliath, dann sind sie als vorgeformte Erzählsequenzen in den Köpfen der Bezugsgruppen abrufbar und werden entsprechend als Rezipiermuster angewendet. Die Deutung der Rollen und Motive ist in diesem Muster ebenso eindeutig vorgegeben wie der daraus ableitbare Gang der Entwicklung. Universell und kulturell vorgeformte Erzählmuster greifen auf lebensweltliche Erfahrungen zurück und haben deshalb den Vorteil, dass sie von den verschiedenen Bezugsgruppen gleichermaßen erkannt und verstanden werden und so Diskursgrenzen überwinden können (vgl. Wyss 2011, S. 45 f.).

Von *strategischem Public Storytelling* ist zu sprechen, wenn die Positionierung des Unternehmens gezielt über eine Identitäts-Story vermittelt wird, die bei den Bezugsgruppen vorgeformte Grundgeschichten aktualisiert. Identitätskommunikation, die strategisches Public Storytelling Management betreibt, setzt auf narrative Wahrnehmungs- und Interpretationsgewohnheiten der Bezugsgruppen, nicht zuletzt auch der Medien. Denn vorgeformte Grundgeschichten bedienen zentrale journalistische Muster und erhöhen so die Chance auf Medienresonanz und Anschlusskommunikation.

Beispiel Apple

Mit dem Produkte-Spot „1984" inszenierte sich Apple als Rebell. Die Think-Different-Kampagne, die Ende der 90er-Jahre lief, spielte auf denselben Archetypus an und verband ihn mit demjenigen des Schöpfers. „Denke anders" als die Etablierten und

---

[7]In einer großen Untersuchung von global erfolgreichen und sehr wertvollen Unternehmensmarken haben Mark und Pearson festgestellt, dass diese oft einen Archetypus verkörpern (vgl. Mark und Pearson 2001, S. 5).

verändere damit die Welt, lautete die Markenbotschaft von Apple. Vermittelt wurde sie mit dem Verweis auf historische Genies wie Einstein, Picasso oder Lennon, die Dinge auf andere, unkonventionelle Weise gelöst haben. In seinen legendären Produktpräsentationen stellte Steve Jobs die neuen Produkte jeweils als radikalen Bruch mit allem bisher Bekannten dar. So führte er den iMac 1998 mit den Worten ein: „Er sieht aus, als käme er von einem anderen Planeten … von einem guten Planeten, auf dem bessere Designer wohnen" (Isaacson 2011, S. 417). Die Identitäts-Story von Apple, die Welt zu verändern und zu verbessern, wird in der Kommunikationsarena als universelle Grundgeschichte erkannt und Steve Jobs als Schöpfer einer neuen Welt gefeiert. So schaffte es Jobs bei der Lancierung des iPads auf die Titelseite des Economist[8], wo er mit dem Propheten Hiob vergleichen wurde. In einer Schweizer Sonntagszeitung[9] wurde die Innovationsgeschichte von Apple als biblische Schöpfungsgeschichte erzählt, in der Jobs in 7 Tagen das i-Universum geschaffen hat. Eine solch eindeutige und exklusive Positionierung als querdenkender Schöpfer führt dazu, dass Apple zum Bezugspunkt für die Identitäts-Story von anderen Unternehmen wird: So unterstrich das im Bereich Befestigung und Abbautechnik tätige Unternehmen Hilti beispielsweise seine Innovationskraft mit dem Slogan: „Apple der Bauindustrie".[10]

5.2   Identitätsrelevante Aufgabenfelder der Kommunikation

Identitätskommunikation betreiben Unternehmen in oft organisatorisch definierten Aufgabenfeldern der Unternehmenskommunikation (vgl. auch Röttger et al. 2014, S. 188 ff.), und zwar in unterschiedlicher Intensität und mit spezifischem Fokus. So trägt beispielsweise die interne Kommunikation dazu bei, unternehmenspolitische Eckwerte wie Vision, Werte oder Strategie bei den Mitarbeitenden zu verankern. Oder die Marktkommunikation versucht, das Leistungsangebot von Unternehmen gegenüber Kunden und potenziellen Kunden darzustellen und anzupreisen. Die für die Identität eines Unternehmens wichtigsten und prägendsten Aufgabenfelder der Kommunikation werden im Folgenden kurz beschrieben. Die über die Kommunikation hinausreichende organisationale Basisaufgabe des Issues Management ist in Abschn. 6.5.3 dargestellt.

Interne Kommunikation und Veränderungskommunikation
Organisationen konstituieren und entwickeln ihre Identität im Wesentlichen über Kommunikation. Deshalb kommt der internen Kommunikation im umfassenden Sinne – nämlich verstanden als die Summe aller im Unternehmen vertikal und horizontal ablaufenden Kommunikationsprozesse formaler und informaler Art – eine zentrale Bedeutung für

---

[8]In: The Economist, January 30th-February 5th, 2010.
[9]In: SonntagsZeitung, 31. Januar 2010, S. 57.
[10]In: Blick, 10. März 2012, S. 3.

die Unternehmensidentität zu (vgl. Buchholz 2015, S. 832 ff.). Im engeren Sinne meint interne Kommunikation das entsprechende Aufgabenfeld der Unternehmenskommunikation, das primär über den Einsatz von zentral gesteuerten Kommunikationsmitteln wie beispielsweise Mitarbeiterzeitschrift, Intranet, Unternehmens-TV oder Townhall-Meeting die Informationsbedürfnisse der Mitarbeitenden zu befriedigen sucht. Ziel dabei ist es, die Identifikation der Mitarbeitenden mit dem Unternehmen zu fördern, sie zu motivieren und damit letztlich auch ihre Leistungsbereitschaft und Produktivität zu steigern. Begrifflich lässt sich dies auch als interne PR-Arbeit, Mitarbeiterkommunikation (vgl. Szyszka 2015, S. 1116) oder internes Kommunikationsmanagement (vgl. Mast 2014, S. 1126 ff.) bezeichnen. Die interne Kommunikation im engeren Sinn ist im Modell in der Identitätsdimension „Kommunikation" angesiedelt. Die interne Kommunikation im weiteren Sinn hingegen spielt sich in den Identitätsdimensionen Leistungsangebot (z. B. Mitarbeitergespräche bei der Produktentwicklung) und Verhalten (z. B. formelle Führungskommunikation, aber auch informelle Gespräche von Mitarbeitern in der Kaffeepause) ab.

Eine zentrale Bedeutung erhält das Aufgabenfeld interne Kommunikation in Veränderungsprozessen. Interne Kommunikation soll die Veränderungsbereitschaft der Mitarbeiter erhöhen, indem die Veränderungsnotwendigkeit verdeutlicht („sense of urgency"), das Wissen über Ziele, Strategien und Maßnahmen des Change-Prozesses gefördert und Vertrauen in die Unternehmensleitung gesichert wird (vgl. Pfannenberg 2014, S. 1223). Allerdings läuft die interne Kommunikation mit ihren Botschaften ins Leere, wenn diese nicht durch das Verhalten der Unternehmensspitze gestützt wird. So verliert eine Unternehmensführung beispielsweise rasch an Glaubwürdigkeit, wenn sie in einem strategischen Neuausrichtungsprozess mit hohem Kostendruck auf die Mitarbeiter ihre eigenen Gehälter deutlich erhöht.

Medienarbeit

War in früheren Jahren Medienarbeit fast identisch mit PR-Arbeit, so hat sich die Bedeutung dieses Aufgabenfelds in der sich stark ausdifferenzierten Unternehmenskommunikation deutlich relativiert. Insgesamt kommt aber der Medienarbeit zumindest in den Augen von Kommunikationsmanagern immer noch eine hohe bis sehr hohe Bedeutung zu. Dafür sind vier Gründe ausschlaggebend:

- über Medienanalysen können Unternehmen sich und ihre Umwelt ständig beobachten,
- journalistische Medien haben nach wie vor eine große Reichweite,
- Medienarbeit verursacht vergleichsweise geringe Kosten und
- die journalistische Berichterstattung als „Fremdbeschreibung" erhöht die Glaubwürdigkeit der Unternehmensbotschaften (vgl. Hoffjann 2014, S. 672 ff.).

Definitorisch kann man Medienarbeit fassen als „alle Steuerungsversuche gegenüber der Zwischenzielgruppe der Journalisten bzw. der journalistischen Medien, um damit indirekt die journalistischen Publika als eigentliche Zielgruppe der Unternehmenskommunikation zu erreichen" (Hoffjann 2014, S. 680 f.). Dabei lässt sich das Vorgehen in folgenden Modi beschreiben: reaktiv (z. B. auf Medienanfragen), proaktiv (z. B. Themen lancieren) oder interaktiv (z. B. Beziehungspflege; vgl. Mast 2016, S. 384).

Zentrales Kommunikationsmittel der Medienarbeit ist nach wie vor die Medienmitteilung[11], da deren Aussagen autorisierte Selbstbeschreibungen von Organisationen darstellen und ausdrücklich für eine Weiterverbreitung vorgesehen sind (vgl. Szyszka und Christoph 2015, S. 805 ff.). Weitere Instrumente und Mittel der Medienarbeit sind beispielsweise Medienkonferenzen, Mediengespräche und Medienreisen, aber auch das (oft exklusive) Zurverfügungstellen von Geschichten aus dem Unternehmen oder das Anbieten von Interviews mit Vertretern des Top-Managements. Unternehmen bündeln zunehmend ihre textlichen und bildlichen Aussagen auf einer Online-Plattform auf der eigenen Website, im sog. Newsroom.

Das Aufkommen der sozialen Medien und der damit einhergehenden neuen Dialogmöglichkeiten gibt den Unternehmen heute in nie dagewesenem Ausmaß die Möglichkeit, die Medien als Zwischenzielgruppe zu umgehen und direkte Austauschprozesse mit den Stakeholdern zu gestalten. Damit erfährt das Aufgabenfeld der unternehmenseigenen Publizistik, das Corporate Publishing, eine deutliche Veränderung und Ausweitung des Wirkungsfelds. Allerdings sind Unternehmen weiterhin darauf angewiesen, ihre Aktivitäten zusätzlich zu den Selbstbeschreibungen im Rahmen von Corporate Publishing über mediale Fremdbeschreibungen mit Glaubwürdigkeit aufzuladen.

Corporate Publishing

Unter dem Begriff des Corporate Publishing werden sämtliche unternehmenseigenen Publikationen gefasst, von der gedruckten Kundenzeitschrift über den Mitarbeiter-Newsletter bis zum Facebook-Auftritt. Man könnte es deshalb auch als Organisationspublizistik bezeichnen (vgl. Bentele et al. 2015, S. 1040 f.). Nach Weichler (2014, S. 770) ist Corporate Publishing „ein Instrument der Unternehmenskommunikation, das sich der Mittel des Journalismus bedient, um die Aufmerksamkeit von Zielgruppen zu erreichen, die für das Unternehmen relevant sind."

Ein identitätsorientiertes Verständnis von Corporate Publishing bedeutet, dass Unternehmen ihre definierte Identität regelmäßig über ihre eigenen Publikationen vermitteln und damit aktualisieren und stabilisieren. Dies gelingt allerdings nur, wenn das Unternehmen über klar definierte Themen und Botschaften verfügt, die auf den unternehmenspolitischen Eckwerten „Vision", „Werte" und „Strategie" basieren. Wenn diese Botschaften koordiniert und zielgruppengerecht über verschiedene Kanäle vermittelt und verknüpft werden, spricht man auch von Crossmedia Publishing (vgl. Weichler 2014, S. 776 f.).

Eine regelmäßige Themen- und Medienplanung stellt sicher, dass die richtigen Medien mit den richtigen Themen zum richtigen Zeitpunkt bespielt werden. Mit dem sog. Corporate Newsroom haben einige Unternehmen eine Organisationsform gefunden, die es erlaubt, Themen- und Medienplanung sowie deren Umsetzung in einer einzigen organisatorischen Einheit zu bündeln (vgl. auch Abschn. 4.4.3).

---

[11]In Wissenschaft und Praxis wird oft noch der (eigentlich veraltete) Begriff der Pressemitteilung verwendet (vgl. z. B. Szyszka und Christoph 2015, S. 805 f.).

Marketing- und Marktkommunikation

Im traditionellen Marketingverständnis ist Marketingkommunikation als eines der vier Ps im Marketingmix verortet, nämlich als Kommunikationspolitik (s. auch Abschn. 4.1.1). Im Identitätsmodell wäre Marketingkommunikation demnach als Teil der Identitätsdimension „Leistungsangebot" zu betrachten, gesteuert über das Marketingkonzept (vgl. dazu Bruhn 2014).

In einem integrierten Kommunikationsansatz umfasst Marktkommunikation diejenigen Prozesse der Bedeutungsvermittlung, „mit denen die markt- und kundenbeziehungsorientierte Unternehmensführung realisiert wird" (Tropp 2014, S. 1101). Darunter können beispielsweise das Branding oder imagebildende Kundenevents gefasst werden. Marktkommunikation kann deshalb als Disziplin der Unternehmenskommunikation betrachtet werden, wie beispielsweise die interne Kommunikation oder die Online-Kommunikation. Marketingkommunikation ist in diesem Verständnis Teil der Marktkommunikation und kommuniziert absatzorientiert Produkte und Dienstleistungen des Unternehmens. Markt- und Marketingkommunikation fokussieren damit auf die Bezugsgruppe der Kunden oder potenziellen Kunden. Diese stehen im Mittelpunkt der Unternehmenstätigkeit (vgl. Mast 2016, S. 301 ff.). Durch sie erhalten Unternehmen ihre Existenzberechtigung, mit ihnen sichern sie ihre Existenz über die Zeit.

Kunden sind für die Imagebildung und letztlich auch für die Reputation eines Unternehmens insofern von zentraler Bedeutung, als ihre Wahrnehmung durch persönliche Erfahrungen mit dem Unternehmen bzw. seinen Leistungsangeboten geprägt ist. Sie sind in der Lage, mediale Berichterstattung über das Unternehmen positiv oder negativ zu beeinflussen. Und sie sind wichtige Mittler, um die Leistungsangebote weiteren potenziellen Kunden zu empfehlen. Dies kann beispielsweise über das Weiterleiten attraktiv gestalteter Werbebotschaften von Unternehmen über Social-Media-Kanäle an Freunde und Kollegen geschehen (Viralmarketing; vgl. Tropp 2014, S. 1114 ff.).

Online-Kommunikation und Social Web

Die Kommunikationsaktivitäten von Unternehmen haben sich in den vergangenen Jahren zunehmend in den digitalen Raum verschoben. Dort kommunizieren die Unternehmen mit realen oder virtuellen Zielgruppen, wobei letztere nur im Netz erreichbar sind (vgl. Pleil 2015, S. 1017). Eines der wichtigsten Ziele dabei ist – analog zu den Offline-Kommunikationsaktivitäten eines Unternehmens – der Aufbau und die Sicherung von Reputation.[12] Eine strategisch verstandene Online-Kommunikation von Unternehmen „umfasst alle gesteuerten Kommunikationsaktivitäten in Internet und Social Web, die der internen und externen Handlungskoordination mit Stakeholdern und der Interessenklärung dienen und damit einen Beitrag zur Realisierung der übergeordneten Unternehmensziele […] leisten sollen" (Pleil 2014, S. 736).

---

[12]In der Literatur wird der Begriff der digitalen Reputation immer noch häufig gebraucht, auch wenn Pleil und Zerfaß (2014, S. 738) erkennen, dass „je stärker die Wahrnehmung von Unternehmen, Marken und Produkten durch das Internet erfolgt, desto eher scheint das Konstrukt einer gesonderten digitalen Reputation überflüssig zu werden."

Die im digitalen Raum stattfindenden Austauschprozesse finden rund um die Uhr und mit enormem Tempo statt. Das Social Web ermöglicht neue und direkte Kommunikationsprozesse zwischen Unternehmen und Stakeholdern sowie zwischen Stakeholdern. Dies schafft neue Öffentlichkeiten, die oft untereinander hoch vernetzt sind (vgl. Pleil 2015, S. 1020).

Damit existiert ein *vormedialer Kommunikationsraum*, der auch verstanden werden kann „als Gesamtheit dynamischer, netzwerkartig organisierter digitaler Öffentlichkeiten" (Pleil 2015, S. 1023). In diesem Raum werden oft neue Themen aufgegriffen und diskutiert, die am Anfang ihrer Karriere stehen. Meistens bleiben diese aber innerhalb einer extrem kleinen Öffentlichkeit, einige schaffen aber auch eine rasante, u. U. globale Verbreitung. Dabei kann das Aufgreifen der Themen durch die klassischen Medien – der vormediale Raum ist ein idealer Recherchepool – eine verstärkende Wirkung entfalten.

Das Internet und im Besonderen das Social Web haben die Kommunikationsarena für Unternehmen vielfältiger, komplexer und weniger steuerbar gemacht. Der Austausch mit und zwischen den Stakeholdern ist einfacher und schneller geworden. Dabei gilt es zu beachten, dass auch im Netz eine Minderheit von Meinungsführern den Löwenanteil der Inhalte liefert (vgl. Schindler und Liller 2014, S. 89 ff.). Durch ein professionelles Monitoring sind Unternehmen zwar in der Lage, die Diskussionen auf den digitalen Plattformen mitzuverfolgen und sich mit eigenen Botschaften einzubringen, eine Steuerung wie in früheren Zeiten ist jedoch kaum mehr möglich. Mitarbeitende, Kunden und Eigentümer eines Unternehmens vernetzen sich heute virtuell und bilden Communities, die Unternehmen sehr schnell unter Druck setzen können. Unternehmen, die Widersprüche in den Identitätsdimensionen zeigen, beispielsweise zwischen den Botschaften der Marketingkommunikation und dem Verhalten der Verkaufsmitarbeiter, werden in diesen Communities sehr schnell thematisiert und skandalisiert. Der beste Reputationsschutz ist deshalb auch im digitalen Raum eine möglichst hohe Konsistenz der einzelnen Identitätsdimensionen und ein hohes Alignement von Unternehmenspolitik und Identität.

5.3 Identitätsorientierte Kommunikation in unterschiedlichen Organisationstypen

Identitätsorientierte Kommunikation sieht sich je nach Organisationstyp aufgrund der gegebenen Rahmenbedingungen unterschiedlichen Herausforderungen gegenüber. Der Autonomiegrad sowie die organisationale Refinanzierungsform bestimmen weitgehend die strategischen und operativen Optionen eines Unternehmens, den Ressourceneinsatz und damit auch die Kommunikationsarbeit. So finanzieren sich beispielsweise der Staat über *Zwangsabgaben*, Vereine und Verbände über *Mitgliedsbeiträge aus der internen Umwelt*, Umweltorganisationen über *Alimentierung aus der externen Umwelt* und Wirtschaftsunternehmen über *Abgaben für erstellte Leistungen* (vgl. Kette 2012, S. 26). Die in den folgenden Unterkapiteln beschriebenen Organisationstypen werden in Wissenschaft und Praxis am häufigsten diskutiert.

5.3.1 Wirtschaftsunternehmen

Wirtschaftsunternehmen unterscheiden sich von anderen Organisationstypen im Wesentlichen durch drei Merkmale, die sich ihrerseits auf die Identitätsvermittlung und das Kommunikationsmanagement auswirken. Grundlegend für Wirtschaftsunternehmen ist erstens ihre „Refinanzierungsform": Sie finanzieren sich über Abgaben für erstellte Leistungen, wobei die Abnahmebereitschaft der Leistungen im Wettbewerbsumfeld unsicher und ständigen Wechseln ausgesetzt ist (vgl. Kette 2012, S. 26 ff.). Diese Abhängigkeit vom Marktabsatz führt zum einen zu einem hohen Stellenwert des Marketings im Kommunikationsmix eines Unternehmens, zum anderen dazu, dass die Wahrnehmung des Unternehmens stark durch seine Produkte geprägt ist. Durch die Refinanzierungsform von Wirtschaftsunternehmen wird die Differenzierung und eindeutige Positionierung von Produkt und Unternehmen zu einer vordringlichen Kommunikationsaufgabe.

Zweitens haben Unternehmen stets Eigentümer, deren Investitionen an Renditeerwartungen gekoppelt sind (vgl. Kette 2012, S. 28 ff.). Dies führt zu einem Druck zur Erwirtschaftung von Profiten und damit zu einer „Formalzieldominanz" (Krummenacher und Thommen 2012, S. 76): Formalziele wie Gewinn oder Produktivität sind grundsätzlich höher gewichtet als Sachziele wie Produktqualität oder Umweltschutz. Oft kollidieren diese aus Sicht der Eigentümer zentralen Formalziele mit den Interessen und Ansprüchen anderer Stakeholder-Gruppen. Hier ist die Kommunikation gleich doppelt gefordert: Sie hat diese unterschiedlichen Ansprüche im Sinne der Anpassungsprozesse in die unternehmerischen Entscheidungsprozesse einzubringen und sie hat gleichzeitig bei den Stakeholdern Akzeptanz für die Formalziele zu schaffen (vgl. Niederhäuser und Rosenberger 2017).

Drittes Charakteristikum von Unternehmen ist deren relativ hohe „Entscheidungsautonomie" (Kette 2012, S. 25 ff.). Im Rahmen von Gesetzen und Normen entscheiden sie eigenständig über unternehmerische Belange. Diese Autonomie bezieht sich nicht nur auf Unternehmenswerte, -strategie, und -ziele, sondern auch auf den Unternehmenszweck. So können Unternehmen ihre „Missions" verändern, wenn sie sich dadurch bessere Marktchancen ausrechnen. Diese im Vergleich zu Non-Profit-Organisationen und Verwaltungen höhere Zweckmobilität führt dazu, dass das Selbstverständnis des Unternehmens und dessen Sinnhaftigkeit nicht per se gegeben sind, sondern gezielt über den Aufbau und die Pflege einer Unternehmensidentität geschaffen werden müssen. Der Unternehmenskommunikation kommt dabei eine doppelte Rolle zu: Sie ist einerseits selbst Ausdruck und damit Gestalterin der Unternehmensidentität, anderseits vermittelt sie zentrale Identitätsbotschaften nach innen und außen.

Um ihre (Profit-)Ziele zu erreichen, sind Wirtschaftsunternehmen zentral darauf angewiesen, dass ihnen die Stakeholder Vertrauen entgegenbringen. Dieses aufzubauen und zu erhalten ist vordringliche Aufgabe des Kommunikationsmanagements. Und dies gelingt nur, wenn sämtliche Identitätsdimensionen zusammenspielen und sich definierte und reale Identitätsmanifestationen nicht widersprechen.

5.3.2   Internationale Unternehmen

Im Unterschied zu den nur in einem einzigen Markt operierenden Wirtschaftsunternehmen erhöhen in *internationalen Unternehmen* zusätzliche unternehmensinterne und -externe Faktoren die Komplexität der Kommunikationsarbeit. Politische, rechtliche, ökonomische, technologische wie auch soziokulturelle Unterschiede einzelner Länder bzw. Märkte müssen in der Kommunikation mitberücksichtigt werden. Ziel der grenzüberschreitenden Kommunikationsarbeit ist es meist, eine globale Reputation und konsistente Images bei den Stakeholdern aufzubauen (vgl. Huck-Sandhu 2016, S. 432).

Dabei sind zwei grundlegende Ansätze auf ihre Tauglichkeit zu prüfen. Die Kommunikationsstrategie rückt entweder die Unterschiede oder die Gemeinsamkeiten der verschiedenen Länder oder Märkte in den Vordergrund. Je nachdem spricht man von einer *Standardisierungsstrategie* (Kommunikation so einheitlich wie möglich) oder von einer *Differenzierungsstrategie* (Ausrichtung der Kommunikation auf nationale oder marktspezifische Bedürfnisse). Häufig wird dabei eine Mischstrategie gewählt: die *standardisierte Differenzierung*. Dabei wird nach dem Grundsatz „So global wie möglich, so lokal wie nötig" gehandelt (vgl. Huck-Sandhu 2016, S. 425 ff.).

Es ist durchaus üblich und oft auch notwendig, die Strategie pro Aufgabenfeld zu variieren. So sind etwa Investor Relations ein klassisches Beispiel für ein hoch standardisiertes Aufgabenfeld der Unternehmenskommunikation. Die globalen Finanzmärkte und deren Akteure handeln nach ähnlichen Routinen und sind international gut vernetzt. Im Gegensatz dazu lässt sich beispielsweise die Medienarbeit oft nur auf regionaler Ebene erfolgreich umsetzen. Die persönlichen Kontakte des Mediensprechers zu den Journalisten, aber auch die Akzeptanz der sprachlichen Gestaltung einer Medienmitteilung sind regional verortet, was nach einer ausgeprägten Differenzierungsstrategie verlangt (vgl. Huck-Sandhu 2016, S. 436).

Um das Ziel von weltweit konsistenten Images bei den Anspruchsgruppen zu erreichen, muss die Kommunikation die zur Marke verdichtete Identität über möglichst wirkungsvolle Kanäle weltweit verbreiten. Dabei kommt den Mitarbeitern eine besondere Rolle zu: Sie sind die Botschafter fürs Unternehmen in den jeweiligen Märkten und sie tragen die Unternehmenswerte, aber auch das Leistungsangebot am glaubwürdigsten zu Kunden und anderen Stakeholdern.

5.3.3   Staatliche Organisationen

Wer Kommunikationsmanagement für staatliche Organisationen – insbesondere für Regierungen und Verwaltungen – verantwortet, muss ganz besondere Rahmenbedingungen beachten. Wichtigste Anspruchsgruppe und damit Empfängergruppe der Kommunikation sind die Bürger, die gleichzeitig auch Auftraggeber der staatlichen Organisationen sind (vgl. Liebert 2015, S. 620). Die Bürger finanzieren über Zwangsabgaben in Form von Steuern sämtliche staatlichen Aktivitäten mit, darunter auch die Kommunikationsarbeit. Im Unterschied zu Wirtschaftsunternehmen besteht für den Bürger keine freie Wahl, ob er das „Produkt" kaufen will oder nicht. Zudem ist die Autonomie staatlicher Organisationen stark eingeschränkt. Unternehmenspolitische Weichenstellungen müssen politisch breit abgestützt und durch den Volkswillen legitimiert sein.

Das Kommunikationsmanagement von Regierungen und Verwaltungen erfüllt in der Regel zwei Funktionen. Einerseits muss es informieren, aufklären und den Dialog befördern. In vielen Staaten, darunter auch in Deutschland, Österreich und der Schweiz, hat in den letzten Jahren ein Paradigmenwechsel vom Geheimhaltungsgrundsatz zum Öffentlichkeitsprinzip stattgefunden und damit der Informationsfunktion eine neue Qualität verliehen. Andererseits hat das Kommunikationsmanagement auch eine machtorientierte Funktion. Es soll Akzeptanz für politische Vorhaben und Vertrauen in die politischen Akteure schaffen und letztlich deren Machterhalt sichern (vgl. Köhler und Schuster 2006, S. 19).

Staatliche Organisationen haben in den letzten Jahren auf die steigenden Anforderungen und Erwartungen der Bürger mit einer Professionalisierung ihrer Kommunikation reagiert. So werden beispielsweise im Rahmen der „Online-Demokratie" zunehmend auch von Behörden Social-Media-Plattformen kommunikativ bespielt (vgl. Stücheli et al. 2014). Der quantitative und qualitative Ausbau der Kommunikationsarbeit – oft auch unter Mithilfe von Beratern oder „Spin Doctors" (Tenscher und Esser 2015, S. 586) – setzt die Behörden aber zunehmend dem Propagandaverdacht aus. Dieses Dilemma zu lösen ist letztlich wiederum eine Kommunikationsaufgabe.

Der Spielraum von Regierung und Verwaltung in Bezug auf unternehmenspolitische Entscheidungen und damit auch auf die Konstitution und Veränderung von Identität ist kleiner als derjenige von wirtschaftlichen Organisationen. Die Bürger bestimmen über ihr Wahlverhalten, aber auch über konkrete Erwartungen an staatliches Handeln die Identitätsentwicklung von Regierung und Verwaltung maßgeblich mit. So wird kundenorientiertes Verhalten nicht nur von marketinggetriebenen Wirtschaftsorganisationen, sondern zunehmend auch von staatlichen Organisationen erwartet und eingefordert.

Regierungen und Verwaltungen müssen sich bewusst sein, dass ihr Einfluss auf die Reputation des von ihnen verwalteten staatlichen Gebildes, z. B. einer Stadt oder eines Landes, beschränkt ist. Sie sind nämlich nur Akteure unter vielen, deren Aktivitäten image- und damit reputationsbildend wirken. Die Bundesregierungen von Deutschland, der Schweiz oder von Österreich inklusive der Verwaltungen repräsentieren zwar ihr Land und beeinflussen dessen Images auch ein Stück weit mit; die Reputation dieser Länder wird jedoch geprägt durch eine Vielzahl von Organisationen und Personen, auf welche die Regierungen wenig oder keinen Einfluss haben.

5.3.4 Non-Profit-Organisationen

Non-Profit-Organisationen (NPO) richten ihre Tätigkeit auf die Erreichung eines oft idealistisch motivierten Sachziels aus. Allerdings wird in der Regel parallel dazu ein

Gewinnziel verfolgt, da die NPO ihre Tätigkeit sichern und ausbauen will (vgl. Fröhlich und Peters 2015, S. 634). „Produkte" der NPO sind dabei Leistungsabgaben (z. B. Brunnenbau im Entwicklungsland) bzw. eine Beeinflussungsleistung (z. B. Aids-Aufklärung).

Diese Zielerreichung verursacht Kosten, die von der NPO im Ressourcenbeschaffungsmarkt über Spenden, Beiträge, Mitglieder oder ehrenamtliche Helfer gedeckt werden müssen. Für die NPO erfolgskritisch sind deshalb Marketing- und PR-Aktivitäten im Beschaffungsmarkt. Dabei ist der Kampf um Spendergelder besonders heikel: Die starke Konkurrenz im Spendenmarkt erfordert besonders aufmerksamkeitserregende Aktionen, die wiederum Anlass zu Kritik bei der spendenwilligen Bevölkerung, aber auch bei den eigenen Mitarbeitern geben. „Die würden das Geld besser den Bedürftigen zukommen lassen", ist ein häufig geäußertes Argument gegen solche als kostspielig wahrgenommenen Marketing-Aktivitäten.

Die oft kritische Ressourcenlage führt bei NPO dazu, dass die Kommunikationsarbeit meist mit knappen finanziellen und personellen Ressourcen auskommen muss. Die Einbeziehung ehrenamtlicher Helfer auch in der Kommunikationsarbeit führt zu einem inhärenten Professionalisierungsproblem.

Im Vergleich zu profitorientierten Organisationen genießen NPO in der öffentlichen Kommunikation einen Vertrauens- und Glaubwürdigkeitsvorschuss. Die Aufnahmebereitschaft und Akzeptanz der verbreiteten Botschaften ist deutlich höher als bei Wirtschaftsunternehmen. Das Vertrauen muss die NPO aber laufend rechtfertigen, indem sie wahrhaftig, transparent, offen und umfassend agiert und kommuniziert (vgl. Fröhlich und Peters 2015, S. 638). Diskussionen um hohe Administrationskosten oder zu hohe Löhne schlagen sehr schnell negativ auf die Organisation zurück und beschädigen die Reputation. Mit anderen Worten: Die definierte Identität muss auf einer verantwortungsvollen und transparenten Unternehmenspolitik basieren; und sie muss gelebt werden. Ein Auseinanderklaffen von definierter und realer Identität beschädigt die Glaubwürdigkeit und damit auch die Reputation empfindlich.

NPO mit einem hohen Anteil an ehrenamtlichen Mitarbeitern haben zudem ein inhärentes Identitätsproblem. Diese identifizieren sich nämlich oft stärker mit der zu erreichenden Mission als mit der Organisation dahinter. Sie wollen Gutes tun, sich aber nicht unbedingt in organisationale Strukturen einordnen. Umso wichtiger ist hier ein gesteuertes Identitätsprogramm, mit welchem die ehrenamtlichen Mitarbeiter in Bezug auf das Angebot, aber eben auch bzgl. des Verhaltens und der Kommunikation geschult werden.

Literatur

Abott, H. P. (2007). Story, plot and narration. In D. Herman (Hrsg.), *The Cambridge companion to narrative* (S. 39–51). Cambridge: Cambridge University Press.

BASF Venture Capital. (2009). www.basf-vc.de/fileadmin/templates/img/flash_movie/BVC_Equity_Story.pdf. Zugegriffen: 5. Nov. 2016.

Bentele, G., Hoepfner, J., & Liebert, T. (2015). Corporate publishing. In R. Fröhlich, P. Romy, & G. Bentele (Hrsg.), *Handbuch der Public Relations. Wissenschaftliche Grundlagen und beruf-*

liches Handeln. Mit Lexikon (3., überarb. und erw. Aufl., S. 1039–1054.) Wiesbaden: Springer VS.

Bird, S. (2007). Sensemaking and identity. The interconnection of storytelling and networking in a women's group of a large corporation. In *Journal of Business Communication, 44*(4), 311–339.

Brown, A. D. (2006). A narrative approach to collective identities. In *Journal of Management Studies, 43*(4), 731–753.

Bruhn, M. (2014). *Marketing. Grundlagen für Studium und Praxis* (12., überarb. Aufl.). Wiesbaden: Springer-Gabler.

Buchholz, U. (2015). Interne Unternehmenskommunikation. In R. Fröhlich, P. Szyszka, & G. Bentele (Hrsg.), *Handbuch der Public Relations. Wissenschaftliche Grundlagen und berufliches Handeln. Mit Lexikon* (3., überarb. und erw. Aufl., S. 831–850). Wiesbaden: Springer VS.

Christensen, L. T., & Cornelissen, J. (2013). Bridging corporate and organizational communication: Review, development and a look to the future. In A. Zerfaß, et al. (Hrsg.), *Organisationskommunikation und Public Relations* (S. 43–72). Wiesbaden: Springer VS.

Cornelissen, J. P., Haslam, A. S., & Balmer, J. M. T. (2007). Social identity, organizational identity and corporate identity: Towards an integrated understanding of processes, patternings and products. *British Journal of Management, 18,* 1–16.

Fludernik, M. (2007). Identity/alterity. In D. Herman (Hrsg.), *The Cambridge companion to narrative* (S. 260–273). Cambridge: Cambridge University Press.

Fog, K., Budtz, C., Munch, P., & Blanchette, S. (2010). *Storytelling. Branding in practice* (2. Aufl.). Berlin: Springer.

Frenzel, K., Müller, M., & Sottong, H. (2006). *Storytelling. Das Praxisbuch.* München: Hanser.

Fröhlich, R., & Peters, S. B. (2015). Non-Profit-PR. In R. Fröhlich, P. Szyszka, & G. Bentele (Hrsg.), *Handbuch der Public Relations. Wissenschaftliche Grundlagen und berufliches Handeln. Mit Lexikon* (3., überarb. und erw. Aufl., S. 631–649.) Wiesbaden: Springer VS.

Geiger, D. (2006). *Wissen und Narration. Der Kern des Wissensmanagements.* Berlin: Schmidt.

Herman, D. (2007). Introduction. In D. Herman (Hrsg.), *The Cambridge companion to narrative* (S. 3–21). Cambridge: Cambridge University Press.

Hoffjann, O. (2014). Presse und Medienarbeit in der Unternehmenskommunikation. In A. Zerfaß, & M. Piwinger (Hrsg.), *Handbuch Unternehmenskommunikation. Strategie – Management – Wertschöpfung* (2., vollst. überarb. Aufl., S. 671–690). Wiesbaden: Springer-Gabler.

Huck-Sandhu, S. (2016). Internationale Unternehmenskommunikation. In C. Mast, S. Huck-Sandhu, & M. Hubbart, *Unternehmenskommunikation. Ein Leitfaden* (6., bearb. und erw. Aufl., S. 423–452). Stuttgart: UTB.

Isaacson, W. (2011). *Steve Jobs. Die autorisierte Biografie des Apple-Gründers.* München: C. Bertelsmann.

Kette, S. (2012). Das Unternehmen als Organisation. In M. Apelt & V. Tacke (Hrsg.), *Handbuch Organisationstypen* (S. 21–42). Wiesbaden: Springer VS.

Köhler, M. M., & Schuster, C. H. (Hrsg.). (2006). *Handbuch Regierungs-PR. Öffentlichkeitsarbeit von Bundesregierungen und deren Beratern.* Wiesbaden: VS Verlag.

Krummenacher, A., & Thommen, J.-P. (2012). *Einführung in die Betriebswirtschaft. Mit Bankbetriebs- und Versicherungslehre* (4., vollst. überarb. und erw. Aufl.). Zürich: Versus.

Liebert, T. (2015). Berufsfeld Kommunen/kommunale PR. In R. Fröhlich, P. Szyszka, & G. Bentele (Hrsg.), *Handbuch der Public Relations. Wissenschaftliche Grundlagen und berufliches Handeln. Mit Lexikon* (3., überarb. und erw. Aufl., S. 615–630). Wiesbaden: Springer VS.

Mark, M., & Pearson, C. S. (2001). *The hero and the outlaw. Building extraordinary brands through the power of archetypes.* New York: McGraw-Hill.

Mast, C. (2014). Interne Unternehmenskommunikation: Mitarbeiter führen und motivieren. In A. Zerfaß, & M. Piwinger (Hrsg.), *Handbuch Unternehmenskommunikation. Strategie – Management – Wertschöpfung* (2., vollst. überarb. Aufl., S. 1121–1140). Wiesbaden: Springer-Gabler.

Mast, C. (2016). *Unternehmenskommunikation.* (Ein Leitfaden 6., überarb. und erw. Aufl.). Konstanz: UVK.

Niederhäuser, M., & Rosenberger, N. (2017). Strategische Kommunikation an der Unternehmensidentität ausrichten. In M. Holenweger (Hrsg.), *Anwendungsgebiete und Grundlagen Strategischer Kommunikation.* Nomos: Baden-Baden.

Nix, P. (2005). Investor Relations – Die unternehmerische Herausforderung nach dem Börsengang. In K. R. Kirchhoff & M. Piwinger (Hrsg.), *Praxishandbuch Investor Relations. Das Standardwerk der Finanzkommunikation* (S. 299–315). Wiesbaden: Springer-Gabler.

Pfannenberg, J. (2014). Veränderungskommunikation: Grundlagen und Herausforderungen durch Social Media. In A. Zerfaß & M. Piwinger (Hrsg.), *Handbuch Unternehmenskommunikation. Strategie – Management – Wertschöpfung* (2., vollst. überarb. Aufl., S. 1221–1236). Wiesbaden: Springer-Gabler.

Pleil, T. (2015). Online-PR. Vom kommunikativen Dienstleister zum Katalysator für ein neues Kommunikationsmanagement. In R. Fröhlich, P. Szyszka, & G. Bentele (Hrsg.), *Handbuch der Public Relations. Wissenschaftliche Grundlagen und berufliches Handeln. Mit Lexikon* (3., überarb. und erw. Aufl., S. 1017–1038). Wiesbaden: Springer VS.

Pleil, T., & Zerfaß, A. (2014). Internet und Social Media in der Unternehmenskommunikation. In A. Zerfaß & M. Piwinger (Hrsg.), *Handbuch Unternehmenskommunikation. Strategie – Management – Wertschöpfung* (2., vollst. überarb. Aufl., S. 731–753). Wiesbaden: Springer-Gabler.

Rometsch, M. (2008). *Organisations- und Netzwerkidentität. Systemische Perspektiven.* Wiesbaden: Springer-Gabler.

Rosenberger, N. (2013). An der Unternehmensidentität und über sie schreiben. PR-Konzepte planen, entwerfen und verbessern. In P. Stücheli-Herlach & D. Perrin (Hrsg.), *Schreiben mit System: PR-Texte planen, entwerfen und verbessern* (S. 41–52). Wiesbaden: Springer VS.

Rosenberger, N., & Wieder, R. (2014). Der Text zu den Zahlen. Vertrauensfördernde Argumentation in Geschäftsberichten der Schweizer Grossbanken UBS und Credit Suisse während der Finanzkrise ab dem Jahr 2007. In M. Stumpf, & S. Wehmeier (Hrsg.), *Kommunikation in Change und Risk. Wirtschaftskommunikation unter Bedingungen von Wandel und Unsicherheit.* (Europäische Kulturen in der Wirtschaftskommunikation, Bd. 18, S. 271–289). Wiesbaden: Springer VS.

Röttger, U., Preusse, J., & Schmitt, J. (2014). *Grundlagen der Public Relations. Eine kommunikationswissenschaftliche Einführung* (2., aktual. Aufl.). Wiesbaden: Springer VS.

Ryan, M.-L. (2007). Toward a definition of narrative. In D. Herman (Hrsg.), *The Cambridge companion to narrative* (S. 22–35). Cambridge: Cambridge University Press.

Schindler, M.-C., & Liller, T. (2014). *PR im Social Web. Das Handbuch für Kommunikationsprofis* (3. Aufl.). Köln: O'Reillly.

Schmid, W. (2008). *Elemente der Narratologie* (2., verbesserte Aufl.). Berlin: De Gruyter.

Schmieja, P. (2012). *Untersuchung der Bedeutung des Storytelling für die werteorientierte Kommunikation innerhalb der internen Unternehmenskommunikation.* Master-Thesis, eingereicht an der Fachhochschule, Stuttgart.

Schreyögg, G., & Geiger, D. (2003). Wenn alles Wissen ist, ist Wissen am Ende nichts?! *Die Betriebswirtschaft (DBW), 63*(1), 7–22.

Schultz, M., Hatch, M. J., & Larsen, M. H. (2000). *The expressive organization. Linking identity, reputation, and the corporate brand* (S. 157–181). Oxford: Oxford University Press.

Stücheli-Herlach, P. et al. (2014). Welche Online-Demokratie brauchen wir? Befunde und Perspektiven zum Web 2.0-Einsatz in der Behördenkommunikation. *Jahrbuch der Schweizerischen Verwaltungswissenschaften, 2017,* 123–140.

Stücheli-Herlach, P., & Perrin, D. (2013). Schreiben mit System. Texte planen, entwerfen und verbessern für die medienkonvergente PR. In P. Stücheli-Herlach & D. Perrin (Hrsg.), *Schreiben mit System: PR-Texte planen, entwerfen und verbessern* (S. 15–38). Wiesbaden: Springer VS.

Szyszka, P. (2015). Stichwörter Interne Kommunikation und Interne PR-Arbeit. In R. Fröhlich, P. Szyszka, & G. Bentele (Hrsg.), *Handbuch der Public Relations. Wissenschaftliche Grundlagen und berufliches Handeln. Mit Lexikon* (3., überarb. und erw. Aufl., S. 1116). Wiesbaden: Springer VS.

Tenscher, J., & Esser, F. (2015). Berufsfeld Politik. In R. Fröhlich, P. Szyszka, & G. Bentele (Hrsg.), *Handbuch der Public Relations. Wissenschaftliche Grundlagen und berufliches Handeln. Mit Lexikon* (3., überarb. und erw. Aufl., S. 585–596). Wiesbaden: Springer VS.

Tropp, J. (2014). Marketingkommunikation als Teil der Unternehmenskommunikation. In A. Zerfaß & M. Piwinger (Hrsg.), *Handbuch Unternehmenskommunikation. Strategie – Management – Wertschöpfung* (2., vollst. überarb. Aufl., S. 1099–1120). Wiesbaden: Springer-Gabler.

Van Riel, C. B. M. (2000). Corporate communication orchestrated by a sustainable corporate story. In M. Schultz, M. J. Hatch, & M. Holtens Larsen (Hrsg.), *The expressive organization. Linking identity, reputation and the corporate brand.* (S. 157–181). Oxford: Oxford University Press.

Wehmeier, S., Rademacher, L., & Zerfaß, A. (2013). Organisationskommunikation und Public Relations: Unterschiede und Gemeinsamkeiten. Eine Einleitung. In A. Zerfaß, et al. (Hrsg.), *Organisationskommunikation und Public Relations* (S. 7–24). Wiesbaden: Springer VS.

Weichler, K. (2014). Corporate Publishing: Publikationen für Kunden und Multplikatoren. In A. Zerfaß & M. Piwinger (Hrsg.), *Handbuch Unternehmenskommunikation. Strategie – Management – Wertschöpfung* (2., vollst. überarb. Aufl., S. 767–785). Wiesbaden: Springer-Gabler.

Wyss, V. (2011). Narration freilegen. Zur Konsequenz der Mehrsystemrelevanz als Leitdifferenz des Qualitätsjournalismus. In R. Blum, H. Bonfadelli, K. Imhof, & O. Jarren (Hrsg.), *Krise der Leuchttürme öffentlicher Kommunikation. Vergangenheit und Zukunft der Qualitätsmedien* (S. 31–47). Wiesbaden: VS Verlag.

Von der Identität zu Image und Reputation

6

Zusammenfassung

Image und Reputation sind mentale Konstrukte der Fremdwahrnehmung. Während sich Images in der Regel bezugsgruppenspezifisch ausbilden, ist Reputation die in der Kommunikationsarena verhandelte Bewertung eines Unternehmens hinsichtlich Kompetenz, Integrität und Sympathie. Images sind dabei Basis für den Reputationsaufbau. Reputation als „Ruf der Vertrauenswürdigkeit" setzt Vertrauen voraus und fördert Vertrauen. Vertrauen wird geschaffen, indem die Erwartungen wichtiger Bezugsgruppen zuverlässig erfüllt werden. Die Erwartungen beziehen sich auf die Erfüllung des Leistungsauftrags (funktionale Reputation, Kriterium: Kompetenz), auf das Berücksichtigen von gesellschaftlichen Normen und Werten (soziale Reputation, Kriterium: Integrität) und die Attraktivität (expressive Reputation, Kriterium: Sympathie). Images und Reputation lassen sich von Unternehmen nur über eigenes Handeln und entsprechendes Kommunizieren beeinflussen. Identitätsmanagement – verstanden als Definieren, Implementieren, Kommunizieren, Überprüfen und Anpassen der Unternehmensidentität – ist deshalb als Teil des Reputationsmanagements zu begreifen. Der Kommunikation kommt dabei eine doppelte Rolle zu: als Produzentin und Vermittlerin der Identität einerseits, als Seismograf für die Erwartungen und Ansprüche der Stakeholder andererseits. Im identitätsorientierten Kommunikationsmanagement, das auf Reputation abzielt, sind insbesondere Markenkommunikation, Stakeholder-Dialog und Issues Management zentrale Mittel. Ebenso wichtig ist das Etablieren von Strukturen, welche die Identitäts-, Abstimmungs- und Anpassungsprozesse sicherstellen.

© Springer Fachmedien Wiesbaden GmbH 2017   109
M. Niederhäuser und N. Rosenberger, *Unternehmenspolitik, Identität und Kommunikation,* DOI 10.1007/978-3-658-15702-9_6

6.1   Das Wahrnehmungskonstrukt Image

Bisher wurde gezeigt, wie sich die Identität eines Unternehmens in Produkten, Verhalten, Symbolen und Kommunikationsmitteln manifestiert. Nun wird der Blick auf das Umfeld des Unternehmens gerichtet. Dabei geht es um *Projektionen,* die das Unternehmen bei den Stakeholdern durch sein Agieren auslöst.

Wenn Unternehmen handeln, stehen sie mit ihrem Umfeld in ständigen Austauschbeziehungen. Über diese Interaktionen – sei es über die Transaktion von Ressourcen oder mittels Kommunikation – werden sie wahrnehmbar. Je nach Bezugsgruppe findet die Interaktion über andere Unternehmensfunktionen statt. Die Beziehungen zum Kunden beispielsweise werden primär über Marketing, Vertrieb und Kundendienst gestaltet, jene zu den Kapitalgebern von der Geschäftsleitung und der Finanzabteilung. Die *Austauschbeziehungen* realisieren sich damit zum einen über das Leistungsangebot sowie über Handlungen und Verhalten von Organisationsmitgliedern als Repräsentanten einer Unternehmensfunktion, zum anderen über die Unternehmensfunktion Kommunikation, die gezielt und intentional mit den Bezugsgruppen kommuniziert. Ziel dabei ist, die Wahrnehmungen und Meinungen in den spezifischen Meinungsmärkten und in der Kommunikationsarena mitzugestalten.

Diese Wahrnehmungen sind nicht eindeutig. Vielmehr ist die Sicht der Bezugsgruppen auf ein Unternehmen durch selektives Aufnehmen von Informationen und durch deren Bewertung geprägt. Diese Informationen werden einerseits in der direkten Interaktion mit dem Unternehmen und durch die Wahrnehmung der Kommunikationsaktivitäten des Unternehmens gewonnen. Andererseits prägen auch indirekt erhaltene Informationen über das Unternehmen dessen Bild. So beeinflussen beispielsweise Aussagen von Bezugspersonen über das Unternehmen die Wahrnehmung genauso wie Erfahrungen mit Produkten von Konkurrenzunternehmen oder Informationen, die den klassischen und sozialen Medien entnommen werden. Aus dieser Fülle von Informationen werden jene ausgewählt, interpretiert und bewertet, die der jeweiligen Person bedeutsam erscheinen. Effekte dieses Verarbeitungsprozesses sind konkrete Vorstellungsbilder von einem Unternehmen, sog. Images.

Ein *Unternehmensimage* kann als ein gegenüber der Realität „vereinfachtes, dabei aber immer noch komplexes dynamisches System von Vorstellungen und Bewertungen" verstanden werden. Es ist das Ergebnis der wechselseitigen Beeinflussung von „individueller Biographie, inner- und außerbetrieblichen Kommunikationsrealitäten und -strategien sowie den realen Produkt- und Dienstleistungsangeboten" (Bergler 2008, S. 327). Aus diesen Wechselwirkungen heraus erklärt sich denn auch, dass ein Unternehmen nicht ein einziges Image, sondern verschiedene Images hat. Die Vorstellungsbilder bilden sich in der Regel bezugsgruppenspezifisch aus. So nehmen Kunden ein Unternehmen anders wahr als Kapitalgeber oder Mitarbeiter.

Einen Sonderfall stellen dabei die Vorstellungen der Mitarbeiter dar: Ihr Blick auf das Unternehmen wird nicht nur über die interne Kommunikation und die Implementie-

rung der definierten Identität geprägt, sondern ebenso über die in der Kommunikationsarena verhandelten Informationen. Deshalb werden im Modell des identitätsorientierten
Kommunikationsmanagements die Vorstellungsbilder der Mitarbeiter ebenfalls als eine
bezugsgruppenspezifische Außensicht verstanden.

Bei der Imagebildung laufen verschiedene Prozesse ab (vgl. Bergler 2008, S. 328):

- Informationen werden vereinfacht und typologisiert.
- Einzelerfahrungen werden verallgemeinert.
- Einzelne Aspekte werden ausgewählt und verdeutlicht.
- Eine positive oder negative Bewertung findet statt.

Je stärker ein Vorstellungsbild mit Emotionen verknüpft ist, desto weniger rasch lässt es
sich durch davon abweichende Informationen verändern. Die Stabilität der Vorstellungsbilder nimmt jedoch ab, wenn eine erhebliche Diskrepanz zwischen konkreten Erfahrungen und Image auftritt.

Images sind „Systeme von Merkmalsgruppierungen". Sie bestehen entsprechend aus
verschiedenen Dimensionen. Grundsätzlich kann unterschieden werden zwischen einem
„allgemeinen Unternehmensimage", das sich über die Zuschreibung von Sympathie,
Attraktivität oder Glaubwürdigkeit ausbildet, und einem „speziellen Unternehmensimage". Dieses umfasst ganz unterschiedliche *Imagedimensionen* wie beispielsweise
ökonomische Potenz, Forschungs-, Entwicklungs- und technologische Kompetenz, Pro-
dukt- und Markenkompetenz, Kundenorientierung, kommunikative Kompetenz oder
Führungskompetenz (vgl. Bergler 2008, S. 329). Imageerhebungen fragen sowohl das
generelle Unternehmensimage als auch die spezifischen Zuschreibungen bzgl. der verschiedenen Dimensionen ab. Eine Imagemessung gibt somit Auskunft darüber, wie das
Unternehmen bei den Bezugsgruppen wahrgenommen wird.

Beispiel PricewaterhouseCoopers

PricewaterhouseCoopers ermittelt regelmäßig sein Image bei Kunden und bei Mitarbeitern. Dabei kommen unterschiedliche Instrumente zum Einsatz. Mit dem weltweit
durchgeführten Brand Health Index werden die Images des Wirtschaftsprüfungs- und
Beratungsunternehmens im Geschäftsmarkt erhoben. Die interne Wahrnehmung wird
durch den Global People Survey, die weltweite Mitarbeiterbefragung, evaluiert. Mittels „Net promotor Scores" wird die Kundenloyalität gemessen (s. ausführliche Fallbeschreibung Abschn. 8.4).

Images ermöglichen Orientierung und vermindern Unsicherheit. Damit wirken sie „mei-
nungs-, verhaltens- und handlungsbestimmend" (Herger 2006, S. 162) und haben einen
betriebswirtschaftlichen Wert, der auf unterschiedlichen Ebenen und in verschiedenen
Kontexten wirksam ist (vgl. Bergler 2008, S. 331):

- Als Unternehmenswert ist „Image" Bestandteil des immateriellen Geschäftswerts, der sich beispielsweise in der Aktienkursbewertung niederschlägt.
- Als Kontaktwert erleichtern Images das Knüpfen von Geschäftsbeziehungen.
- Als Motivationswert beeinflussen Images die Leistungsbereitschaft von Mitarbeitern.
- Als Nachfragewert kann sich ein attraktives Unternehmensimage positiv auf die Personalrekrutierung auswirken.
- Als Kommunikationswert erhöhen attraktive Images die Wahrscheinlichkeit, dass die Informationen des Unternehmens von Massenmedien und sozialen Medien aufgenommen werden.
- Als Immunisierungswert können Images Unternehmen in kritischen Situationen teilweise davor schützen, dass ihnen Kompetenz und Glaubwürdigkeit abgesprochen werden.

6.2   Aufbau und Pflege von Images

Das Wahrnehmungskonstrukt Image umfasst die Vorstellungen, die Stakeholder von einem Unternehmen, einem Produkt, der Unternehmensmarke oder einer Person haben. Wahrnehmbar ist ein Unternehmen ausschließlich über seine Identitätsmanifestationen und über das Markenversprechen. Ausgehend davon kann Image als Wahrnehmung der kommunizierten Identität und der realen Identitätsmanifestationen verstanden werden. Die Basis von Imagebildung und -steuerung ist die Kommunikation. Sie kann via *Stakeholder-Kommunikation* und *Markenversprechen* das Image beeinflussen. Im Extremfall kann ein Image allein durch Kommunikation aufgebaut werden (vgl. Helm 2007, S. 41).

Wie wichtig es ist, dass Selbst- und Fremdbild nicht zu stark voneinander abweichen, zeigt das Beispiel der Deutschen Bahn. Deren Selbstbild, die definierte Identität, hat sich in den vergangenen Jahren vom Staatsbetrieb hin zu einem weltweit agierenden, führenden Mobilitäts- und Logistikunternehmen entwickelt. Das Leitbild der Deutschen Bahn ist mit dem Titel „Zukunft gestalten" (Leitbild Deutsche Bahn, aktualisiert 2012) überschrieben. Von ihren Stakeholdern wird die Deutsche Bahn jedoch noch immer nicht als marktwirtschaftlich agierendes und zukunftsgerichtetes Unternehmen wahrgenommen. Angesichts immer stärker verspäteter Züge, unzufriedenerer Kunden und fehlender Anpassungen des Leistungsangebots an veränderte Mobilitätsbedürfnisse ist das Image der Bahn seit langer Zeit sehr negativ (vgl. Heeg 2015).

Rüdiger Grube, der seit Mai 2009 amtierender Vorstandsvorsitzende der Deutschen Bahn AG ist, sprach kurz nach seinem Amtsantritt von einer „verzerrten Wahrnehmung". Statt Fakten würden negative Vorurteile die Wahrnehmung bestimmen. Abhilfe schaffen sollte die gezielte Kommunikation von Tatsachen. Dabei nahm die Bahn die Medien ins Visier. In einer eigens für Journalisten zusammengestellten Information wurden die

2 Die Bahn erhöht die Preise wie sie will.

Stimmt: Ein Zugticket kostet heute mehr als vor zehn Jahren, ebenso wie ein Pfund Butter, die Tankfüllung oder eine Pizza beim Italiener. Die Bahn muss wachsende Personal-, Lohn- und Energiekosten auffangen. Aber: Es fahren so viele Fahrgäste mit Sonder- und Aktionsangeboten wie nie zuvor. Mehr als 80 Prozent der verkauften Tickets im Nah- und Fernverkehr sind rabattiert – vom Dauer-Spezial über die Sparpreise bis zum Quer-durchs-Land-Ticket. Während bei vielen anderen Produkten die Qualität bestenfalls gleich geblieben ist, gestaltet sich das Reisen mit der Bahn deutlich komfortabler und schneller. Allein die Rund-um-Erneuerung mit einem kräftigen Re-Design der gesamten ICE1-Flotte macht deutlich, wie angenehm Reisen heute sein kann.

3 Das Auto fährt preiswerter als die Bahn.

Bahnmuffel verbreiten gern den Mythos vom kostengünstigen Auto. Das stimmt auf den ersten Blick, wenn man einfach nur Benzinkosten und Ticketpreis vergleicht. Legt man allerdings die wahren Ausgaben zugrunde, die auch der ADAC empfiehlt, also Verschleiß an Bremsen und Reifen, Wertverlust und Unterhaltskosten, Steuern und Versicherung, dann fährt die Bahn nicht teurer, sondern deutlich billiger – und vor allem stressfreier.

Vergleich Fahrtkosten Bahn vs. Auto
in Euro

			Ersparnis gegenüber dem Auto
Berlin – München	328	127	≈ 67 %
Wolfsburg – Hannover	51	22,50	≈ 46 %
Berlin – Nauen	19	3,80	≈ 80 %

Quelle: DB Mobil Check: bei den Autokosten wurden Steuern, Versicherungen und Wertverlust mit eingerechnet.

Abb. 6.1 Imagekorrektur mittels Kommunikation von Fakten. (Copyright: DB 2009. Fakten. Informationen für Journalisten. S. 11.)

„beliebtesten Vorurteile über die Bahn" mit „Fakten" kontrastiert.[1] 20 Vorurteile, vom unfreundlichen Zugpersonal über teure Tarife, schmutzige und überlastete Züge bis hin zum einseitig auf Profit ausgerichteten Unternehmen, wurden mittels Zahlen und Fakten zu entkräften versucht (s. Abb. 6.1).

Vorstandsvorsitzender Grube räumte in der Informationsbroschüre allerdings ein, dass das schlechte Image bei Kunden und überzeugten Nicht-Kunden nicht allein durch Vorurteile und kritische Berichterstattung erzeugt werde und deshalb auch nicht nur durch eine andere Darstellung in den Medien beeinflusst werden könne. Es gehe auch darum, eine „neue Unternehmenskultur" zu etablieren, in der die Werte, die für den Veränderungsprozess zentral sind, zu kollektiv vertretenen Einstellungen und Haltungen führen (vgl. Deutsche Bahn 2009, S. 9).

---

[1]Die von der Deutschen Bahn unter dem Titel „Fakten. Informationen für Journalisten" herausgegebene Broschüre wurde im November 2009 den Fachmagazinen „journalist" und „prmagazin" beigelegt.

Generell gilt, dass ein Unternehmen die Wahrnehmungen in der vernetzten Kommunikationsarena heute nur noch bedingt steuern kann. Dem Versuch, die Berichterstattung der Medien durch gezielte Informationen der Journalisten positiv zu beeinflussen, stehen die Möglichkeiten der digitalen Kommunikation gegenüber, in der sich jeder öffentlich und in beliebiger Weise über das Unternehmen äußern kann.

Sehr wohl steuerbar hingegen ist die *Übereinstimmung* von *Unternehmenspolitik, definierter Identität* und *realen Manifestationen*. Dabei reicht es bei weitem nicht aus, eine definierte Identität mittels Imagekampagne nach außen zu vermitteln. Vielmehr muss sichergestellt werden, dass sich die definierte Identität aus der Unternehmenspolitik ableitet und ihre Manifestationen aufeinander abgestimmt sind. Durch konsequentes Implementieren der definierten Identität kann die *Kongruenz von Selbst- und Fremdbild* zumindest annähernd sichergestellt werden.

Zusammenfassend kann festgehalten werden, dass sich Images hauptsächlich über eine identitätsorientierte Unternehmenskommunikation aufbauen und pflegen lassen. Diese versteht sich sowohl als Ausdruck als auch als Vermittlerin der Unternehmensidentität. Im Idealfall verdichtet die Marke die Identität und spitzt sie zu. Neben der *Markenkommunikation* konzentriert sich *identitätsorientiertes Kommunikationsmanagement* darauf, *Themen* zu lancieren und zu vermitteln, die an zentrale Aspekte der Unternehmensidentität anschließen.

Beispiel Kubo

Die ungestützt abgefragte Wahrnehmung des mittelständischen Industrieunternehmens Kubo bei seinen Kunden zeigt eine hohe Übereinstimmung von Selbst- und Fremdbild. Auf die Aufforderung hin, zwei Begriffe zu nennen, um Kubo Tech zu beschreiben, wurden die beiden Adjektive „kompetent" und „zuverlässig" am häufigsten genannt. Diese Wahrnehmung entspricht weitgehend dem Selbstverständnis des Unternehmens, das sich über die Werte „Problemlösungskompetenz", „Präzision" und „Effizienz" definiert. Der Markenclaim „Wir machen es möglich" bringt diese zentralen Werte auf den Punkt. Diese hohe Kongruenz von Selbst- und Fremdbild geht gleichermaßen auf eine konsequente Markenpolitik und -kommunikation als auch auf das Umsetzen des definierten Identitätsverhaltens zurück (s. ausführliche Fallbeschreibung Abschn. 8.3).

6.3   Verhältnis von Image und Reputation

Image und Reputation sind mentale Konstrukte, mit denen die Fremdwahrnehmungen erfasst werden. In der Fachliteratur werden sie ganz unterschiedlich zueinander in Beziehung gesetzt. Grundsätzlich existieren zwei Sichtweisen: In der einen werden die beiden Konstrukte synonym verwendet, in der anderen werden sie voneinander abgegrenzt. In letzterer Tradition wird Reputation entweder als ein die verschiedenen Images übergreifendes Konstrukt gefasst oder aber als eine Dimension des Unternehmensimage neben anderen begriffen (vgl. zu diesen verschiedenen Konzeptionen Helm 2007, S. 33–38). Im hier vorliegenden Modell wird *Reputation* als eigenständiges Konstrukt verstanden, das sich aus den verschiedenen Images speist und sich durch die Thematisierung in der Kommunikationsarena herausbildet. Allein schon die Wortbedeutungen „Bild" (Image) und „Ruf" (Reputation) legen nahe, die beiden Konstrukte auf unterschiedlichen Ebenen anzusiedeln (s. Abb. 6.2).

Grundsätzlich erfüllen beide Konstrukte dieselben sozialpsychologischen Funktionen: Sie stiften Orientierung, ermöglichen Zu- und Einordnungen und wirken entlastend (vgl. Mast 2016, S. 45 ff.). Unterschiede ergeben sich hingegen in Bezug auf die Wahrnehmungs- und Verarbeitungsprozesse. Während sich Images primär in der Wahrnehmung des Individuums ausprägen, wobei Individuen, die derselben Bezugsgruppe zugehörig sind, ähnliche Vorstellungen herausbilden, setzt Reputation Kommunikation zwischen den verschiedenen Stakeholder-Gruppen voraus. Die Thematisierung des Unternehmens in der Kommunikationsarena spielt deshalb bei der Reputation eine zentrale Rolle (vgl. Helm 2007, S. 45).

Schließlich drücken beide Konstrukte Unterschiedliches aus: Während über Images Merkmalszuschreibungen gemacht werden, stellt Reputation eine Bewertung von Eigenschaften und Handlungen und damit der Leistungsfähigkeit eines Unternehmens dar (vgl. Helm 2007, S. 46). Reputation lässt sich deshalb in einem absoluten Wert ausdrücken. Entsprechend kann ein Unternehmen eine hohe oder eine niedrige Reputation

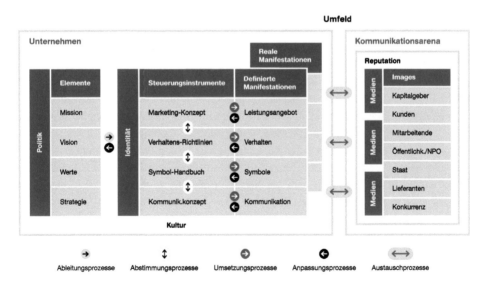

Abb. 6.2 Verhältnis von Image und Reputation. (Eigene Darstellung)

haben, nicht aber eine Reputation als attraktiver Arbeitgeber. Images hingegen können als Set von qualitativen Aussagen erhoben werden.[2]

6.4   Das Bewertungskonstrukt Reputation

Während Images stark vereinfachte, typisierte und gruppenspezifische Vorstellungsbilder sind, werden in der Reputation die verschiedenen Images zu einem absoluten Wert des Ansehens aggregiert. Daraus ergibt sich der Ruf eines Unternehmens, der für die Vergabe von Vertrauen zentral ist. *Vertrauen* wird geschaffen durch das zuverlässige Erfüllen von Erwartungen wichtiger Bezugsgruppen (s. Abschn. 3.4.). Die Erwartungen beziehen sich dabei auf unterschiedliche Aspekte (vgl. Eisenegger und Imhof 2009, S. 246 f.):

- Erwartungen bzgl. der Erfüllung des Leistungsauftrags: Das Bewertungskriterium dieser sog. *funktionalen Reputation* ist die Kompetenz, mit der das Reputationsobjekt seinen Zweck erfüllt. Für Unternehmen spielen dabei u. a. der wirtschaftliche Erfolg, die Qualität der Produkte oder die Innovationsfähigkeit eine Rolle.
- Erwartungen bzgl. der Berücksichtigung gesellschaftlicher Normen und Werte: Der Messpunkt für die *soziale Reputation* ist die Integrität des Reputationsobjekts.
- Die Erwartungen bzgl. der emotionalen Attraktivität und Authentizität des Unternehmens: Die *expressive Reputation* entwickelt sich in Abhängigkeit von funktionaler und sozialer Reputation und wirkt zugleich auf diese ein. Die Bündelung von funktionaler, sozialer und expressiver Reputation ergibt die Gesamtreputation.

Die Erwartungen im Bereich der funktionalen Kompetenz bilden sich damit hauptsächlich aufgrund der Identitätsdimension „Leistungsangebot", sekundär durch die Dimensionen „Verhalten" und „Kommunikation" heraus. Für die Erwartungen im Bereich „Integrität" ist die Dimension „Verhalten" von entscheidender Bedeutung. Die emotionalen Erwartungen bzgl. Attraktivität und Anziehungskraft werden im Wesentlichen durch die Manifestationen der Dimensionen „Kommunikation" und „Symbole" geprägt.

Grundsätzlich gilt: Wer eine hohe Reputation genießt, dem wird vertraut. Und umgekehrt gilt: Wem vertraut werden kann, der genießt eine hohe Reputation. Vertrauen basiert auf der Erwartung, dass sich der Vertrauensnehmer in der Zukunft so verhalten wird, wie er es in der Vergangenheit getan hat oder wie er es verspricht.

Ein verbreitetes Instrument zur Messung von Reputation ist der Reputation Quotient von Fombrun (vgl. Wiedmann et al. 2007). Wesentlich dabei sind 20 Indikatoren, die

---

[2]Im Zuge des Bemühens, die Wertschöpfung der Kommunikation quantifizierbar zu machen, gibt es verschiedene Vorschläge, wie der Wert von Images berechnet werden könnte. Im Kennzahlensystem CommunicationControlCockpit von Rolke (2005) beispielsweise wird der Zusammenhang zwischen Kommunikationsleistung, Gesamtimagewert des Unternehmens und Unternehmenserfolg messbar zu machen versucht.

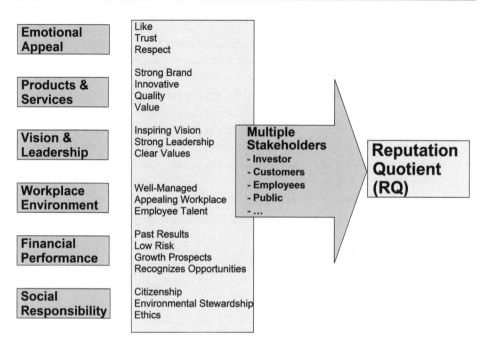

Abb. 6.3 Reputationsmessung mittels Reputation Quotient. (Wiedmann et al. 2007, S. 325)

sich zu sechs Reputationsfaktoren verdichten lassen: „Emotional Appeal", „Products & Services", „Vision & Leadership", „Workplace Environment", „Financial Performance", „Social Responsibility" (s. Abb. 6.3).[3] Stakeholder beurteilen in Befragungen die jeweiligen Unternehmen vor dem Hintergrund dieser 20 Indikatoren. Die Ergebnisse der einzelnen Indikatoren werden in Ranglisten zusammengefasst und schließlich zu einer Gesamtreputation summiert. Bei diesem Messverfahren wird die öffentliche Meinung (der Stakeholder), nicht die veröffentlichte Meinung (der Medien) gemessen, wobei letztere natürlich insofern einen Einfluss auf die Bewertung hat, als die Medienberichterstattung über das Unternehmen die Meinung der Stakeholder mitprägt.

In der Weiterentwicklung des Reputation-Quotient-Frameworks (vgl. Wiedmann 2012) ist die emotionale Einstellung gegenüber dem Unternehmen nicht mehr eine von sechs Reputationsdimensionen, sondern die Größe, die auf die Reputation am unmittelbarsten wirkt. Im sog. RepTrak-Konzept wird die affektive Wahrnehmung des Unternehmens aufgefächert in die Emotionen „Esteem", „Admire", „Trust" und „Feeling" und

---

[3]Die sechs Reputationsfaktoren lassen sich den drei Reputationstypen zuordnen: Der Faktor „Emotional Appeal" entspricht der expressiven Dimension, während die Faktoren „Products & Services", „Financial Performance" und „Vision & Leadership" der funktionalen Dimension entsprechen. Die Faktoren „Social Responsibility" und „Workplace Environment" schließlich stimmen in etwa mit der sozialen Reputation überein.

als „Pulse" bezeichnet. Aus diesem „Pulse" ergibt sich die Reputation. Die Metapher „Pulse" signalisiert, dass Reputation für ein das Unternehmen unterstützendes Stakeholder-Verhalten ausschlaggebend ist. Beeinflusst wird die emotionale Wahrnehmung durch die sieben Reputationsdimensionen „Products & Services", „Innovation", „Workplace", „Governance", „Citizenship", „Leadership" und „Performance".

In Anlehnung an die hier erwähnten Reputationskonzepte wird Reputation im Modell der identitätsorientierten Kommunikation als in der Kommunikationsarena verhandelte Bewertung eines Unternehmens hinsichtlich seiner Kompetenz, Integrität und Attraktivität verstanden. Damit kann Reputation als „beurteilte Identität" bezeichnet werden (Fleischer 2015, S. 62). Die Images der verschiedenen Stakeholder fließen in diese Bewertung ein. Für Unternehmen ist diese wertende Fremdwahrnehmung insofern relevant, als sie Komplexität reduziert, Orientierung stiftet und Vertrauen ermöglicht.

6.5   Identitätsmanagement als Teil des Positionierungs- und Reputationsmanagements

Unternehmen haben eine hohe Reputation, wenn sie sich so verhalten, wie es die verschiedenen Stakeholder erwarten: wirtschaftlich erfolgreich, innovativ, integer und mit entsprechendem Leistungsangebot. Neben dieser Anpassung an die Erwartungen der Stakeholder ist es für Unternehmen mit hoher Reputation jedoch unerlässlich, sich deutlich von anderen zu unterscheiden, das heißt, eine unverwechselbare Identität zu haben. Reputation basiert denn auch auf einer „erfolgreichen Identitätsbalance" (Eisenegger 2005, S. 31). Unternehmen müssen sich selbst treu bleiben und zugleich den verschiedenen Ansprüchen der Stakeholder gerecht werden. Diese Ansprüche müssen ins Selbstbild integriert werden, ohne den Kern der eigentlichen Identität zu verwässern. *Identitätsmanagement* – verstanden als Definieren, Implementieren, Kommunizieren, Überprüfen und Anpassen der Unternehmensidentität – muss deshalb als Teil des *Reputationsmanagements* begriffen werden. Der Kommunikation kommt dabei eine doppelte Rolle zu: als Produzentin und Vermittlerin der Identität einerseits und als Seismograf für die Erwartungen und Ansprüche der Stakeholder andererseits. Identitätsorientiertes Kommunikationsmanagement, das die Reputation mit zu beeinflussen sucht, setzt dazu verschiedene Mittel und Verfahren ein, u. a. Markenkommunikation, Stakeholder-Dialog und Issues Management.

6.5.1   Markenkommunikation

Reputation setzt ein hohes Maß an *Bekanntheit* und eine eindeutige *Positionierung* voraus. Unternehmenskommunikation kann beides leisten. Sie setzt dazu informierende und persuasive Verfahren ein. Einen zentralen Part in Bezug auf die Positionierung übernimmt die Markenkommunikation. Die Unternehmensmarke vermittelt die unverwechselbare Identität nach innen und außen, skizziert die Erwartungen, die das Unternehmen zu erfüllen verspricht, und bietet Identifikationspotenzial. Das Selbstbild, das definiert, wofür die Marke steht, wird als Markenidentität bezeichnet. Die Markenidentität legt die Kompetenz der Marke fest („Wer bin ich?"), die Benefits („Was biete ich?"), die Markentonalität („Wie bin ich?") und die Markenikonografie („Wie trete ich auf?"; vgl. Muth und Immetsberger 2007, S. 274). Kommunikationsanlässe wie Hauptversammlung oder Bilanzpressekonferenz und deren Begleitkommunikationsmittel wie Geschäftsberichte und Pressemappen unterstützen den Markenaufbau. Mittels Mediawerbung kann die Markenbekanntheit gezielt erhöht werden. Imagewerbung ist in der Lage, rationale und emotionale Botschaften zu vermitteln und an die Marke zu koppeln. Kampagnen und Imagebroschüren sind deshalb für die Markenkommunikation wesentlich. Für die Markenstärke entscheidend sind darüber hinaus die Konsequenz und Konsistenz der vermittelten Inhalte. Letztlich sollten alle Botschaften, die an die verschiedenen Bezugsgruppen übermittelt werden, sich aus der Marke ableiten und dieser nicht widersprechen (vgl. Muth und Immentsberger 2007, S. 276).

Die Unternehmensmarke wirkt stark auf die *expressive Reputationsdimension*. Denn einerseits vermittelt Markenkommunikation Emotionen, andererseits wirkt ein Unternehmen, das eine gut eingeführte und als stark wahrgenommene Marke hat, attraktiv. Ziel der Markenkommunikation auf Unternehmensebene ist es, eine Top-of-mind-Position in der Wahrnehmung der Stakeholder einzunehmen.

Wichtig für die Positionierung ist darüber hinaus die Vermittlung all jener *Informationen,* die für die Wahrnehmung und Beurteilung der Kriterien der funktionalen und sozialen Reputation notwendig sind. Kompetenz wird vermittelt über Jahresberichte, Aktionärsbriefe, Analystenevents oder Leistungsangebotsbeschreibungen. Innovationen werden primär mittels Medienarbeit und Kundenkommunikation kommuniziert. Auf die soziale Reputation wirkt die Corporate-Social-Responsibility-Kommunikation. Sie setzt primär auf das Kommunikationsmittel Umwelt- und Nachhaltigkeitsbericht sowie auf Events.

6.5.2   Stakeholder-Dialog

Geht es darum, nicht nur ein gewünschtes Image, sondern auch einen guten Ruf zu erlangen, genügt es nicht, Kommunikation ausschließlich auf Wissensaufbau und Einstellungsprägung der Stakeholder auszurichten. Die asymmetrischen Vorgehensweisen im Sinne von Grunig und Hunt (1984), die auf Information und Persuasion setzen, müssen durch symmetrische Kommunikation ergänzt werden, die den Dialog zwischen Unternehmen und Stakeholdern nicht nur zur Klärung der Erwartungen, sondern ebenso zur Klärung der Integration dieser Ansprüche in das Selbstverständnis des Unternehmens einsetzt.

Mittels Stakeholder-Management-Ansatz sollen die vielfältigen Ansprüche, die an eine Organisation gestellt werden, erkannt und bewirtschaftet werden. Zentrale Aufgabe ist es, die Beziehungen und Interessen der Stakeholder so zu integrieren, dass die

Organisation langfristig erfolgreich sein kann. Prämisse des Stakeholder-Management-Ansatzes ist die „öffentliche" Organisation, die neben „Realkapital" auch „Sozialkapital" – sprich Akzeptanz – produziert (vgl. Karmasin 2007, S. 74). Organisationen streben gemäß diesem Verständnis nicht nur nach der Erfüllung ihrer Partikularinteressen, sondern haben ebenso die Erfüllung von Ansprüchen und die Sicherung des Wohlergehens der Stakeholder sicherzustellen. Als Folge davon müssen alle legitimen Ansprüche in die unternehmerischen Entscheidungen einbezogen werden. Dies können juristische, aber auch ethische Ansprüche sein. Identitätsorientiertes Kommunikationsmanagement leistet über die systematischen Anpassungsprozesse einen wesentlichen Beitrag zur Erfassung von strategiekritischen Stakeholder-Interessen und deren Integration in Unternehmenspolitik und Identität.

Will Kommunikation einen Beitrag zur Reputationspflege leisten, dann hat sie im Sinne der „exzellenten Kommunikation" (Dozier et al. 1995, S. 1–19) eine grundsätzlich *symmetrische Ausrichtung* zu etablieren, die nicht primär auf massenmediale Vermittlung, sondern auf interpersonale Kommunikation setzt und damit die Vermittlung der divergierenden Interessen ermöglicht. Dies kann auch im kontinuierlichen Austausch mit dem Unternehmen gegenüber kritisch eingestellten Gruppen gelingen. Web 2.0 eröffnet darüber hinaus neue Wege, um die von außen an ein Unternehmen gestellten Erwartungen zu erfassen (vgl. Duhé und Wright 2013).

Kommunikation im Dienst des Stakeholder-Managements ist vorab Legitimationskommunikation. Sie ist im Kern proaktiv und dialogisch und sollte der Forderung nach Transparenz entsprechen. Eine als Stakeholder-Dialog angelegte symmetrische Ausrichtung der Kommunikation macht den Weg frei für das *Erwartungsmanagement in Bezug auf Kompetenz und Integrität*.

6.5.3   Issues Management

Reputation kann nicht ausschließlich mittels Kommunikation aufgebaut werden. Denn die Erwartungen der Stakeholder wirken auf die Unternehmenspolitik zurück und können eine Anpassung derselben notwendig machen. Ansprüche und Erwartungen im Bereich der sozialen Reputationsdimension können die normative Ebene der Werte tangieren, während Aspekte der funktionalen Reputation u. U. zu einer Reformulierung von Teilen der Unternehmensstrategie führen. Sicht- und spürbar werden solche Anpassungen jedoch erst in ihrer praktischen Umsetzung und damit in der Ableitung in definierte Identität. Reputationsmanagement erfüllt aus dieser Perspektive betrachtet letztlich den Zweck, Vorstellungen und Ansprüche der Stakeholder mit der definierten Identität abzugleichen.

Inwiefern die Erwartungen einzelner Stakeholder oder der Gesellschaft als Ganzes mit der Strategie und der Geschäftspolitik kompatibel sind, kann mittels Issues Management geklärt werden. *Issues* sind Themen, die gemäß Ingenhoff und Röttger (vgl. 2008, S. 324 f.):

- für die Öffentlichkeit von Interesse sind und kontrovers diskutiert werden,
- die Handlungsspielräume einer Organisation und die Erreichung ihrer strategischen Ziele potenziell oder tatsächlich beeinflussen können,
- für eine Organisation Risiken oder Chancen darstellen und
- Konfliktpotenzial aufweisen.

Issues Management ist ein „systematisches Verfahren, das durch koordiniertes Zusammenwirken von strategischen Planungs- und Kommunikationsfunktionen interne und externe Sachverhalte, die eine Begrenzung strategischer Handlungsspielräume erwarten lassen oder ein Reputationsrisiko darstellen, frühzeitig lokalisiert, analysiert, priorisiert und aktiv durch Maßnahmen zu beeinflussen versucht, sowie diese hinsichtlich ihrer Wirksamkeit evaluiert" (Ingenhoff und Röttger 2008, S. 327). Hier bietet sich aber auch die Chance, Issues, die für die positive Positionierung Potenzial aufweisen, frühzeitig zu erfassen. Die aktive Bearbeitung solcher Issues kann reputationsfördernd sein. Werden außerdem negative Issues frühzeitig erkannt, können Reputationsschäden verhindert werden.

Um Issues zu identifizieren, wird das Umfeld mittels Scanning auf mögliche Issues hin abgesucht. Dabei kommen induktive Umfeldbeobachtungen wie Medieninhaltsanalysen, Auswertung von Datenbanken, Webscreening, Weblogs von Meinungsführern, Expertengespräche oder SWOT-Analysen zum Einsatz. Mittels Monitoring werden die als relevant erkannten Issues kontinuierlich und gezielt beobachtet. Dies kann mittels wiederholter Befragungen einer repräsentativen Stichprobe geschehen, durch Expertengespräche, Inhaltsanalyse der Medienberichterstattung und der Auswertung diverser Quellen wie Reklamationen, Außendienstberichte, Kundenbesuche, Kundenbefragungen, Branchenberichte, Verbandsinformationen, Interviews mit austretenden Mitarbeitern oder Mitarbeiterbefragungen.

Als relevant eingestufte Issues werden bzgl. Relevanz und Dringlichkeit bewertet, aufgrund aktueller und vergangener Erfahrungen wird die zukünftige Entwicklung des Issues mittels Prognosetechniken eingeschätzt. Bewertung und Forecasting sind die Voraussetzung für die Selektion derjenigen Issues, die aktiv bearbeitet werden müssen. Für diese müssen Handlungs- und Kommunikationsstrategien entwickelt werden. Ziel ist die Entwicklung von kohärenten Positionen und abgestimmten Botschaften. Die Evaluation bezieht sich summativ auf die Ergebniskontrolle und formativ auf die Beurteilung des Issues-Management-Prozesses.

Basis des Issues Management ist ein gut funktionierendes Netzwerk von ausgewählten und ausgebildeten Experten in den wichtigsten Unternehmensbereichen („Scanner"/„Networker" nach Ingenhoff und Röttger 2008, S. 339). Issues Management muss möglichst abteilungs- und funktionsübergreifend organisiert sein, damit die Belange verschiedenster Bezugsgruppen berücksichtigt werden. Stakeholder-Dialoge mit ausgewählten Mitgliedern der verschiedenen Bezugsgruppen spielen dabei eine wichtige Rolle.

Issues Management unterstützt die Geschäftsleitung darin, fundierte Entscheidungen und abgestimmt Positionen auf der Ebene Unternehmenspolitik oder auf der Ebene einzelner Identitätsdimensionen zu entwickeln. Dabei ist dieser Prozess nicht auf die Unternehmenskommunikation beschränkt. Vielmehr werden alle betroffenen Unternehmensbereiche einbezogen. Issues Management stellt die *Einbeziehung des identitätsorientierten Kommunikationsmanagements in die strategische Unternehmensplanung* sicher.

Die Unternehmenskommunikation bringt in den verschiedenen Phasen des Issues Managements ihre Kompetenzen ein:

- Sie beobachtet laufend die Kommunikationsarena und unterstützt damit das Scanning und Monitoring von Issues. Dies sollte stets mit Blick auf die vier Identitätsdimensionen und deren spezifische Merkmale geschehen.
- Sie berät die Issues-Management-Verantwortlichen bei der Analyse der Issues und bei der Wahl einer Handlungsstrategie.
- Sie entwickelt eine Kommunikationsstrategie, welche die gewählte Handlungsstrategie optimal unterstützt.
- Im Rahmen der Evaluation beobachtet sie die Kommunikationsarena und meldet die Reaktionen der Stakeholder zurück, insbesondere jene der Medien.

6.5.4 Verankerung des Reputationsmanagements

Obwohl die meisten Unternehmen in den vergangenen 15 Jahren Reputation zu einer zentralen Zielgröße erklärt haben, gibt es bislang kaum eine spezifische Unternehmensfunktion, die für das Reputationsmanagement verantwortlich ist. In Unternehmen, in denen das Kommunikationsmanagement identitätsorientiert ausgestaltet ist, könnte sich die Rolle des Chief Communication Officers (CCO) in Richtung Chief Reputation Officer (CRO) entwickeln. Dann wäre der Kommunikationschef nicht mehr nur für die Identitätsdimension „Kommunikation" verantwortlich, sondern darüber hinaus befugt, die aus Reputationssicht zentralen Schnittstellen von Unternehmenspolitik und Identität gezielt zu bearbeiten (s. Abb. 6.4).

Es gibt bereits einzelne Konzerne, die jene Unternehmensbereiche zusammenfassen, die für die Identitätsentwicklung und Wahrnehmung in der Kommunikationsarena zentral sind. So sind beispielsweise bei der schweizerischen Großbank Credit Suisse die drei Bereiche „Human Resources", „Communications" und „Branding" einem Konzernleitungsmitglied unterstellt. Abgesehen von einer strukturellen Verortung kann Reputationsmanagement auch über strategisches Identitätsmanagement entwickelt werden.

Beispiel PricewaterhouseCoopers (PwC)

Kernelemente der Marke PwC sind „building relationsship" und „creating value". Beide Werte beziehen sich sowohl auf die Mitarbeiter als auch auf die Kunden. Im Leitbild „PwC Experience" wird definiert, wie sich das Unternehmen gegenüber Mit-

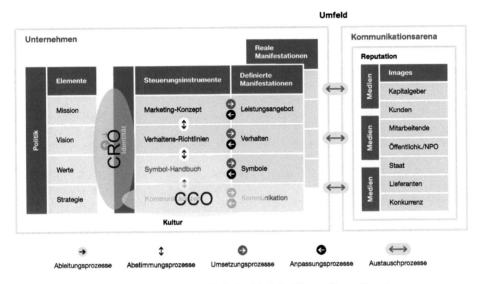

Abb. 6.4   Der Chief Reputation Officer (CRO) im Modell. (Eigene Darstellung)

arbeitern und Kunden verhalten will. Als Dienstleistungsunternehmen ist für PwC das Verhalten der Mitarbeiter wesentlicher Teil des Leistungsangebots und entsprechend wichtig für die Positionierung. Um die Erwartungen der Kunden erfüllen zu können, hat PwC für zwölf Standardsituationen das Verhalten von Mitarbeitern und Vorgesetzten skizziert, damit der PwC-Puls spürbar wird. Die Entwicklung dieser „Moments of Truth" wurde während eines Jahres von einer Programmgruppe entwickelt, die vom Chief Operation Officer geleitet wurde. Mitglied der Gruppe waren der CEO sowie die Unternehmensfunktionen Business Development, Human Relations, Knowledge Management und Unternehmenskommunikation. Human Resources und Kommunikationsabteilung waren für die Verankerung der Verhaltensregeln in den internen Ausbildungsprogrammen verantwortlich. Darüber hinaus definierte die Unternehmenskommunikation die verbale Identität als Ausdruck der PwC-Experience. Die Unternehmenskommunikation von PwC übernimmt damit über die kommunikative Vermittlung von Identität und Marke hinaus sehr viele Aufgaben im Bereich der gezielten Identitätsentwicklung in enger Zusammenarbeit mit anderen Unternehmensfunktionen (s. ausführliche Fallbeschreibung Abschn. 8.4).

Reputationsmanagement muss im Unternehmen gezielt etabliert werden. Dazu sind Strukturen zu etablieren, die insbesondere die Identitäts-, Abstimmungs- und Anpassungsprozesse sichern und eine gezielte Identitätsentwicklung und -umsetzung über alle Identitätsdimensionen hinweg ermöglichen.

Literatur

Bergler, R. (2008). Identität und Image. In G. Bentele, R. Fröhlich, & P. Szyszka (Hrsg.), *Handbuch der Public Relations. Wissenschaftliche Grundlagen und berufliches Handeln. Mit Lexikon* (2., korrigierte und erweiterte Auflage, S. 321–334). Wiesbaden: Springer VS.

Deutsche Bahn (2009). Fakten. Informationen für Journalisten.

Deutsche Bahn (2012). Leitbild www.deutschebahn.com/de/konzern/konzernprofil/leitbild.html. Zugegriffen: 11. Jan. 2016.

Dozier, D. M., Grunig, L. A., & Grunig, J. E. (1995). *Manager's guide to excellence in public relations and communication management.* Mahwah: Routledge.

Duhé, S. & Wright D. K. (2013). Symmetry, social media, and the enduring imperative of two-way communication. In K. Sriramesh, A. Zerfaß & J.-N. Kim (Hrsg.), *Public Relations and Communication Management. Current Trends and Emerging Topics* (S. 93–107). New York: Routledge.

Eisenegger, M. (2005). *Reputation in der Mediengesellschaft: Konstitution – Issues Monitoring – Issues Management.* Wiesbaden: Springer.

Eisenegger, M., & Imhof, K. (2009). Funktionale, soziale und expressive Reputation – Grundzüge einer Reputationstheorie. In U. Röttger (Hrsg.), *Theorien der Public Relations. Grundlagen und Theorien der PR-Forschung* (2. aktualisierte und erweiterte Auflage, S. 243–264). Wiesbaden: Springer.

Fleischer, A. (2015). *Reputation und Wahrnehmung. Wie Unternehmensreputation entsteht und wie sie sich beeinflussen lässt.* Wiesbaden: Springer VS.

Grunig, J. E., & Hunt, T. (1984). *Managing public relations.* New York: Holt, Rinehart and Winston.

Heeg, T. (2015). Deutsche Bahn: Ein Sorgenkonzern. http://www.faz.net/aktuell/wirtschaft/unternehmen/das-image-der-deutschen-bahn-koennte-schlechter-nicht-sein-13981157.html. Zugegriffen: 08.11.2016.

Helm, S. (2007). *Unternehmensreputation und Stakeholder-Loyalität.* Wiesbaden: Springer.

Ingenhoff, D., & Röttger, U. (2008). Issues Management. In B. F. Schmid & M. Meckel (Hrsg.), *Unternehmenskommunikation. Kommunikationsmanagement aus Sicht der Unternehmensführung* (2., überarbeitete und erweiterte Auflage, S. 323–354). Wiesbaden: Springer Gabler.

Karmasin, M. (2007). Stakeholder-Management als Grundlage der Unternehmenskommunikation. In M. Piwinger & A. Zerfaß (Hrsg.), *Handbuch Unternehmenskommunikation* (S. 81–87). Wiesbaden: Springer Gabler.

Mast, C. (2016). *Unternehmenskommunikation. Ein Leitfaden* (6., überarbeitete und erweiterte Auflage). Konstanz: UVK.

Muth, C., & Immetsberger, D. (2007). Das Unternehmen als Marke. In M. Piwinger & A. Zerfaß (Hrsg.), *Handbuch Unternehmenskommunikation* (S. 265–279). Wiesbaden: Springer Gabler.

Rolke, L. (2005). Das CommunicationControlCockpit (CCC). In J. Pfannenberg & A. Zerfaß (Hrsg.), *Wertschöpfung durch Kommunikation* (S. 123–131). Frankfurt: Frankfurter Allgemeine Buch.

Wiedmann, K.-P. (2012). Das Reptrak-Konzept. *prmagazin, 12,* 66–73.

Wiedmann, K.-P., Fombrun, C. J., & Riel, C. B. M. van. (2007). Reputationsanalyse mit dem Reputation Quotient. In M. Piwinger & A. Zerfaß (Hrsg.), *Handbuch Unternehmenskommunikation* (S. 321–337). Wiesbaden: Gabler.

Identitätsorientiertes Kommunikationsmanagement und Wertschöpfung

Zusammenfassung

Identitätsorientiertes Kommunikationsmanagement fokussiert auf das Alignment von Unternehmenspolitik, Identität und Image, indem es diese Größen in ihrer Wechselwirkung betrachtet, miteinander abgleicht und Maßnahmen in diesen Bereichen initiiert und begleitet. Identitätsorientiertes Kommunikationsmanagement umfasst strategisches, integriertes und wertorientiertes Kommunikationsmanagement und trägt damit der wachsenden Komplexität des Unternehmensumfelds und einer fragmentierten und medialisierten Öffentlichkeit Rechnung.

7.1 Alignment von Unternehmenspolitik, Identität und Image

Identitätsorientiertes Kommunikationsmanagement richtet sich konsequent auf die definierte Unternehmensidentität aus und unterstützt das *Alignment* von Unternehmenspolitik, Identität und Image wesentlich. Dieses Alignment ist die Voraussetzung dafür, dass Unternehmen im Kampf um Aufmerksamkeit überhaupt wahrgenommen werden. Identitätsorientiertes Kommunikationsmanagement trägt in ganz unterschiedlicher Weise dazu bei, dass Unternehmenspolitik, Identität und Image in Übereinstimmung gebracht werden.

Dies gelingt erstens, indem sich die Kommunikationspolitik konsequent aus der Unternehmenspolitik ableitet. Dies führt dazu, dass die für die Identität zentralen Werte nach innen und außen kommuniziert werden und sich die Kommunikationsziele nach den Unternehmenszielen ausrichten. Unternehmensidentität wird damit in den Kommunikationsinstrumenten und -mitteln manifest.

Zweitens hat das identitätsorientierte Kommunikationsmanagement eine übergreifende Kontrollfunktion: Es prüft die Akzeptanz der definierten Identität bei den Stakeholdern, die Übereinstimmung von definierter Identität und Image sowie die Konsistenz

© Springer Fachmedien Wiesbaden GmbH 2017

M. Niederhäuser und N. Rosenberger, *Unternehmenspolitik, Identität und Kommunikation*, DOI 10.1007/978-3-658-15702-9_7

der verschiedenen Identitätsdimensionen. In Form von Anpassungsprozessen führen diese Erkenntnisse zu Veränderungen im Bereich von Unternehmenspolitik, Steuerungsinstrumenten und Manifestationen. Die institutionalisierte Einbindung des Kommunikationsverantwortlichen in alle Phasen des normativen und strategischen Managements stellt Konsistenz, Vermittlung und Akzeptanz der Identität sicher. Identitätsorientiertes Kommunikationsmanagement beschränkt sich entsprechend nicht nur darauf, die definierten Werte und die verabschiedete Unternehmensstrategie zu kommunizieren, umzusetzen und damit Identität erst zu konstituieren, sondern ist an der Erarbeitung der Unternehmenspolitik maßgeblich beteiligt.

Drittens unterstützt und berät identitätsorientiertes Kommunikationsmanagement andere Unternehmensfunktionen dabei, die für die Identität zentralen Steuerungsinstrumente zu formulieren und umzusetzen. So verstanden wird Kommunikation zu einem wesentlichen *Treiber des Identitätsmanagements* im Unternehmen.

Beispiel Commerzbank

Im Zuge der Finanzkrise sanken die von der Commerzbank regelmäßig gemessenen Vertrauenswerte auf ein beunruhigend tiefes Niveau. Die Bank stellte zudem in ihrer Marktforschung fest, dass sich Kunden heute sehr viel weniger von Größe, Autorität und Ansehen einer Bank beeindrucken lassen und selbstbewusster gegenüber Finanzinstituten auftreten. Fragten sich Kunden früher, ob sie gut genug für die Bank sind, so prüfen sie heute, ob die Bank ihre Ansprüche erfüllt. Diese Ergebnisse veranlassten die Commerzbank dazu, ihren Claim „Gemeinsam mehr erreichen" aufzugeben und sich grundlegend neu zu positionieren (vgl. Rosenberger et al. 2015). Dies führte nicht nur zu einem neuen Markenversprechen und einer entsprechend angepassten Kundenkommunikation, sondern auch zu einer grundlegenden Veränderung der Identität. Dazu erarbeitete das Management der Commerzbank Unternehmenswerte und Strategie neu. In einem mehrjährigen Veränderungsprozess wird die neue Unternehmenspolitik nun in allen Identitätsdimensionen umgesetzt. Zeichen dieses tief greifenden Wandels sind neue Produkte wie beispielsweise das „Girokonto mit Zufriedenheitsgarantie" oder anbieterunabhängige Beratung, aber auch ein neues Vergütungssystem, in welchem die gemessene Zufriedenheit der Kunden mit ihrem Bankberater lohnwirksam ist. Kommunikativ wird die neue Haltung mit dem Claim „Die Bank an Ihrer Seite" und einer auf mehrere Jahre angelegten integrierten Marken- und Produktkampagne vermittelt und befördert. Als Auftakt für die Markenkampagne wurde Ende 2012 der Imagefilm „Der erste Schritt" produziert. Darin reflektiert die Commerzbank ihr früheres Handeln kritisch, skizziert den eingeschlagenen Richtungswechsel und signalisiert, dass sie diesen auch tatsächlich in Angriff nimmt. Das Leitmotiv des Films ist Veränderung als ein Prozess, der noch nicht abgeschlossen, sondern in der Zukunft zu bewältigen ist. Für die interne Kommunikation wurde der Film „Meilensteine" produziert. Er besteht aus einer Betrachtung der Geschichte der Commerzbank und endet mit der leicht adaptierten Version des TV-Spots „Der erste Schritt". Dabei werden die Fähigkeit zu Selbstkritik und Veränderung als wesentliche Identitätskonstante des über 140 Jahre alten Bankeninstituts dargestellt, was den angestoßenen Veränderungsprozess in ein positives Kontinuum einordnet. Die externe Fortsetzungskampagne, die Ende 2013 lanciert wurde, thematisiert die Glaubwürdigkeit des kommunizierten Versprechens, die Identität grundlegend zu verändern. Die bereits aus dem ersten Film bekannte Protagonistin bekräftigt im zweiten Imagewerbefilm, dass die Commerzbank die angekündigten Veränderungen sukzessive vollziehen wird und zählt dazu einige bereits vollzogene Anpassungen auf. Die den Veränderungsprozess begleitenden Wirkungsmessungen zeigen nicht nur eine deutliche Verbesserung der Vertrauenswerte, sondern auch einen positiven Effekt bzgl. Neukundengewinnung und Absatz von Commerzbank-Produkten. Verantwortlich für diese positiven Entwicklungen sind ein konsequent betriebenes Identitätsmanagement und die Tatsache, dass die Kommunikation Ableitungs-und Anpassungsprozesse institutionalisiert hat, diese systematisch aufeinander bezieht und eine wichtige Rolle im normativen und strategischen Management spielen kann (vgl. Rosenberger et al. 2015).

Richtet sich Kommunikation konsequent auf das Dreieck Unternehmenspolitik, Identität und Image aus, dann ist sie ein wichtiger Faktor für den Unternehmenserfolg. Indem sie immaterielle Unternehmenswerte wie Image oder Reputation generiert, schafft sie wichtige Voraussetzungen dafür, dass Unternehmen ihr Leistungsangebot gewinnbringend absetzen können.

7.2   Wertschöpfung durch identitätsorientiertes Kommunikationsmanagement

Identitätsorientiertes Kommunikationsmanagement ist eng mit der Unternehmenspolitik verknüpft. Aus ihr leiten sich sowohl das Grundverständnis ab, wie mit den Stakeholdern die kommunikativen Beziehungen gepflegt werden sollen, als auch die Kommunikationsziele und die Botschaften. Damit bedeutet *identitätsorientiertes Kommunikationsmanagement* zunächst *strategisches Kommunikationsmanagement*. Ein solches richtet sich konsequent an den Zielen und Werten des Unternehmens aus. Leisten Kommunikationsziele einen Beitrag zur Erreichung der Unternehmensziele, dann trägt Kommunikation indirekt zur Wertschöpfung bei. Das ist möglich, indem konkrete Verhaltensrichtlinien intern kommuniziert und die Mitarbeiter entsprechend motiviert werden, sich das vorgegebene Verhalten zu eigen zu machen. Eine andere Möglichkeit ist, dass produktbezogene Kampagnen einen Beitrag zur Absatzsicherung leisten. Strategisches Kommunikationsmanagement hat darüber hinaus sicherzustellen, dass Meinungen und Interessen relevanter Stakeholder in die Entscheidungsprozesse des Unternehmens einfließen (vgl. Röttger 2008, S. 503). Die Kommunikationsabteilung sollte deshalb in die Erarbeitung der Unternehmensstrategie eingebunden sein, um Fragen der Akzeptanz von Entscheidungen im Strategieprozess mitzubedenken. Nur so kann der Handlungsspielraum eines Unternehmens optimal gestaltet und damit die Bedingungen für das Erreichen der definierten Unternehmensziele sichergestellt werden (vgl. Niederhäuser und Rosenberger 2017).

Identitätsorientiertes Kommunikationsmanagement ist per Definition auch *integriertes Kommunikationsmanagement.* Es verfolgt das Ziel, die Kommunikationsaktivitäten eines Unternehmens aufeinander abzustimmen, um Wahrnehmungsdiskrepanzen zu verhindern und damit eine schärfere Profilierung zu erreichen. Da auf diese Weise die Kontaktkosten gesenkt werden können, wird ein Beitrag zur Wertschöpfung geleistet. Darüber hinaus führt identitätsorientiertes Kommunikationsmanagement den Abstimmungsprozess zwischen der Identitätsdimension „Kommunikation" und den übrigen Identitätskomponenten und überwacht die Integration der Kommunikation. Dank Konsistenz und klarem Profil sichern sich Unternehmen mehr Aufmerksamkeit und höhere Bekanntheit.

Durch die konsequente Kommunikation von Werten, Strategie und Zielen prägt identitätsorientiertes Kommunikationsmanagement erfüllbare Erwartungen der Stakeholder mit und stellt eine angemessene *Kongruenz von Identität und Image* sicher. Die Unternehmensmarke unterstützt diesen Prozess, indem sie die definierte Unternehmensidentität kommunikativ verdichtet und damit ein klares, unterscheidbares Profil ermöglicht. Ein gelungenes Erwartungsmanagement und eine große Übereinstimmung von Identität und Image sind erstklassige Voraussetzungen für eine hohe Reputation und erzeugen Vertrauenskapital. Reputation und das damit einhergehende Vertrauen immunisieren das Unternehmen zudem ein Stück weit gegen die negativen Auswirkungen der „Aufmerksamkeit … im Überfluss" (Will 2008, S. 76), die Unternehmen unter permanente Beobachtung stellt. Die auf die Unternehmensidentität fokussierte Kommunikation schafft damit auch direkt immaterielle Werte. Sie kann deshalb auch als *wertorientiertes Kommunikationsmanagement* bezeichnet werden (vgl. Mast 2016, S. 67 ff.).

Insgesamt stellt identitätsorientiertes Kommunikationsmanagement eine adäquate Antwort auf die wachsende Komplexität des Umfelds und auf eine medialisierte und fragmentierte Öffentlichkeit dar. In gesättigten Märkten können sich Unternehmen nicht mehr ausschließlich über ihre Produkte differenzieren, sondern müssen sich unter Einbezug aller Identitätskomponenten als Ganzes positionieren und präsentieren. Soll die konsistente Ausrichtung von Unternehmenspolitik, Identität und Image gelingen, braucht es v. a. Kommunikation, institutionalisiert und umgesetzt im Rahmen eines identitätsorientierten Kommunikationsmanagements.

Literatur

Mast, C. (2016). *Unternehmenskommunikation. Ein Leitfaden* (6., überarb. und erw. Aufl., S. 67 ff.). Konstanz: UVK.

Niederhäuser, M., & Rosenberger, N. (2017). Strategische Kommunikation an der Unternehmensidentität ausrichten. In M. Holenweger (Hrsg.), *Anwendungsgebiete und Grundlagen Strategischer Kommunikation.* Nomos: Baden-Baden.

Rosenberger, N., Wieder, R., & Hellmann, U. (2015). Positionierung über Selbstkritik: Unternehmenskommunikation der Commerzbank. *Transfer. Werbeforschung & Praxis, 61*(2), 20–26.

Röttger, U. (2008). Aufgabenfelder. In G. Bentele, R. Fröhlich, & P. Szyszka (Hrsg.), *Handbuch der Public Relations. Wissenschaftliche Grundlagen und berufliches Handeln* (2., korr. und erw. Aufl., S. 501–510). Wiesbaden: Springer VS.

Will, M. (2008). Public Relations aus Sicht der Wirtschaftswissenschaften. In G. Bentele, R. Fröhlich, & P. Szyszka (Hrsg.), *Handbuch der Public Relations. Wissenschaftliche Grundlagen und berufliches Handeln. Mit Lexikon* (2., korr. und erw. Aufl., S. 62–77). Wiesbaden: VS Verlag.

Fallbeispiele

8

Zusammenfassung

In einer Reihe von Fallbeispielen werden unterschiedliche Umsetzungen eines identitätsorientierten Kommunikationsmanagements vorgestellt. Beschrieben ist die Identitätskommunikation von ABB, Dyson Schweiz, Kubo, PricewaterhouseCoopers, Sonova, SOS-Kinderdorf, Trigema und Zoo Zürich.

8.1 ABB

Themenführerschaft über Storytelling erlangen[1]

ABB ist ein weltweit führender Konzern in der Energie- und Automationstechnik mit Hauptsitz in der Schweiz. Der global ausgerichtete Konzern ist entlang der gesamten Wertschöpfungskette der erneuerbaren Energien präsent: von der Stromerzeugung über dessen Transport bis hin zur Verteilung. In fünf Divisionen erwirtschaftete die börsennotierte ABB im Jahr 2013 einen Umsatz von über 40 Mrd. US$. Weltweit beschäftigt der Konzern etwa 150.000 Mitarbeitende in 100 Ländern.

Vision, Mission und Strategie von ABB sind klar definiert und werden regelmäßig überprüft. Dies geschah zuletzt im Zuge der Ausarbeitung der Unternehmensstrategie 2011–2015. Es wurde damals bewusst keine Neuformulierung der grundlegenden unternehmenspolitischen Eckwerte vorgenommen, um deren langfristige Gültigkeit zu demonstrieren. ABBs Vision „Power and productivity for a better world" ist gleichzeitig auch der weltweit eingesetzte Slogan des Konzerns und existiert bereits seit 2006 (s. Abb. 8.1). Die

---

[1]Die Informationen zu ABB stammen aus einem Interview vom 29.05.2013 und weiteren Gesprächen mit Clarissa Haller, damalige Leiterin Corporate Communications des ABB-Konzerns, sowie von der Unternehmenswebsite (www.abb.com) und den Unternehmenspublikationen.

© Springer Fachmedien Wiesbaden GmbH 2017   131
M. Niederhäuser und N. Rosenberger, *Unternehmenspolitik, Identität und Kommunikation*, DOI 10.1007/978-3-658-15702-9_8

Kommunikationsabteilung wurde frühzeitig in den Prozess der Neudefinition der Unternehmensstrategie involviert, um die Strategievermittlung über Kommunikation sicherzustellen.

Qualität und Präzision als wichtige Werte

Die *Identität* von ABB ist stark geprägt von der Internationalität und Dezentralität des Konzerns sowie von der Kultur der beiden „Herkunftsländer" Schweiz und Schweden. Klassische Hierarchien sind wenig wirksam. Vielmehr besteht eine eigentliche „Überzeugungskultur": Entscheidungen müssen für die Leute Sinn ergeben, das reine Ausführen von Befehlen funktioniert nicht. Dieses schwedische Erbe prägt den Konzern ebenso wie das typisch schweizerische Qualitäts- und Präzisionsdenken. Dieses hat viel zum Image des Konzerns als Qualitätsanbieter beigetragen. Für die Kommunikation hat dieses Denken aber auch Nachteile: Die Tradition, alles genau und mehrfach vor der Veröffentlichung zu überprüfen, erschwert eine aktuelle und dynamische Kommunikation.

Positionierungsrelevante Innovationen werden zentral kommuniziert

Die Umsetzung der Unternehmensstrategie in *Produkt- und Marketingstrategien* wird dezentral in den Business Units und in den Ländern vorgenommen. Deren Marketingabteilungen verantworten normalerweise die Produktkommunikation. Eine Ausnahme bildet die Kommunikation von ausgewählten Produkten und Innovationen, die zentral für die Positionierung von ABB stehen. So wurde beispielsweise die Weltinnovation des von ABB entwickelten DC-Schalters (mit dem erstmals Gleichstrom ins Hochspannungsnetz übertragen werden kann) von der zentralen Kommunikationsabteilung kommuniziert. Mit dieser Produkteinnovation konnte das ABB-Thema Energieeffizienz auf ideale Art und Weise bespielt werden. Die Übertragung von Gleichstrom ist nämlich unvergleichlich energieeffizienter als die von Wechselstrom.

Das *Verhalten* von rund 150.000 Mitarbeitenden in 100 Ländern zu steuern, ist eine komplexe Aufgabe. Zentrale Bedeutung für die Steuerung dieser Identitätsdimension hat der Code of Coduct, den alle Mitarbeitenden als Teil des Arbeitsvertrags unterschreiben müssen. Regelmäßige Online-Trainings sowie ein Veranstaltungsbesuch im Zweijahresrhythmus sorgen für die Ausbildung und Sensibilisierung der Mitarbeitenden. Die Kommunikation unterstützt diese Arbeit, indem sie in der internen Kommunikation regelmäßig Compliance-Themen einbringt. ABB wird mittlerweile in internen Befragungen und externen Reputationsmessungen attestiert, dass Integrität einen großen Stellenwert besitzt.

Abb. 8.1 Die Vision von ABB wird gleichzeitig auch als Slogan genutzt. (Copyright: ABB Corporate Communications)

Symbole konsequent aus Unternehmenspolitik abgeleitet

Die multisensorischen *Symbole* hat ABB sehr bewusst und mit Blick auf die Unternehmenspolitik gewählt. So wird beispielsweise im Bereich der visuellen Symbolik bewusst mit dem Einsatz des ganzen Farbspektrums gearbeitet, um den wichtigen ABB-Wert „Inclusiveness" (etwa: Einbeziehung aller Mitarbeitenden ungeachtet ihrer Herkunft) zu spiegeln. Die Konzernschrift „Neue Helvetica" wurde ausgewählt, weil sie mit ihrer Systematik und Präzision stark ans Ingenieurswesen erinnert.

ABB setzt aber auch auf auditive Symbole. Ursprünglich herrschte ein Wildwuchs an weltweit produzierten Filmen mit jeweils vollkommen unterschiedlicher Musikunterlegung. Abgesehen von den Qualitätsunterschieden war dies auch aufgrund der Abgeltung von Urheberrechten eine kostspielige Sache. Mit Blick auf die Positionierung und die Werte ließ ABB eine Musik komponieren, die in unterschiedlichen Geschwindigkeiten eingesetzt werden kann. Zunächst waren verschiedene Melodievorschläge in unterschiedlichen Ländern getestet worden. Der gewählte Corporate Sound ist so komponiert, dass er grundsätzlich mit länderspezifischen Instrumenten umgesetzt werden kann. Die visuellen und auditiven Symbole sind in einem Handbuch detailliert beschreiben.

Themenführerschaft bei ausgewählten Themen angestrebt

Die Kommunikationsstrategie von ABB als Steuerungsinstrument der Identitätskomponente „Kommunikation" wird alle zwei Jahre überprüft und parallel zur Überarbeitung der Unternehmensstrategie im Fünfjahresrhythmus neu formuliert. Zentrales Thema der aktuellen Kommunikationsstrategie ist die Digitalisierung. Wie schafft es ABB beispielsweise, ABB-Ingenieure zu motivieren und zu schulen, ihre Themen für Blogbeiträge interessant und relevant zu machen? Dabei werden in Absprache mit der Konzernleitung zentrale Themencluster definiert, zu denen sich ABB äußern kann und will. Angestrebt wird die Themenführerschaft bei ausgewählten Themen wie beispielsweise Energieeffizienz oder Mobilität. Einen hohen Stellenwert in der Kommunikationsstrategie hat auch die Vermittlung von unternehmenspolitischen Themen wie beispielsweise die Wertekommunikation.

Die Unternehmenskommunikation von ABB wird von einem rund 30-köpfigen Team der Abteilung Corporate Communications am Hauptsitz geführt. Die Kommunikationschefin berichtet direkt dem CEO, ist aber nicht Mitglied der Geschäftsleitung. Jede der fünf Divisionen von ABB hat einen Kommunikationsverantwortlichen, der dem Divisionsleiter unterstellt ist, funktional aber dem CCO berichtet. Zusätzlich wird die Kommunikation regional geführt: Jede Region hat einen Kommunikationsverantwortlichen, der wiederum an den CCO berichtet. Der Kommunikationsverantwortliche für Zentraleuropa ist beispielsweise in Deutschland angesiedelt. Die Zahl der mit Kommunikation befassten Mitarbeitenden bei ABB beläuft sich auf rund 600 Personen.

Die Digitalisierung der Kommunikation hat auch starke Auswirkungen auf die Organisation der Corporate-Communications-Abteilung. Heute werden die Themen zentral geführt und aufbereitet („Content") und anschließend über die verschiedenen Kanäle verbreitet („Channels"). Diese prozessorientierte Organisation hat ihren Kristallisations-

Abb. 8.2 Die Positionierung von ABB über ausgewählte Themen wird über eine Vielzahl von Blogs unterstützt. (www.abbschweiz.blogspot.ch, 28.04.2014)

punkt im Newsroom, über den eine aktuelle und integrierte Kommunikation sicherge-stellt wird.

Diese organisatorische Aufstellung erlaubt es, das gleiche Thema an unterschied-lichste Zielgruppen heranzutragen.

Konzernleitung unterstützt Social-Media-Aktivitäten

ABB nutzt die Möglichkeiten der verschiedenen Social-Media-Plattformen sehr aktiv und ermuntert die Mitarbeitenden, sich darauf zu engagieren. So gab es beispielsweise einen Konzernleitungsentscheid, wonach ABB ausdrücklich wünscht, dass die Mitarbei-tenden auf Social-Media-Kanälen präsent sind. Waren zu Beginn des Facebook-Auftritts von ABB ein großer Teil der Follower eigene Mitarbeitende, so sind heute rund 80 % der Follower externe Ingenieure. Diese sind oft wichtige Meinungsführer in ABB-Themen, aber auch potenzielle Mitarbeitende.

ABB setzt in ihrer digitalen Kommunikationsstrategie neben den klassischen Plattfor-men wie Facebook, Twitter und YouTube v. a. auf Blogs (s. Abb. 8.2). Dabei äußern sich primär dafür geschulte Ingenieure und Fachspezialisten aus den Business Units, weni-ger die Kommunikationsleute. Die offensive Social-Media-Strategie hat zu nachweislich mehr Besuchen auf der ABB-Webseite geführt, und zwar v. a. auf den Produktseiten.

Um die neue Kommunikationsstrategie der zentralen Corporate-Communications-Abteilung einigermaßen kostenneutral umsetzen zu können, wurden Sachkosten für Drucksachen und deren Vertrieb gestrichen. Einzig der Geschäftsbericht wird nach wie vor gedruckt, alle anderen Produkte werden online zur Verfügung gestellt. Die so gewonnenen Budgetmittel wurden für den Aufbau von Fachkompetenzen im Social-Media-Bereich genutzt; so wurden beispielsweise ein Community Manager, ein Grafiker und ein Spezialist für Videoproduktionen eingestellt.

ABB nimmt stark Rücksicht auf die lokalen Gegebenheiten und kulturellen Unterschiede in den einzelnen Märkten. So twittert ABB beispielsweise im arabischen Raum auf Arabisch, dies im Unterschied zu den Konkurrenten. Und wenn einzelne Länderverantwortliche der Überzeugung sind, dass die Kunden gewisse Information in gedruckter Form wollen, dann dürfen diese Drucksachen produziert werden.

Auch in der internen Kommunikation werden die Dialog- und Kollaborationsmöglichkeiten von elektronischen Plattformen genutzt. So werden heute globale Meetings teilweise nur noch virtuell geführt, mit entsprechenden Kosteneinsparungen (Abb. 8.3).

Eigener Newsroom für die Konzipierung und Verbreitung von ABB-Geschichten
Um die Botschaften des ABB-Konzerns intern abgestimmt und auf das Weltgeschehen ausgerichtet verbreiten zu können, betreibt ABB seit Ende 2012 einen Newsroom, der von einer ehemaligen Journalistin geleitet wird. Jeweils um 9 und um 15 Uhr wird dort im Team geprüft, wie und über welche Medien ABB ihre Botschaften verbreiten will. So können beispielsweise Themen forciert werden, die für die Positionierung von ABB wichtig, aber umsatzmäßig noch nicht so stark sind. Dies wird mittels Storytelling umgesetzt: Themen werden aus der Perspektive ihres Nutzwerts aufgegriffen und in Form von Geschichten vermittelt. Im Vordergrund stehen dabei Geschichten, welche die von

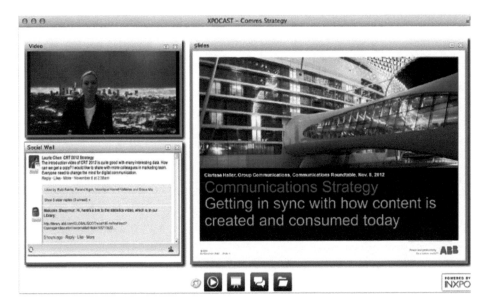

Abb. 8.3 Auch die interne Kommunikation profitiert von der digitalen Kommunikation: Meetings können auch virtuell abgehalten werden. (Copyright: ABB Corporate Communications)

ABB definierten Themen illustrieren und damit die Themenführerschaft unterstützen. Außerdem werden Themen aus den Business Units aufgegriffen und in vermittelbare Geschichten übersetzt. Besonders beachtet werden Möglichkeiten zur Anschlusskommunikation: Im Newsroom wird ständig beobachtet, was auf der Welt passiert, welche Themen in Wirtschaft, Politik und Gesellschaft gerade aktuell sind. Mit passenden Geschichten aus der ABB-Welt gelingt es, sich in den öffentlichen Diskurs einzuschalten. Als beispielsweise Obama nach seiner Wahl verkündete, dass er die Ausgaben zu mehr Energieeffizienz erhöhen wolle, brachte ABB am gleichen Tag die Geschichte, was der Konzern zur Energieeffizienz beitragen kann (s. Abb. 8.4).

Auch das Erzählen von Geschichten muss lokal differenziert passieren. Die Kernbotschaft „Energieeffizienz" gilt zwar global, ist aber in den verschiedenen Ländern in unterschiedliche Diskurse eingebettet. Während beispielsweise in Europa Energieeffizienz unter der politischen Agenda der Energiewende behandelt wird, wird das Thema in China in ganz anderen Kontexten diskutiert – etwa im Zusammenhang mit dem Bau neuer Kohlekraftwerke.

Kommunikation als wichtiger Treiber der ABB-Identität
Die sehr aktive Rolle der Unternehmenskommunikation in der Identitätsbildung von ABB ist bemerkenswert für einen Konzern, der im Business-to-Business-Bereich tätig ist. Mit der zentralen Definition und Steuerung von Themen, der Einbeziehung von Mitarbeitenden als Vermittler sowie der Nutzung unterschiedlichster Kanäle gelingt es ABB,

Abb. 8.4 Im ABB-Newsroom wird täglich diskutiert, welche Themen und Geschichten verbreitet werden sollen. (Copyright: ABB Corporate Communications)

den Ansatz der Themenführerschaft glaubwürdig zu leben und als Identitätsmerkmal in der Organisation zu verankern.

Ihre Reputation überprüft ABB alle zwei Jahre mit einer extern durchgeführten Befragung in über einem Dutzend wichtiger Länder. Dabei wird die Wahrnehmung von ABB bei Kunden, potenziellen Kunden, der breiten Bevölkerung sowie bei den eigenen Mitarbeitenden erhoben. Die Ergebnisse werden mit den Managementteams der Länder und ihren Kommunikationsverantwortlichen besprochen. Der daraus abgeleitete Veränderungsbedarf fließt in die Zielvereinbarungen des Folgejahres ein.

Die Medienresonanz, die ABBs Reputation maßgeblich beeinflusst, wird über einen täglichen Medienspiegel, aber auch durch regelmäßige systematische Auswertungen analysiert.

8.2   Dyson Schweiz

Identitätsbildung über Storytelling[2]

Das weltweit tätige Technologieunternehmen Dyson Ltd. mit Sitz in Malmesbury (Großbritannien) entwickelt und vertreibt seit zwanzig Jahren Haushaltsgeräte. Das erste Produkt des 1993 gegründeten Unternehmens war der DC01, der erste beutellose Staubsauger, der die Dual-Zyklon-Technologie nutzte. Entwickelt hatte ihn James Dyson in seiner Garage. Dyson Ltd. ist in 50 Ländern aktiv, jeweils zur Hälfte mit eigenen Tochtergesellschaften und Distributoren. Weltweit arbeiten rund 5000 Mitarbeitende beim Gerätehersteller, der Umsatz des Konzerns beträgt rund 1,3 Mrd. Pfund (2013). Vom britischen Hauptsitz aus wird die Verwaltung und Entwicklung des Unternehmens zentral gesteuert. Eigentümer ist James Dyson. Bei Dyson Schweiz sind 35 Mitarbeitende am Hauptsitz in Zürich tätig, 4 regionale Verkaufsleiter im Außendienst sowie 50 in Teilzeit beschäftigte Personen, die in den Verkaufsstellen Dyson-Geräte vorführen.

Dyson hat es in nur 20 Jahren geschafft, in vielen Ländern, u. a. in den USA, in UK, Japan, Australien oder in der Schweiz, Marktführer auf dem Staubsaugermarkt zu werden. Das rasche und nachhaltige Gewinnen von Marktanteilen ist nicht nur der unbestritten hohen Qualität der Dyson-Geräte und einem effektiven Marketing zuzuschreiben. Eine stringente Unternehmenspolitik, deren konsequente Umsetzung in den vier Identitätsdimensionen und die kohärente kommunikative Verdichtung der Identität zur Marke haben ebenso stark zur klaren und unverwechselbaren Positionierung des Unternehmens und seiner Produkte beigetragen. Grundlage für das hohe Alignment von Unternehmenspolitik, Identität und Marke ist die enge Verknüpfung der Werthaltungen und Biografie

---

[2]Die Informationen zu Dyson Schweiz stammen aus einem Interview vom 24.01.2013 mit Cuno Singer, Geschäftsführer Dyson Schweiz, und Daniele Müller, Leiter Unternehmenskommunikation Dyson Schweiz, sowie von der Unternehmens-Webseite (www.dyson.ch) und den Unternehmenspublikationen. Die aus dem Interview stammenden Informationen sind im November 2014 aktualisiert worden.

des Gründers mit den Werten, der strategischen Ausrichtung und der Entwicklung des Unternehmens.

„Querdenken" als zentraler Unternehmenswert
Die 1997 von James Dyson veröffentliche Autobiografie „Against The Odds", die jedem neuen Dyson-Mitarbeiter überreicht wird, bringt Lebensmotto und Unternehmensphilosophie bereits im Titel auf den Punkt: „Against The Odds" oder „Sturm gegen den Stillstand", wie es in der deutschen Übersetzung heißt, verweist auf den für das Leben von James Dyson und für das Unternehmen wichtigsten Wert: das „Querdenken". Auf diesem Wert beruht der Unternehmenszweck und die Unternehmensstrategie: Dyson versteht sich als technischer Problemlöser, der Schwächen an herkömmlichen Geräten behebt, indem die Produkte mittels anderer Technologie neu entwickelt werden. Dieses klare, ja radikale Bekenntnis zum Ingenieurwesen unterscheidet Dyson von seinen Mitbewerbern. Grundlage und Antrieb für Innovation sind nicht etwa Marktforschung oder das Tüfteln an ganz neuen Geräten, sondern als Mängel empfundene Eigenschaften von bestehenden. So nahm Dyson beispielsweise die Beeinträchtigung der Saugkraft bei Staubsaugern mit Beutel zum Anlass, den beutellosen Dyson-Staubsauger zu entwickeln. Eine andere seiner Erfindungen hat ihren Ursprung in den Luftturbulenzen, die bei herkömmlichen Ventilatoren unvermeidbar sind. Dyson konstruierte deshalb einen Ventilator ohne Propeller. Diese Innovationsstrategie wird mit dem Slogan „Alles, was nicht richtig funktioniert, ist ein potenzieller Dyson" nach außen kommuniziert und intern als „Innovation aus Frust" bezeichnet. Die anderen Unternehmenswerte „Erfindergeist", „Beharrlichkeit", „Perfektionismus" und „Wehrhaftigkeit" sind letztlich Voraussetzung oder Folge des Denkens gegen die Norm.

Unkonventionelles Identitätshandbuch
Anstelle eines herkömmlichen Leitbilds hat Dyson getreu dem Motto des Querdenkens die Unternehmenspolitik in einem über 100-seitigen Identitätshandbuch mit dem Titel „Alles über Dyson" skizziert. Die doppelseitigen Umschlagsseiten sind unter dem Titel „Dyson people" mit den Namen der Dyson-Mitarbeitenden weltweit in alphabetischer Reihenfolge ihrer Vornamen bedruckt. Auch der Inhaber macht da keine Ausnahme, er erscheint unter dem Buchstaben J. Nach einem Editorial von James Dyson werden einleitend mit je einem Satz und einem ganzseitigen Bild Unternehmenszweck, -strategie und -werte prägnant dargestellt (s. Abb. 8.5). Danach werden die Dyson-Werte einzeln beschrieben und mit Beispielen erläutert: über den Bezug auf eine herausragende Persönlichkeit, die den betreffenden Wert verkörpert, über Beispiele aus der Dyson-Unternehmensgeschichte und mittels direkter Handlungsanleitungen. Der Wert Beharrlichkeit wird beispielsweise mittels eines Kurzporträts von Thomas Edison sowie der fünfjährigen Entwicklungszeit und den 5127 Prototypen für den ersten beutellosen Staubsauger illustriert. Schließlich wird unter dem Titel „Große Ideen stoßen auf großen Widerstand" erläutert, was es für die Überwindung des Widerstands braucht: „Als Erstes musst du selbst davon überzeugt sein, dass deine Idee funktioniert. Teste, probiere. Hinterfrage

Abb. 8.5 Prägnante Darstellung des Unternehmenszwecks in Wort und Bild. (Copyright: Dyson)

deine Idee. Überstürze jetzt bloß nichts. (…) Sobald du von deiner Idee überzeugt bist, musst du nur noch alle anderen davon überzeugen. Denk daran: Es kostet mehr Kraft, eine Idee in die Tat umzusetzen, als sie zu haben" (Alles über Dyson, S. 20). Als Beispiel für einen großen Widerstand wird das Unternehmen Hoover angeführt, das die von James Dyson entwickelte „Dual Cyclone Technologie" nicht kaufen wollte, weil das Geschäft mit dem Verkauf der Staubbeutel so lukrativ war. Nachdem ihn alle Staubsaugerhersteller abblitzen ließen, gründete Dyson sein eigenes Unternehmen, um Staubsauger nicht nur zu entwickeln, sondern auch herzustellen. „Ich bedaure, dass das Unternehmen Hoover die Dyson-Technologie nicht vom Markt genommen hat", wird der stellvertretende Vorstandsvorsitzende von Hoover Europa zitiert (Alles über Dyson, S. 21).

Identitätsbildung über multimodale Narration
Zur Erläuterung und Illustration von Unternehmenszweck, -werten und -strategie setzt das Identitätshandbuch authentische Geschichten ein, die sich auf die Unternehmenspolitik beziehen und die Identitäts-Story von Dyson speisen. Es ist dies die Geschichte des Außenseiters, der für die Umsetzung seiner unkonventionellen Problemlösungsidee unzählige Hürden erfolgreich überwindet. Diese Identitäts-Story wird einerseits durch das Illustrieren der Dyson-Werte über außergewöhnliche Erfolgsgeschichten vermittelt,

die nichts mit Dyson zu tun haben. Dazu gehören die Lebensgeschichten der porträtierten Persönlichkeiten und Short-Stories über Erfinder und ihre Inspirationen. Andererseits wird die Corporate Story durch unzählige Erfolgsgeschichten geformt, die ganz unterschiedliche Geschehnisse und Ereignisse der Unternehmensgründung und -entwicklung erzählen. Im Editorial unterstreicht James Dyson die identitätsstiftende Kraft und Funktion der Gründungsgeschichte.

> In diesem Buch geht es um Dyson und um das, was uns antreibt. Ich möchte, dass wir so weitermachen, wie wir angefangen haben: unverbraucht, unbelastet und immer kämpferisch. Damals stellte ich ein Team aus jungen Design-Ingenieuren zusammen, die alle das gleiche Ziel hatten: einen beutellosen Staubsauger zu erfinden und herzustellen. (…) Wir werden weiter wachsen. Mehr Kollegen, bessere Ideen, in mehr Ländern. Und wir werden schnell wachsen. Deshalb ist es umso wichtiger zu wissen, wie alles begann (Alles über Dyson, S. 3).

Für das Erzählen der verschiedenen Unternehmensstorys kommen im Identitätshandbuch ganz unterschiedliche Narrationen zum Zug: Neben der Icherzählung von James Dyson im Editorial wird beispielsweise die Story des erfolgreich geführten Patentstreits der Dyson Ltd. gegen Hoover in der Wir-Form erzählt. Hinzu kommen multimodale Narrationen wie die Bildergeschichte der fünf Jahre dauernden Entwicklung der Zyklon-Technologie kombiniert mit der tabellarischen Übersicht der dazu notwendigen 5127 Prototypen oder der mehrseitige Comic am Schluss des Identitätsbuchs. In ihm wird die

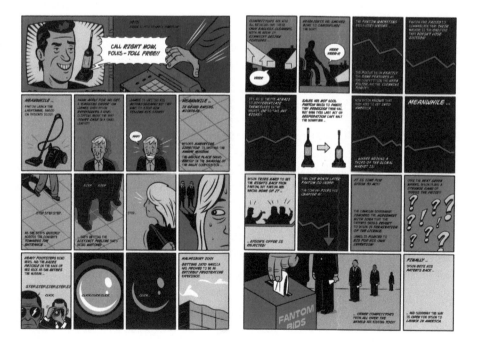

Abb. 8.6 Dyson-Storytelling in Comic-Form. (Copyright: Dyson)

Geschichte von James Dysons vergeblichem Versuch erzählt, eine Lizenz seiner neu entwickelten Staubsaugertechnologie an amerikanische Hersteller zu verkaufen (Abb. 8.6).

David gegen Goliath: strategisches Public Storytelling im Employer Branding
Diese vielen in der Identitätsbildung verwendeten Geschichten verweisen alle auf dasselbe Konfliktgrundmuster: auf den unerschrockenen Kampf Davids gegen Goliath. Die
Rolle des Helden haben in allen Geschichten die Erfinder und Entwickler – innerhalb
und außerhalb des Unternehmens Dyson. Im Identitätshandbuch wird die „Dyson-Story"
explizit als Variation dieser allgemein bekannten Grundgeschichte deklariert. So ist das
letzte Kapitel explizit mit „David gegen Goliath" überschrieben, wobei sich Dyson trotz
wirtschaftlichem Erfolg noch immer mit dem Kleinen identifiziert. „Dyson wächst. Aber
wir sind ein kleiner Fisch in einem großen Teich. Wir sind immer noch die beherzten
‚Underdogs'. Unsere größten Konkurrenten beschäftigen mehr Mitarbeiter, sind in mehr
Ländern aktiv und machen mehr Umsatz. Aber wir haben es schon öfter mit den ganz
Großen angelegt. Und gewonnen. Das schaffen wir wieder. Auf jeden Fall" (Alles über
Dyson, S. 102).

Im Employer Branding werden die David-gegen-Goliath-Geschichten von Dyson
nicht nur schriftlich vermittelt (Autobiografie von James Dyson und Identitätshandbuch), sondern auch mündlich weitergegeben. So erzählt der Geschäftsführer von Dyson
Schweiz beispielsweise jedem neuen Mitarbeiter die Gründungsgeschichte von Dyson
bei einem gemeinsamen Mittagessen. Eine Identitäts-Story, die auf ein kulturell vorge-
formtes Erzählmuster Bezug nimmt, erleichtert die interne Vermittlung der definierten
Identität und fördert das Herausbilden einer starken Unternehmenskultur.

The Dyson Story: Strategisches Public Storytelling in der externen Kommunikation
In der externen Kommunikation wird anstelle der herkömmlichen Kurzporträts „Wir
über uns" die „Dyson Story" erzählt. In dieser Narration werden die verschiedenen
Erfindungen des Gründers James Dyson und des Unternehmens chronologisch aufgeführt und mit der persönlichen Geschichte des Aufstiegs von James Dyson vom Außenseiter zum erfolgreichen und preisgekrönten Unternehmer verwoben. Die Figur des
Gründers und Helden wird als Erfinder gezeigt, der sich als Tüftler gegen die renom-
mierten Entwickler durchsetzt. Die Vermittlung der Identitäts-Story nach außen verzichtet auf explizite Verweise auf das David-gegen-Goliath-Muster, verfolgt aber klar das
Ziel, bei den Bezugsgruppen vorgeformte Grundgeschichten zu aktualisieren. So wird
gerade über die Verschränkung von Innovationsgeschichte und persönlicher Aufstiegs-
story neben der David-Story auch die Grund-Story vom Tellerwäscher zum Millionär als
Interpretationsmuster angeboten. Von den Medien werden diese beiden Basisgeschichten
in der Berichterstattung über Dyson weiterbearbeitet.

Kohärente und konsistente Identitätsmanifestationen
Die stringente Realisierung der klaren Unternehmenspolitik in den vier Identitätsdimensionen „Leistungsangebot", „Verhalten", „Symbole" und „Kommunikation" wird durch

die zentrale Führung vom Hauptsitz in England und durch verschiedene Steuerungsinstrumente sichergestellt: Aus der Fünf-Jahres-Strategie, die alle zwei Jahre überarbeitet wird, wird eine eher allgemeine Jahrestaktik (die sog. global blueprint) abgeleitet, die dann wiederum in den Businessplänen der einzelnen Länder konkretisiert und quantifiziert wird. Letztere bilden die Basis für die Marketing- und Kommunikationskonzepte der einzelnen Länder. Mittels Code of Conduct und des sog. „Behavioural Wheel", in dem beispielsweise die Führungsprinzipien beschrieben sind, wird die Identitätsdimension „Verhalten" gesteuert. Das CI-Manual macht Vorgaben für die Identitätsdimension „Symbole" und enthält neben Design-Vorgaben auch die Regelung von Logo, Schriften, Gestaltung des POS und Give-aways.

Die Abstimmung der Identitätsdimensionen „Leistungsangebot" und „Kommunikation" wird durch die auch am Hauptsitz bewusst gestaltete enge Verzahnung von Marketing und PR sichergestellt. Bei Dyson Schweiz sind Marketing und PR je in einer Abteilung organisiert, beide sind in der Geschäftsleitung vertreten und dem Geschäftsführer unterstellt. Die räumliche Nähe von Marketing- und Unternehmenskommunikationsleiter fördert die Abstimmung zusätzlich.

Dyson Tone: Kommunikationsstrategie mit engem Bezug zur Unternehmensidentität
Eine identitätskonforme interne und externe Kommunikation wird durch das weltweit bindende Steuerungsinstrument „Dyson Tone" sichergestellt. Ausgehend von der Persönlichkeit und Geschichte des Gründers James Dyson unter dem Titel „Our Tone – The Character" werden die zentralen Attribute der Unternehmensidentität als „Our Traits" sowie das „Dyson behaviours" kurz beschrieben. Daraus leitet sich die Kommunikationsstrategie mit ihrem Ziel ab, dass Dyson in der Kommunikationsarena als Ingenieurunternehmen wahrgenommen wird, das neue und bessere Technologien erfindet bzw. entwickelt („invent"). Um dieses Ziel zu erreichen, fixiert die Kommunikationsstrategie drei Leitideen: Vergleichen und Aufdecken („expose"), sich als Held positionieren und erklären („Hero and explain") sowie einen Mythos schaffen mit dem Mittel des Storytellings („creating myths"). Zu jeder dieser drei Leitideen sind die Ziele dieser Strategie aufgeführt sowie die Taktik („How") und Tonalität („Tone") der Kommunikation beschrieben.

Diese drei Leitideen sind in allen Kommunikationsmitteln deutlich erkennbar umgesetzt und neben den Dyson-Produkten selbst wesentlich für die gute Positionierung der Marke verantwortlich. Das Versprechen, Problemlöser zu sein, wird in der Produktkommunikation konsequent mit Vergleichen von nicht optimal funktionierenden Konkurrenzprodukten mit Dyson-Produkten aktualisiert. In allen Kommunikationsmitteln, mit denen Dyson-Produkte vorgestellt werden, wird zuerst das Problem bei herkömmlichen Geräten herausgearbeitet, um dann die Lösung von Dyson zu präsentieren. Damit werden die Rezipienten für Schwächen anderer Geräte sensibilisiert und die Dyson-Technologie als überlegen inszeniert (s. Abb. 8.7). Der Eindruck, Dyson-Technologien seien überlegen (Leitidee 2), wird durch die Bildsprache zusätzlich vermittelt. Die Produkte stehen im Rampenlicht und werden als Kunstwerke des Ingenieurwesens präsentiert; sei es als nüchternes Frontalbild des Objekts, als Abbildung des Objekt mit seinem Erfinder Dyson

Abb. 8.7 Die Dyson-
Technologie wird als überlegen
inszeniert. (Copyright: Dyson)

(s. Abb. 8.8) oder in Form einer technischen Zeichnung. Diese auf Technik ausgerichtete
Bildsprache korrespondiert mit der prominenten Verwendung von fachsprachlichen Ausdrücken und spezifischen Bezeichnungen für patentierte Technologien.

Um die Dyson-Identität als einzigartig zu vermitteln, sollen Mythen kreiert werden. Dazu wird strategisches Storytelling eingesetzt. Im „Dyson Tone" ist der Stoff für
diese Storys definiert: Geschichten über die Aktivitäten und Produkte von Dyson, über
den beharrlichen verfolgten Weg der Entwicklung unkonventioneller Produkte und über
gleich gesinnte Mitstreiter.

Medienarbeit, Corporate Publishing, Internet-Auftritt, Kampagnen und Interne Kommunikation sind die zentralen Aufgabenfelder der Unternehmenskommunikation von
Dyson Schweiz. Im Bereich Corporate Publishing und Online-Kommunikation geht

Abb. 8.8 James Dyson mit
Ventilator. (Copyright: Dyson)

es primär um die Adaption der englischen Vorgaben für die Schweiz. Die Kampagnen hingegen sind stark länderbezogen. Ebenfalls länderspezifisch werden die Social-Media-Kanäle Facebook, YouTube, LinkedIn und Xing genutzt. Nach nur einem Jahr Facebook-Auftritt konnte Dyson Schweiz bereits 10.000 Fans verzeichnen und hat seither einen monatlichen Zuwachs von rund 500 Anhängern. International zählt Dyson 29.700 Fans (Dezember 2014). Neben dem Community-Building nutzt Dyson Schweiz Social Media auch konsequent als Monitoring-Tool. Hauptzielgruppen der Unternehmenskommunikation sind neben den Endkunden die Retailer und Handelskunden sowie diverse Interessengruppen wie beispielsweise der Verband elektrischer Apparate oder Schlüsselpartner. Hinzu kommen die Medien als Mittler und die Mitarbeitenden von Dyson Schweiz.

Systematische Überprüfung der identitätsorientierten Kommunikation
Die Umsetzung dieser Kommunikationsstrategie wird weltweit in einem formellen Prozess überprüft. Dazu werden die Kommunikationsmittel der verschiedenen Länder jährlich gesammelt und danach beurteilt, wie stark sie dem Brand entsprechen. Anschließend wird ein Auditbericht erstellt, in dem positive und negative Beispiele aufgeführt und kommentiert werden. Durch dieses regelmäßige Audit, das weltweit verschickt wird, stellt Dyson Ltd. die Umsetzung einer international stark standardisierten und identitätskonformen Kommunikation sicher.

Ob sich die definierte Identität im Image widerspiegelt, überprüft Dyson Schweiz mindestens einmal pro Jahr mit einer Befragung von 300 Konsumenten in der Schweiz. Neben dieser jährlichen Befragung wird das Fremdbild zusätzlich im Nachgang zu größeren Medienkampagnen erhoben.

8.3 Kubo

Identitätsmanagement als Motor des Wandels³

Die Schweizer Kubo-Gruppe ist ein privates Business-to-Business-Unternehmen und umfasst die Unternehmen Kubo Tech AG, Kubo Form AG und Kubo Tech GmbH. Die drei Firmen sind spezialisiert auf die Herstellung von qualitativ hochwertigen Dichtungen, Federn und Gummiformteilen. Ihr Hauptabsatzmarkt ist die Schweiz. Im Jahr 2013 erwirtschaftete die Kubo-Gruppe einen Gesamtumsatz von 26 Mio. CHF. Von den 100 Mitarbeitern sind 85 am Hauptsitz in Effretikon in der Schweiz sowie 15 in der österreichischen Niederlassung Kubo Tech GmbH in Linz beschäftigt. Im Zuge der Nachfolgeregelung übernahmen im Jahr 2005 drei externe Unternehmer die Kubo-Gruppe. Der Mehrheitsaktionär ist Geschäftsführer der gesamten Gruppe und Leiter der Kubo Tech AG und damit Unternehmer und Inhaber zugleich.

Nach der Übernahme der Kubo Gruppe leitete der neue Geschäftsführer und Inhaber Thomas Raible einen Change-Prozess ein, der nicht nur die unternehmensstrategische Ausrichtung neu festlegte, sondern auch mittels Aufbau und Implementierung einer klar *definierten Unternehmensidentität* zu einer Veränderung der *Unternehmenskultur* führte.

Den Ausgangspunkt dieses Prozesses bildete die Reformulierung der *Unternehmensstrategien* der drei zur Gruppe gehörenden Firmen. Dabei wurden insbesondere die Geschäftsaktivitäten den einzelnen Unternehmen klar zugeordnet, was jeweils zu einer stärkeren Fokussierung führte. Ineffiziente Abläufe und eine damit verbundene verwirrende Kommunikation mit Kunden und Lieferanten sollten damit überwunden werden. Von den Einzelstrategien wurde daraufhin die Strategie für die gesamte Gruppe abgeleitet und die Mission in Form eines Leitbilds formuliert. Die Marketing-, Kommunikations- und Verhaltenspolitik wurde den darin festgehaltenen Unternehmenswerten entsprechend angepasst. Ein starkes Augenmerk galt der Definition und Umsetzung einer stringent auf der Unternehmenspolitik aufbauenden *Symbolpolitik*, mit der eine klare und konsistente Wahrnehmung von Gruppe und Einzelfirmen sichergestellt werden sollte. Das intensive Engagement der Geschäftsleitung stellte sicher, dass die einmal definierte Identität konsequent umgesetzt wurde und erfolgreich auf die Unternehmenskultur einwirkte. Die Unternehmensidentität wurde als prioritäre Führungsaufgabe begriffen; die Strukturen und Prozesse wurden entsprechend definiert.

Zentrale Werte

Die für die Unternehmenspolitik der Kubo-Gruppe entscheidenden und damit für die Identität bestimmenden *Werte* sind „Qualität", „Kompetenz" und „Effizienz". Qualität meint

---

³Die Informationen zur Kubo-Gruppe stammen aus einem Interview vom 02.12.2009 mit Dr. Thomas Raible, Geschäftsführer der Kubo-Gruppe, und der Marketingleiterin der Gruppe, Brigitt Zwing, sowie von der Unternehmens-Webseite (www.kubo.ch) und den Unternehmenspublikationen. Die aus dem Interview stammenden Informationen sind im November 2014 aktualisiert worden.

Hochwertigkeit, die sich als Merkmal nicht nur auf das Leistungsangebot bezieht, sondern auch auf die Identitätsdimensionen „Kommunikation" und „Symbole".

Unter Kompetenz versteht Kubo die Beratungs- und Problemlösungskompetenz, die ein wesentlicher Bestandteil des Leistungsangebots ist. Dies liegt daran, dass die Kubo-Gruppe mehr als die Hälfte des Umsatzes mit Spezialanfertigungen für individuelle technische Problemstellungen von Kunden macht. Kubo positioniert sich damit nicht primär als Anbieter von Standardprodukten, sondern als Hersteller technischer Speziallösungen.

Der Unternehmenswert „Effizienz" schließlich bezieht sich auf das Leistungsangebot und drückt sich in klaren Beratungsprozessen und schnellem Herstellungs- und Lieferservice aus. Zugleich ist Effizienz organisationsintern ein zentraler Wert und schlägt sich in schlanken Strukturen, klar definierten Prozessen und hoher Kostensensibilität nieder.

Effizienz setzt Kooperation voraus

Das Credo des Geschäftsführers, die Prozesse laufend zu verbessern und möglichst zu vereinfachen, ist Triebfeder für die Umsetzung des Wertes „Effizienz". Die Umsetzung ist allerdings auf eine Unternehmenskultur angewiesen, in der Kooperation, Teamgeist und Eigenverantwortung eine Selbstverständlichkeit darstellen. Eine solche Haltung wird mittels Führung zu erzeugen versucht. In den *Führungsgrundsätzen,* einem der Steuerungsinstrumente für die Identitätsdimension „Verhalten", verpflichtet Kubo sich daher auch zu flachen Hierarchien, einem teamorientierten Führungsstil und zur Delegation von Entscheidungskompetenzen auf Sachbearbeiterstufe im Tagesgeschäft (s. unten). Neben dem Unternehmenswert „Effizienz" prägt auch jener der „Kompetenz" das Führungsverhalten entscheidend mit. So werden bei wichtigen Entscheidungen Arbeitskreise gebildet, in denen alle betroffenen Mitarbeiter bzw. Stellen vertreten sind. Diese werden nicht zwingend von einem Geschäftsleitungsmitglied geleitet, sondern von der fachlich am besten qualifizierten Person.

Führungsgrundsätze von Kubo

Unsere Führungsstruktur hat drei Ebenen und ist somit sehr flach. Sie gliedert sich in die Geschäftsleitung, die Abteilungsleiter bzw. Prozessverantwortlichen und das gesamte übrige Personal.

Wir pflegen einen kollegialen, teamorientierten Führungsstil und achten darauf, dass bei den Führungskräften neben der fachlichen Qualifikation auch die Sozialkompetenz unseren Vorstellungen entspricht.

Bei wichtigen Entscheiden arbeiten wir mit Arbeitskreisen, in denen alle betroffenen Mitarbeiter bzw. Stellen vertreten sind. Diese werden nicht zwingend von einem Mitglied der Geschäftsleitung, sondern von der fachlich am besten qualifizierten Person geleitet. Die vom Arbeitskreis erstellten Lösungen werden der Geschäftsleitung unterbreitet; eine Entscheidung wird gemeinsam gefällt.

Im Tagesgeschäft liegt die Entscheidungskompetenz bei den Sachbearbeitern, die im Rahmen der Prozessbeschreibungen selbstständig entscheiden können.

Angestrebtes Verhalten einfordern

Die vor fünf Jahren definierten Unternehmenswerte und die daraus abgeleiteten Führungsgrundsätze werden von der Geschäftsleitung vorgelebt und eingefordert. Von Führungspersonen, die sich nicht in die vorgegebene Richtung entwickeln konnten oder wollten, hat sich der Unternehmensleiter getrennt. Ebenso von Mitarbeitern, deren Wertesystem nicht mit der definierten Identität vereinbar war. Indem der Trennungsgrund jeweils transparent nach innen kommuniziert worden ist, wurde klar signalisiert, dass das *definierte Verhalten* ernsthaft eingefordert wird. Die Klarheit des Geforderten und die konsequente Durchsetzung der Werte haben letztlich nicht nur zu einer niedrigen Fluktuationsrate geführt, sondern zu einer relativ hohen *Kongruenz von definierter Identität und realen Manifestationen.*

Definierte Identität leben

Indiz für diese große Kongruenz sind die Ergebnisse der letzten Kundenumfrage, die für Kubo Tech durchgeführt worden ist.[4] Dabei gaben 86 % der Befragten an, dass sie mit der Qualität der Produkte zufrieden sind. Die fachliche Kompetenz der Außendienstmitarbeiter wurde von 88 % als gut bezeichnet. Dass der angestrebte Wert „Effizienz" zumindest mehrheitlich gelebt wird, zeigen die Antworten auf die Fragen, ob die Offerten rechtzeitig eintreffen (55 % „ja", 37 % „eher ja") und die Lieferfristen eingehalten werden (53 % „ja", 37 % „eher ja"). Auf die Frage „Würden Sie Kubo Tech weiterempfehlen" haben 98,6 % der Umfrageteilnehmer mit „ja" geantwortet.

Neben dem Vorleben und Durchsetzen durch *Führung* wird definiertes Verhalten auch via *Schulungen* umgesetzt. So finden beispielsweise Schulungen zum telefonischen Kundenkontakt statt.

Selbst- und Fremdbild stimmen mehrheitlich überein

Die ungestützt abgefragte Wahrnehmung des Unternehmens durch die Kunden zeigt zudem eine große Übereinstimmung von Selbst- und Fremdbild. Auf die Aufforderung hin, „zwei Begriffe zu nennen, um Kubo Tech zu beschreiben", wurden „kompetent" und „zuverlässig" am häufigsten genannt. Diese große *Kongruenz von Selbstverständnis und Fremdbild* geht zum einen auf das „Funktionieren" der eingeforderten Verhaltensweise zurück, zum anderen aber auch auf eine konsequente Markenpolitik.

Starke Dachmarke

Im Anschluss an die Reformulierung der Unternehmenspolitik wurde entschieden, „Kubo" als *Dachmarke* zu stärken. Entsprechend wurde die Firma Gummi Huber AG, die Gummiformteile herstellt, der Namensgebung der Kubo Tech angepasst und zu Kubo Form umbenannt. In den Kommunikationsmitteln wird die Marke Kubo dominant gesetzt.

---

[4]Die Online-Befragung richtete sich an 632 Kunden; 219 haben den Fragebogen ausgefüllt. Dies entspricht einem Rücklauf von 35 %.

Die effektive Bezeichnung der drei Firmen hingegen erscheint nur noch als rechtlicher Absender in den Kommunikationsmitteln. Die Gruppe wird ausschließlich als Kubo-Gruppe kommuniziert. Über die unterschiedliche Färbung des Hintergrunds der Kommunikationsmittel wird deutlich gemacht, ob der Absender die gesamte Gruppe oder die Einzelfirmen sind (grün für die Gruppe, weiß für die Einzelfirma; s. Abb. 8.9).

Der Markenclaim „Wir machen es möglich" fasst die für die Identität zentralen Werte zusammen. Er suggeriert gleichermaßen Problemlösungskompetenz, Präzision und Effizienz.

Symbole vereinheitlicht

Statt lediglich kleinere Retuschen vorzunehmen, entschied sich die Unternehmensführung nach der Übernahme im Jahr 2005 dazu, den gesamten Auftritt des Unternehmens zu erneuern und dabei möglichst viele alte Elemente beizubehalten, um die Wiedererkennbarkeit sicherzustellen. So wurde beispielsweise die bisher von der Kubo Tech verwendete Hausfarbe grün als Grundfarbe für die Gruppe bestimmt, dabei allerdings ein etwas frischerer Ton gewählt. Die Bildsprache weist mittels 3-D-Illustrationen auf Kompetenz, Technik und Präzision hin (s. Abb. 8.10). Jeder der drei Kompetenzbereiche (Dichtungen, Federn und Gummiformteile) wird mit einer spezifischen Illustration dargestellt. Produktaufnahmen und Stimmungsbilder ergänzen die gruppeneigene Bildwelt. Die klare, moderne Schrift verstärkt die Aussagekraft der sachlich präzisen Bildsprache. Die Marketingleiterin, die alle neuen Drucksachen, Formulare und Vorlagen genehmigen muss, überwacht die korrekte Umsetzung und Einhaltung der grafischen Vorgaben.

Selbstbewusste Symbolik

Der Hauptsitz ist stark von der *Symbolik* geprägt. So zieht die großflächige Gebäudebeschriftung den Blick ebenso auf sich wie die grünen Sitzpolster der Stühle im Konferenzraum, der sich im Eingangsbereich befindet. Die Lamellen dieses Raums sind nach dem Fibonacci-Prinzip[5] wechselweise in grau und Kubo-grün gehalten. Die harmonische, mathematische Reihe ist Sinnbild für das Streben des Unternehmers Thomas Raible nach Klarheit. Der sorgfältige Einsatz der Symbole am und im Firmengebäude ist Ausdruck des Wunsches, über die Identität eine möglichst homogene Unternehmenskultur zu etablieren (s. Abb. 8.11).

Die Einführung der neuen Symbolik wurde – getreu dem Unternehmenswert „Effizienz" – in pragmatischen Schritten im Laufe von vier Jahren sukzessive umgesetzt. Dank eines ausführlichen *Symbolhandbuchs* führte die schrittweise Einführung der neuen Symbole nicht zu einer Verwässerung des Auftritts. Die Kosten für die Umsetzung konnten im jährlichen Marketingbudget untergebracht werden.

---

[5]Die Fibonacci-Folge ist eine unendliche Folge von Zahlen, bei der sich die jeweils folgende Zahl aus der Addition der beiden vorausgegangenen Zahlen ergibt (0, 1, 1, 2, 3, 5, 8, 13, 21, 34 etc.).

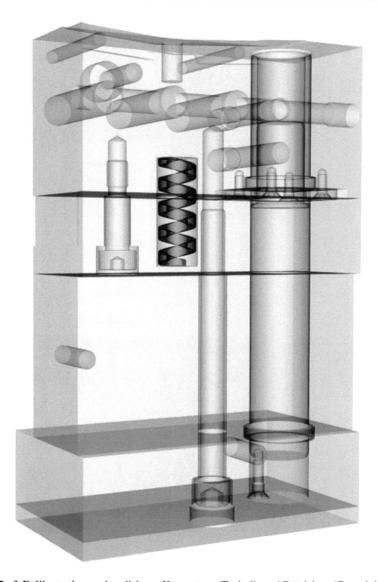

Abb. 8.10 3-D-Illustrationen signalisieren Kompetenz, Technik und Präzision. (Copyright: Kubo)

Der Vision des Inhabers, die gesamte Belegschaft mit einer Uniform einzukleiden und damit einen Korpsgeist zu entwickeln, steht der generell hohe Stellenwert von Individualität in der Schweiz entgegen. So hat sich nach einem Pilotprojekt in der Produktion eine kleine Mehrheit gegen das Tragen von Uniformen ausgesprochen. Dass Verkäufer und administratives Personal uniformiert bei Kubo arbeiten, wird ebenfalls eine Wunschvorstellung des Inhabers bleiben.

Abb. 8.11   Der Hauptsitz ist stark von der definierten Symbolik geprägt. (Copyright: Kubo)

Kommunikation über Produkte und Werte

Die für das Marketing der ganzen Gruppe und der drei Unternehmen zuständige Marketingleiterin verantwortet auch die Kommunikation. Während die Marketingkommunikation mittels Hauptkatalog, Messen, Werbung, Kundenseminaren und Internet Verkaufsförderung betreibt, zielt die Kommunikation auf Bekanntheit, Image und Vertrauen. Die Kunden und Lieferanten, die wichtigsten Bezugsgruppen der externen Kommunikation, sollen primär via Image-Inserate, Internet, Fachmedien, Fachreferate und Werbegeschenke erreicht werden.

Während bei der Kommunikation nach außen die Produkte und Werte der Kubo-Gruppe im Vordergrund stehen, bilden bei der internen Kommunikation darüber hinaus auch die Unternehmensergebnisse ein zentrales Themenfeld. Die interne Kommunikation wird vom Geschäftsführer der Gruppe verantwortet. Als Kommunikationsmittel im Vordergrund stehen die Informationen an den Gruppenleitungs-, Geschäftsleitungs- und Kadersitzungen innerhalb der Gesellschaften sowie Rundmails und eine viermal pro Jahr stattfindende Vollversammlung.

Gut abgestimmte Identität

Unternehmensgröße sowie klare Strukturen und Verantwortlichkeiten stellen die *Abstimmung zwischen den Identitätsdimensionen und ihren Manifestationen* sicher. So laufen beim Geschäftsführer der Gruppe und der Marketingleiterin alle Fäden zusammen. Dass die Marketingleiterin dem Leiter der Gruppe direkt unterstellt ist, führt zu einer optimalen Übereinstimmung von Unternehmenspolitik und Identität.

8.4   PricewaterhouseCoopers (PwC)

Identität über Verhalten steuern[6]

PricewaterhouseCoopers (PwC) ist in der Schweiz das größte Prüfungs- und Beratungsunternehmen. Mit seinem breiten Dienstleistungsangebot aus Wirtschaftsprüfung, Steuern und Recht sowie Wirtschaftsberatung erwirtschaftete das Unternehmen im Geschäftsjahr 2014/2015 (am 30. Juni 2015 endend) einen Bruttoumsatz von 821 Mio. CHF. In der Schweiz beschäftigt PwC rund 2800 Mitarbeiter in 15 Geschäftsstellen. Als rechtlich unabhängiges Partnership ist PwC Schweiz Teil des weltweiten Unternehmensnetzwerks von PricewaterhouseCoopers International Limited. Weltweit arbeiten 195.000 Mitarbeiter für das Prüfungs- und Beratungsunternehmen.

Laut Mission Statement will PwC in den anvisierten Zielmärkten und Dienstleistungsbereichen das herausragende Professional-Services-Unternehmen sein. Die Spitzenstellung soll sich in der eindeutigen Marktführerschaft, in nachhaltig hohen Erträgen und in der Anerkennung als hervorragender Arbeitgeber spiegeln. Die *Unternehmensstrategie,* mit der PwC diesen Auftrag zu erfüllen sucht, basiert auf „Multikompetenz". Die Vernetzung von Wissen, Methoden und Kompetenzen aus Wirtschaftsprüfung, Steuer- und Rechtsberatung sowie Wirtschaftsberatung wird für die Lösung komplexer Kundenfragestellungen nutzbar gemacht. Erster strategischer Eckwert ist Qualität. Mit qualitativ herausragenden Dienstleistungen soll das Ansehen von PwC gesteigert werden. Dieses Ansehen, der zweite strategische Pfeiler, führt zu Umsatzwachstum, dem dritten strategischen Pfeiler, über den die Marktführerschaft weiter ausgebaut werden soll. Der vierte Strategiepfeiler, die mit dem Umsatz erwirtschaftete Marge, ist entscheidend, um in nachhaltigen Erfolg investieren zu können. Wichtigster Erfolgsfaktor sind dabei die Mitarbeiter als fünfter und letzter Strategiepfeiler, der wiederum auf den Ausgangspunkt der Qualität einen enormen Einfluss hat. So bilden die fünf Pfeiler „Qualität", „Ansehen", „Umsatzwachstum", „Marge" und „Mitarbeiter" letztlich einen in sich geschlossenen strategischen Kreis.

Hoher Stellenwert der Unternehmenswerte
Um die Wachstums- und Qualitätsstrategie zu realisieren und den Anspruch von integrierten Beratungsdienstleistungen einzulösen, baut PwC auf normativer Ebene auf die drei zentralen *Werte* „Teamwork", „Excellence" und „Leadership":

- Teamwork: „Die besten Lösungen entstehen durch die Zusammenarbeit mit Kollegen und Kunden." Voraussetzung für erfolgreiche Teamarbeit ist Beziehungsfähigkeit, Respekt sowie Kommunikation.

---

[6]Die Informationen zu PricewaterhouseCoopers stammen aus einem Interview vom 11.01.2013 mit Alexander Fleischer, damaliger Leiter Marketing & Kommunikation von PwC Central Cluster und PwC Schweiz, sowie von der Unternehmens-Webseite (www.kubo.ch) und aus den Unternehmenspublikationen.

- Excellence: Kunden bekommen mehr als das „Versprochene". Voraussetzung dafür sind Spitzenleistungen, die auf Innovation, Lernfähigkeit und Flexibilität beruhen.
- Leadership: Führend zu sein bedeutet „Mut, Visionen und Integrität" zu zeigen. Dieser Anspruch schlägt sich nieder im größten Kundenkreis, den besten Mitarbeitern und dem Willen, Vordenker zu sein.

Diese Werte, die für PwC weltweit bindend sind, wurden im Programm „PwC Experience" in acht Prinzipien überführt. Die eine Hälfte der Prinzipien konkretisiert das angestrebte Erlebnis von PwC-Kunden, die andere die Erfahrungen von PwC-Mitarbeitern (s. Abb. 8.12).

Konsistentes Kunden- und Mitarbeitererlebnis
„PwC Experience" hat die Funktion eines *Leitbilds*. Es definiert, wie sich das Unternehmen gegenüber den beiden wichtigsten Anspruchsgruppen „Kunden" und „Mitarbeiter" verhalten will. Da die Produkte von Wirtschaftsprüfungs- und Beratungsunternehmen Dienstleistungen sind und sehr stark von den jeweiligen Beratern geprägt sind, wird das Kundenerlebnis beinahe ausschließlich über das Verhalten der Mitarbeiter bestimmt. Entsprechend setzt ein spezifisches Kundenerlebnis ein korrespondierendes Mitarbeitererlebnis voraus. Dieser Übereinstimmung wird in den Prinzipien von „PwC Experience" Rechnung getragen. Der Leitsatz „Wir investieren in Kundenbeziehungen" findet im Vorsatz „Wir investieren in Teams und Beziehungen" seine interne Entsprechung. Dasselbe gilt sowohl für die Devise „Wir kommunizieren und kooperieren" als auch für den Leitsatz „Wir versetzen uns in die Lage der Kunden", bzw. „in die Lage der anderen". Die Konzentration auf die „Wertschöpfung für die Kunden" entspricht der Konzentration auf

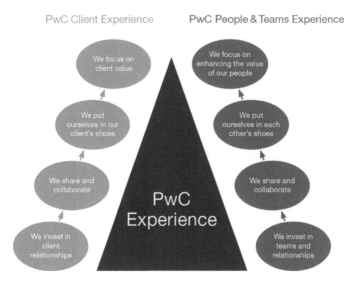

Abb. 8.12 Die acht Prinzipien der „PwC Experience" haben Leitbildcharakter. (Copyright: PwC)

„die Entwicklung der Mitarbeitenden". Die gleichwertige Gewichtung und inhaltliche Übereinstimmung von Kunden- und Mitarbeiterperspektive im Leitbild ist Voraussetzung für einen hohen Konsistenzgrad der Identitätsdimensionen „Leistungsangebot" und „Verhalten".

Um den hohen Anspruch von Teamwork und Kooperation einlösen zu können, stärkt PwC die kollaborative *Unternehmenskultur* gezielt über eine Double- und Triple-Hat-Struktur. Dabei haben Leitungspersonen meist zwei bis drei verschiedene Rollen inne. So war beispielsweise der Schweizer Marketing & Communication Leader vier Jahre lang zugleich Leiter dieses Bereiches von PwC im „Central Cluster" (Europa, Afrika, Mittlerer Osten, Indien); heute wird diese internationale Funktion von der englischen Kommunikationsleiterin parallel verantwortet. Das Prinzip der personellen Verflechtung fördert die Übereinstimmung von Leistungsangebot, Verhalten und Kommunikation in verschiedenen Märkten und Regionen. Statt auf eine straffe globale Konzernstruktur setzt PwC also bewusst auf ein Organisationsmodell, das die lokal stark verwurzelten, rechtlich unabhängigen Ländergesellschaften beibehält und die gewünschte globale Konsistenz über eng geknüpfte interne Netzwerke erreicht, in denen Führungskräfte und Mitarbeiter in unterschiedlichen Teams und Kontexten eine gemeinsame starke Kultur weiterentwickeln und so ihren Wertbeitrag steigern.

Konkret definiertes Verhalten

Die Umsetzung der Unternehmenspolitik in konkretes *Verhalten* und damit in die für ein Dienstleistungsunternehmen zentrale Identitätsdimension ist bei PwC über zwei *Steuerungsinstrumente* sichergestellt. Zum einen soll mit einem Code of Conduct integres Handeln und die Umsetzung der Unternehmenswerte im täglichen Agieren sichergestellt werden. In dem für PwC global gültigen Code of Conduct sind die für die Umsetzung der drei Unternehmenswerte relevanten Verhaltensrichtlinien aufgeführt. Ein Raster für ethisch basierte Entscheidungsfindung und eine Zusammenstellung von Fragen, die bei der Überprüfung der Konformität des eigenen Verhaltens zu Hilfe gezogen werden können, sind ebenfalls Bestandteil des Code of Conduct (s. Abb. 4.2 in Abschn. 4.2.3).

Zum anderen hat PwC in der Schweiz für die Umsetzung der 2006 entwickelten „PwC Experience" zwölf „Moments of truth" definiert, in denen das Kunden- und Mitarbeitererlebnis von PwC erfahrbar werden soll (s. Abb. 8.13). In diesem Steuerungsinstrument sind zwölf Standardsituationen wie beispielsweise erster Kundenkontakt, Debriefing, Austrittgespräch oder Eintritt eines neuen Mitarbeiters beschrieben. In diesen Momenten soll der Puls von PwC spürbar werden, weil sich alle Mitarbeiter von ähnlichen Vorstellungen und Werthaltungen leiten lassen. Für jede Situation sind zentrale Punkte und Verhaltensweisen aufgeführt. Absender dieser „Moments of truth" sind zwölf unterschiedliche PwC Partner. Dass jede Situation mit einer konkreten Führungsperson verknüpft wird, unterstreicht Wichtigkeit und Verbindlichkeit der angestrebten „PwC Experience".

Die Schweizer Konkretisierung von „PwC Experience" in „Moments of truth" wurde während eines Jahres von einer Programmgruppe entwickelt. Deren Leitung war beim

Three things come to my mind when thinking about on-boarding:

1. We need to start on-boarding in advance, before the new team members actually join PwC. We have to provide them with information regarding clients and our team before their first day at work. This way, the new joiners will be prepared and immediately feel they're part of the team.

2. We have to make proper use of our buddy system. At PwC, everything is about collaboration – so if you're a buddy, open your network to your new joiner.

3. Don't kill all the new ideas a new joiner might have. Try to encourage them and give them input so that we can learn from them as much as they can learn from us.

Charles Donkor
Human Resource Services Partner

Moment of truth: Leading People
How do we lead team members to excellence?

Key points:
• Hold face-to-face meetings on a regular basis.
• Provide background information and explain why certain things are necessary.
• Let staff organise staff meetings to learn more about their views, thoughts and concerns.
• Just say thank you.
• Say hello in the morning and goodbye in the evening.
• Pick up the phone and talk to people.
• Know and support the personal ambitions of your staff.
• Listen actively and ask people how they are doing.

Moment of truth: On-boarding
How do we make new joiners feel at home?

Key points:
• Make sure new hires are fully equipped and are properly planned in for projects.
• Cultivate an honest and regular feedback practice; institutionalise a debriefing after every job or project.
• Organise periodic team meetings to keep team members informed with regard to clients, people and the firm.
• Implement a "shadow concept" in case there is not enough client work for a new hire.
• Create an "open door mentality" and encourage new hires to say what they think.
• Show interest in new hires' values and private situation.

Visit the "Heartbeat of the PwC Experience" on Spark for Charles' video message!

Visit the "Heartbeat of the PwC Experience" on Spark for Bruno's video message!

Last year, we performed a limited audit in which the Senior took over the role of the team manager. The audit was very difficult. To gain new experience and self-confidence but also to win the client's trust, we decided that the Senior should discuss the open issues at the final meeting with the client. The meeting was very successful due to the following reasons:

• The meeting was well prepared.
• The senior played a very active role.
• Also, the Senior won new experience and the client's respect.

So for the future, the Senior is now motivated to be more involved in different client situations.

Bruno Räss
Assurance Partner

34   35

Abb. 8.13 Einer der zwölf „Moment of truth". (Copyright: PwC)

COO/CFO angesiedelt, mitgewirkt haben der CEO, die Unternehmensfunktionen „Business Development", „Human Relations", „Knowledge Management" sowie die Unternehmenskommunikation.

Konsistentes Leistungsangebot

Die Umsetzung der Unternehmenspolitik in ein kohärentes, konsistentes und der Markenbotschaft entsprechendes Leistungsangebot basiert im Wesentlichen auf drei Pfeilern: Förderung des identitätsorientierten Verhaltens der PwC-Mitarbeiter über „PwC Experience", Realisierung einheitlicher Ansätze zur Entwicklung und Bereitstellung von Schlüsseldienstleistungen und global definierte verbal identity. Die gesprochene und geschriebene PwC-Sprache soll für den Kunden eingängig und verständlich sein. Dies erleichtert die Interaktion des Kunden mit dem externen Dienstleister und verkürzt und vereinfacht seine Lektüre von Berichten oder Offerten. Verbal identity wird damit als ein Treiber für das angestrebte und in Aussicht gestellte Kundenerlebnis verstanden. Voraussetzung dafür ist eine Kommunikation, die mit Blick auf die Ziele und Bedürfnisse des Gegenübers möglichst authentisch gestaltet wird. Guidelines für verschiedene Textsorten unterstützen das Herausbilden eines sich im Leistungsangebot manifestierenden PwC-Wording und ermöglichen die Umsetzung der „PwC Experience" auf der Ebene der Sprache.

Kommunikation vermittelt Identität

Die Steuerungsinstrumente „Code of Conduct" und „Moments of truth" stellen die Ableitung von „PwC Experience" in konkretes Verhalten sicher. Damit diese Verhaltensrichtlinien auch effektiv gelebt werden können, hat PwC den Rekrutierungsprozess, das Einführungsprogramm, das Talent Development Program sowie das Beurteilungs- und Entlohnungssystem entsprechend verändert. Zudem fließen die in den Standardsituationen definierten Dos und Don'ts in die interne Weiterbildung von PwC ein. Der *Unternehmenskommunikation* kommt die Aufgabe zu, das definierte Verhalten nach innen und außen zu vermitteln. Intern wurde das Leitbild „PwC Experience" mittels Roadshows und Interviews mit dem CEO bekannt gemacht.

Mit der Inseratekampagne „Good Questions" wurde das PwC-Erlebnis in den ersten Jahren nach außen getragen: Wer Fragen stellt – so lautete das Leitmotiv der Kampagne – nimmt die Perspektive des anderen ein, stellt Gewohntes infrage und kann damit Wert schaffen (s. Abb. 8.14). Vermittelte diese Image-Werbung die von PwC angestrebte Identität, so stellt die seit 2011 laufende Testimonial-Kampagne auf der Webseite reale PwC-Kunden ins Zentrum, die von ihrer Erfahrung mit PwC berichten. Lanciert wurde die Kampagne durch zwei TV-Spots, in denen je ein Exponent der Schweizer Wirtschaft, der CFO der Lonza Group und der CEO der Six Group, ihre Geschäftsbeziehung mit und ihre Wahrnehmung von PwC schildern. Damit wird das erfolgreiche Ergebnis der Anstrengungen gezeigt, die „PwC-Experience"-Kultur einzuführen. So schildern die in der Kampagne zu Wort kommenden Kunden PwC als erfahrenen und verlässlichen Partner, mit dessen Unterstützung nicht nur die komplexe Gegenwart, sondern auch die Herausforderungen der Zukunft gut bewältigt werden können.

Ende 2009 hat PwC unter dem Titel „Heartbeat of the PwC Experience" ein Handbuch der definierten Identität erstellt. In ihm sind unter der Überschrift „Our Ambition" Vision, Strategie und Unternehmenswerte beschrieben sowie eine Kurzfassung des Steuerungsinstruments Code of Conduct integriert. Das zweite Kapitel führt die Prinzipien von „PwC Experience" aus und erläutert das Markenversprechen sowie das angestrebte Kundenerlebnis. Daran schließen sich als dritten Teil die „Moments of truth" an, die definierten Standardsituationen, in denen „PwC Experience" begreifbar werden soll. Das letzte Kapitel „PwC in short" vermittelt einen knappen Einblick in Organisation, Geschichte, Corporate Design und verbal identity. Jeder neue Mitarbeiter erhält das Heartbeat-Handbuch am Einführungstag und im Intranet ist das *Identitätshandbuch* jederzeit abrufbar.

Über Markenkommunikation Reputation gestalten

Das Kommunikationsmanagement von PwC zielt letztlich auf die Gestaltung der *Reputation* ab. Es wird versucht, über die *Markenkommunikation* den Bekanntheitsgrad zu steigern und das Image bei den jeweiligen Bezugsgruppen zu schärfen. Kernelemente der Marke sind Beziehungen („Building Relationships") und Mehrwert („creating value"): Die Marke PwC verspricht, dass alle Dienstleistungen und Handlungen beim

Die Besteuerung von Unternehmen wird heute von der Gesellschaft besonders kritisch verfolgt. Gleichzeitig nehmen die Reporting- und Transparenz-Anforderungen stetig zu. Für die Unternehmen wird es deshalb immer wichtiger, ihre «Total Tax Contribution» an den Staat zu verstehen, zu überwachen und vor allem auch zu kommunizieren. PricewaterhouseCoopers hat mit ihrer neuen Studie erstmals den effektiven Finanzierungsbeitrag der grössten Schweizer Unternehmen ermittelt. Klare Fakten zum Steuerstandort Schweiz: Bestellen Sie die kostenlose Studie unter pwc.ch/ttc

www.pwc.ch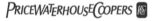

Abb. 8.14 Mit der Inseratekampagne „Good Questions" wurde das Erlebnis „PwC" nach außen vermittelt. (Copyright: PwC)

Gegenüber zu einem konkreten Erfolg bzw. Nutzen und zu einem Gefühl der Zuversicht führen. Die Wertschöpfung für Kunden und die Entwicklung der Mitarbeiter – beides oberste Leitsätze von „PwC Experience" – sollen zu finanziellem und emotionalem Mehrwert für das Gegenüber führen. Diese Markenpositionierung verdichtet die unternehmenspolitischen Werte und spitzt sie kommunikativ zu. Damit richten sich die beiden Identitätskomponenten „Verhalten" und „Kommunikation" gleichermaßen an der unternehmenspolitischen Wertebene aus und sind entsprechend aufeinander abgestimmt.

Die *Dachbotschaft* „Meine Beziehung zu PwC hilft mir das zu erreichen, was mir wertvoll ist" („My relationship with PwC helps me create the value I'm looking for") drückt das Markenversprechen aus. Neben dieser übergeordneten kommunikativen Aussage setzt die Unternehmenskommunikation eine jedes Jahr wechselnde Botschaft; 2010 beispielsweise lautete diese für den Beratungsbereich: „Mit PwC meistere ich die Krise und gehe gestärkt in den nächsten Wirtschaftsaufschwung." 2013 folgte „The Art of Transformation – Mit PwC gelingt mir die Transformation meines Unternehmens, um gewappnet zu sein für eine Zeit, in der Turbulenz ‚the new normal' ist". Aus den Dachaussagen werden Botschaften für die einzelnen Geschäftsbereiche abgeleitet. Das Markenversprechen der Wirtschaftsprüfung „Gute Revision mit Mehrwert" wird mit drei Botschaften untermauert: „PwC bietet mir mehr als den Konformitätsausweis", „Die Qualität meines Jahresabschlusses ist dank PwC höher" und „Die Revision von PwC liefert mir wertvolle Impulse, um meine Geschäftsabläufe zu optimieren".

PwC misst Aspekte ihrer Reputation regelmäßig. Dabei kommen verschiedene Instrumente zum Einsatz. Mit dem weltweit durchgeführten Brand Health Index werden die Images des Wirtschaftsprüfungs- und Beratungsunternehmens im Geschäftsmarkt erhoben. Die interne Wahrnehmung wird durch den Global People Survey, die weltweite Mitarbeiterbefragung, evaluiert. Schließlich wird mittels Adaption des Net Promoter Score die Bereitschaft von Kunden erhoben, PwC weiterzuempfehlen.

Gesichert wird die Reputation nicht zuletzt auch über die Corporate Responsibility. In den vergangenen Jahren hat sich PwC verstärkt mit der Frage auseinandergesetzt, welche Verantwortung das Unternehmen in der Gesellschaft zu übernehmen hat. In der global verabschiedeten CR-Strategie sind vier Themenfelder definiert, die für die Legitimation der Professional Service Firm und ihre Wahrnehmung als integer agierendes Unternehmen zentral sind: Mitarbeitende, Markt, Gemeinschaft und Umwelt. In jedem dieser Bereiche bündelt PwC die CR-Aktivitäten auf jeweils zwei Anliegen.

Kommunikation mit Mitarbeitern und Kunden

Die Mitarbeiter sowie die bestehenden und potenziellen Kunden sind die zwei wichtigsten Bezugsgruppen der *Unternehmenskommunikation*. Die achtköpfige Abteilung Unternehmenskommunikation ist als Stabsstelle beim CEO von PwC Schweiz angesiedelt. Eine Zusammenarbeit zwischen Marketing und Kommunikation findet im Bereich Produkt-PR statt. Hier leistet die Unternehmenskommunikation primär im Bereich Medienarbeit und interne Kommunikation einen Beitrag. Das Human Capital Marketing wird von der Personalabteilung verantwortet. Die Unternehmenskommunikation entwickelt gemeinsam mit der Personalabteilung Programme, die auf eine Optimierung der Führungskommunikation abzielen.

Die Hauptaufgabe der internen Kommunikation ist es, das dem Markenversprechen zugrunde liegende Verhalten bekannt und begreifbar zu machen. Gegenüber den Kunden und der breiten Öffentlichkeit geht es vorab um die Vermittlung der Marke PwC. Von außen sichtbar wird das Unternehmen über die dazu eingesetzten Kommunikationsmittel. Dabei kommt dem Webauftritt und dem dreimal jährlich erscheinenden Kundenmagazin („CEO") eine tragende Rolle zu. Zudem veranstaltet PwC regelmäßig Fach- und Networking-Events, in denen Diskursführung und Beziehungspflege im Vordergrund stehen. Das Format dieser Events ist in den vergangenen Jahren stets weiterentwickelt worden, um den Besuchern neben dem intellektuellen und sozialen auch einen emotionalen Mehrwert zu bieten. So stehen den Gästen beispielsweise Handy-Ladestationen zur Verfügung oder es werden am Ende der Veranstaltung Getränkeflaschen für den Heimweg angeboten. Hinzu kommt der Einsatz multisensorischer Symbole: Lounge-Musik, die zur Corporate Sound Identity passt, und ein spezifischer Duft vermitteln die PwC-Identität auf der sinnlichen Ebene.

Social Media werden zielgruppenorientiert genutzt. So spricht PwC über Facebook primär Studierende und damit potenzielle Mitarbeitende an, während Twitter in der Medienarbeit eingesetzt und die Alumni-Organisation über Xing gepflegt wird. Über Blogs in LinkedIn profilieren sich einzelne PwC-Mitarbeiter als Experten. Die Blogs werden von den jeweiligen Mitarbeitern selbstständig geschrieben und verantwortet. Die Unternehmenskommunikation begleitet die Blogger beratend, indem sie diese vor dem Hintergrund der Social Media Guidelines schult und dabei auch das Rollenverständnis zu klären hilft: Die Blogger müssen für sich von Beginn an klären, ob sie als Privatperson in einem persönlichen Blog oder als PwC-Mitarbeiter in einem Experten-Blog auftreten. Intern setzt PwC weltweit das Social Collaboration Tool Jive ein, mit dem sich Mitarbeitende vernetzen und Gruppen bilden können. Das Intranet ist darin integriert.

Strategisches Storytelling

PwC setzt sowohl in der internen Kommunikation als auch in der externen Kommunikation Storytelling strategisch ein. Ein wichtiges Mittel dazu sind authentische Kundengeschichten, die extern in Form von Testimonials erzählt, intern als Success Stories für das Knowledge Management verwendet werden. Diese Kundengeschichten beschreiben, wie die spezifischen Bedürfnisse des Kunden erfasst, maßgeschneiderte Lösungen ausgearbeitet und tragfähige Beziehungen entwickelt worden sind. Damit illustrieren und aktualisieren sie den Kerngedanken der „PwC Experience" und die Einhaltung des Markenversprechens, den Wert zu schaffen, den der Kunde und der Mitarbeiter erwartet. Neben diesen „value stories" kommen auch fiktive Geschichten zum Einsatz. So wurde beispielsweise den Mitarbeitern die Wachstumsstrategie mit einem Film vermittelt, in dem drei Bergsteigerteams im Wettkampf gegeneinander antreten. Dass ausgerechnet die Mannschaft gewinnt, die am meisten Probleme zu meistern hatte, verweist auf die PwC-Werte „Excellence", „Teamwork" und „Leadership" als Fundament für erfolgreiches Wachstum.

8.5   Sonova

Identitätsbildung für eine starke Arbeitgebermarke[7]

> Die Sonova Holding AG ist die führende Herstellerin von innovativen Lösungen rund um das Thema Hören. Die in Stäfa, Schweiz, ansässige Gruppe ist im Markt durch ihre Kernmarken Phonak, Unitron, Advanced Bionics und Connect Hearing vertreten und bietet ihren Kunden eines der umfassendsten Produktportfolios in der Branche. Gegründet 1947, ist die Gruppe weltweit in über 90 Ländern vertreten und beschäftigt über 10.000 Mitarbeitende. Sonova erzielte im Geschäftsjahr 2013/2014 einen Umsatz von CHF 2,0 Mrd. sowie einen Reingewinn von CHF 347 Mio. Mit der Unterstützung der Hear the World Foundation verfolgt Sonova das Ziel, eine Welt zu schaffen, in der jeder Mensch die Freude des Hörens und damit ein Leben ohne auditive Einschränkungen genießen kann.

Unter der Dachmarke Sonova tritt die Firmengruppe erst seit 2007 auf. Die Gruppe ist aus dem Unternehmen Phonak entstanden, das sich als innovatives Unternehmen und starke Marke sehr rasch im Hörgerätemarkt etabliert hatte. Anlass für die Einführung der Dachmarke Sonova waren Akquisitionen von Unternehmen, die mit ebenfalls starken Hörgerätemarken auf dem Markt auftraten. In den ersten Jahren war Sonova als Marke primär auf den Finanzmarkt ausgerichtet und positionierte die Firmengruppe gegenüber Analysten, Investoren und Finanzjournalisten als gute Investment Opportunity in den Markt für Hörsysteme.

Sonova nutzte den CEO-Wechsel von Valentin Chapero zu Lukas Braunschweiler im Jahr 2011, um die Markenstrategie und -architektur zu überprüfen. Seither ist es erklärtes Ziel der Firmengruppe, die Dachmarke Sonova weiter zu stärken und über den Finanzmarkt hinaus gegenüber allen relevanten Stakeholdern als starken Brand zu positionieren. Dabei wird den Zielgruppen „Mitarbeitende" und „potenzielle Mitarbeitende" eine prioritäre Stellung eingeräumt, da Sonova zu einer starken Arbeitgebermarke entwickelt werden soll. Diese soll es ermöglichen, weltweit die besten Talente in der Branche anzusprechen und für Sonova zu gewinnen. Es ist mittelfristig geplant, dass die Sonova-Marken Phonak, Unitron, Advanced Bionics und Connect Hearing nicht mehr als eigene Rechtskörperschaften, sondern als Business Units und (starke) Produktemarken auftreten. Neue Mitarbeitende werden dann ihre Arbeitsverträge ausschließlich mit Sonova abschließen.

Dieser Strategiewechsel bedingt zunächst einen Identitäts- und Kulturwandel. Alle Mitarbeitenden sollen sich den Sonova-Werten verpflichtet fühlen und diese in ihren jeweiligen Geschäftsbereichen leben. Auf den kulturellen Eckwerten der Sonova-Gesellschaften lässt sich aufbauen. So gilt beispielsweise die Kultur des traditionellen Stamm-

---

[7]Die Informationen zu Sonova stammen aus einem Interview vom 08.01.2015 mit Sarah Kreienbühl, Group Vice President Corporate HRM and Corporate Communications, Vanessa Erhard Blattmann, Director Corporate Branding and Internal Communications, sowie Michael Edmond Isaac, Head of Media Relations der Sonova Holding AG, sowie von der Unternehmens-Webseite (www.sonova. com) und den Unternehmenspublikationen.

hauses Phonak als offen, unbürokratisch und lösungsorientiert. Dank flachen Hierarchien ist die Zusammenarbeit unkompliziert und die Umsetzungsgeschwindigkeit hoch. Ähnliches gilt auch für die anderen Sonova-Gesellschaften. Ziel ist es, über die Etablierung einer bereichsübergreifenden Sonova-Identität auch die Bereichskulturen näher zusammenzuführen. Dazu reicht es nicht, nur die Markensymbole wie z. B. das Logo zu übernehmen, sondern es müssen auch das Verhalten der Mitarbeitenden oder das Leistungsversprechen der Produkte die Sonova-Handschrift tragen.

Umfassendstes Angebot an Hörlösungen
Die Unternehmenspolitik von Sonova ist mit den Eckwerten von Vision, Mission, Werten und Strategie klar definiert. Die *Vision* lässt sich auf eine einfache Formel bringen: „Wir wollen eine Welt schaffen, in der jeder in den Genuss des Hörens kommen und so ohne Einschränkungen leben kann". Sonova will weltweit als das führende Unternehmen für Hörlösungen anerkannt werden. Sonovas Anspruch – die *Mission* – ist es, das umfassendste Angebot an Hörlösungen zu bieten – von Hörgeräten über Cochlea-Implantate[8] bis hin zu drahtlosen Kommunikationslösungen, um alle bedeutenden Formen von Hörverlust behandeln zu können. Sonova ist heute die am breitesten aufgestellte Anbieterin für Hörsysteme in der Branche und im Hörgerätemarkt weltweit die Nummer eins.

Sonova hat drei zentrale *Werte* definiert, die das Unternehmen weltweit über alle Marken und Regionen hinweg vereinen soll: Innovation, Engagement und Verantwortung. Innovationsführerschaft wird als eine Grundhaltung verstanden, die in allen Bereichen des Arbeitslebens gilt, nicht nur bei der Entwicklung innovativer Produkte. Das Engagement der Mitarbeitenden ist für Sonova ein weiterer Eckpfeiler einer erfolgreichen unternehmerischen Tätigkeit: Nur hoch motivierte Mitarbeitende sind in der Lage, die Kunden für die Sonova-Produkte zu begeistern. Gerade die Motivation der vielen jungen Mitarbeitenden hängt stark mit der Sinnfrage zusammen. Sonova als Arbeitgebermarke will hier ansetzen: Die Arbeit bei Sonova soll als sinnhaft empfunden werden, weil sie zur Steigerung der Lebensqualität von Menschen mit Hörminderungen beiträgt.

Verantwortung als dritter Wertepfeiler heißt zunächst gegenüber allen Interessengruppen transparent und glaubwürdig zu sein, meint aber v. a. auch soziale Verantwortung. Diese Corporate Social Responsibility (CSR) nimmt Sonova insbesondere wahr über eine eigene Stiftung: die Hear the World Foundation. Die Stiftung setzt sich weltweit für Menschen mit Hörverlust ein. So hat die Stiftung bislang über 55 Projekte auf allen fünf Kontinenten unterstützt und damit Tausenden von Menschen mit Hörverlust eine Chance für ein besseres Leben ermöglicht. Die Hear the World Foundation war im Jahr 2006 von Phonak gegründet worden und wurde erst vor wenigen Jahren auf die Ebene der Dachmarke Sonova gehoben. Dieser Schritt erlaubt es, die Stiftung sonovaweit als Aktions- und Kommunikationsplattform zu nutzen. So können Mitarbeitende beispielsweise zwei

---

[8]Ein Cochlea-Implantat ist eine Hörprothese für Menschen mit hochgradiger Hörminderung.

Tage pro Jahr im Rahmen der Stiftung Freiwilligenarbeit leisten, was bislang von jährlich rund 100 Personen genutzt wird (Abb. 8.15).

Vier strategische Ziele für nachhaltiges Wachstum

Die Wettbewerbsfähigkeit erhalten und ausbauen will Sonova mit der „Strategie der kundenorientierten Innovation". Kernelement ist dabei eine volle F&E-Pipeline, die Kundenbedürfnisse in neue Produkte übersetzt. In die Forschung und Entwicklung fließen bei
Sonova 7–8 % des jährlichen Umsatzes. Dies führt dazu, dass zwei Drittel des Hörgeräteumsatzes mit Produkten gemacht werden, die weniger als zwei Jahre alt sind.

Sonova hat vier *strategische Ziele* für nachhaltiges Wachstum definiert: weitere
Durchdringung vorhandener Märkte, die Erschließung neuer Märkte, die Integration von
Dienstleistungskanälen und die Ausweitung des Kundenstamms. In den bestehenden
Märkten gewinnt Sonova nicht zuletzt dank guter Feedbacks von Audiologen und Kunden Marktanteile. Die Dienstleistungskanäle sollen u. a. durch eine sichtbare und einheitliche Markenpolitik noch stärker integriert werden. Neue Märkte sieht Sonova v. a.
in den aufstrebenden Schwellenländern wie beispielsweise Brasilien oder China. Und
schließlich soll der Kundenstamm u. a. durch direkte Kommunikation mit potenziellen
Endkunden ausgeweitet werden. Dies bedeutet, dass sich Sonova mit Werbemaßnahmen
zunehmend auch an ein breites Publikum wendet und nicht nur die bisherigen Vertriebs-
kanäle bearbeitet. Angestrebt wird gruppenweit ein Wachstum im einstelligen Prozentbe-
reich, das aber über dem durchschnittlichen Marktwachstum von 2–4 % liegen soll.

Abb. 8.15 Sonova nimmt ihre soziale Verantwortung über die 2006 gegründete Hear the World
Foundation wahr. (www.sonova.com, 20.01.2015)

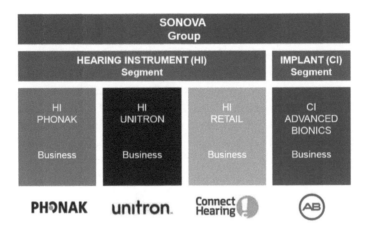

Abb. 8.16 Die Sonova-Gruppe ist in vier Geschäftsbereiche gegliedert und in den globalen Märkten mit vier Kernmarken präsent. (Copyright: Sonova)

Sonova als Endorser Brand für die vier starken Produktemarken

Bestand das *Leistungsangebot* von Sonova bei der Etablierung der Marke primär aus einer attraktiven Aktie, so rückt die Dachmarke zunehmend näher an die Produktemarken heran und soll in Zukunft untrennbar mit diesen verbunden sein. Dies könnte im Sinne eines „Endorser Brand" geschehen, wobei Sonova bei den Produktmarken jeweils unterstützend mitgenannt werden und so die Zugehörigkeit der Produktmarken zur Dachmarke unterstrichen würde. Dies würde die Präsenz von Sonova massiv erhöhen und den Bekanntheitsgrad dieser Marke v. a. auch bei einem breiteren Publikum deutlich steigern. Der Erhalt der vier starken Produktemarken ist jedoch unbestritten: Phonak und Unitron für Hörgeräte, Advanced Bionics für Cochlea-Implantate und Connect Hearing für professionelle audiologische Dienstleistungen. Die Produktstrategien für die jeweiligen Hörsysteme liegen bei den einzelnen Marken und werden von Sonova nur übergreifend gesteuertl (s. Abb. 8.16).

Das *Verhalten* der Mitarbeiter leitet sich gruppenweit von den gleichen drei Werten ab und ist zudem im Code of Conduct für alle Mitarbeiter weltweit geregelt. So ist denn auch die Human-Resources-Abteilung von Sonova verantwortlich für die Implementierung des Verhaltenskodex bei allen Sonova-Gesellschaften weltweit. Der Code of Conduct stammt aus dem Jahr 2007 und wurde 2012 aktualisiert. Kommuniziert wird er u. a. über ein Video, verankert über ein E-Learning-Programm.

Sonova ist sich bewusst, dass das Verhalten der Mitarbeitenden maßgeblich vom Verhalten der Führungskräfte beeinflusst wird. Das Thema Leadership besitzt deshalb einen hohen Stellenwert. Kürzlich wurden neue Führungsprinzipien erarbeitet, die derzeit durch den Einsatz von zwei Trainern weltweit implementiert werden. Thematisiert werden bei dieser Schulung u. a. auch die drei zentralen Sonova-Werte: Innovation, Engagement und Verantwortung.

Bildserie von Bryan Adams mit der „Hear-the-World-Pose"

Als eigene Marke verfügt Sonova auch über eine eigene *Symbolik,* die sich auf die Grundfarbe blau stützt. Sonova hebt sich damit deutlich ab von ihren Produktmarken. So setzen beispielsweise die Marken Phonak und Connect Hearing auf die Grundfarbe grün. Interessant ist die Farbgebung des in den Jahren 2009/2010 erstellten Sonova Fertigungs- und Technologiezentrums am Hauptsitz in Stäfa, Schweiz. Das Gebäude ist nicht etwa in Sonova-Blau, sondern durchgängig im Phonak-Grün gehalten und zeigt deutlich, dass der Sonova-Identität bis vor kurzem noch zu wenig Aufmerksamkeit geschenkt wurde.

Die Bildsprache setzt primär auf Menschen, oft in Nahaufnahme. Wenn Mitarbei- tende abgebildet werden, so handelt es sich immer um reale Mitarbeitende und nicht um Models. Sie werden dabei auch in der für die Bildsprache der „Hear-the-World"-Stif- tung typischen Pose eines bewusst hinhörenden Menschen gezeigt. Die seit 2006 für die Stiftung entwickelte Bildserie mit prominenten Hear-the-World-Botschaftern wie Kate Moss, Joey McIntyre oder Jean Paul Gaultier ist berühmt. Sie alle wurden vom weltbe- kannten Musiker und (weniger bekannten) Fotografen Bryan Adams mit der Hand hinter dem Ohr in Szene gesetzt. Diese „Hear-the-World-Pose" wird damit zu einem visuellen Bindeglied zwischen dem Unternehmen Sonova und der Stiftung (s. Abb. 8.17).

Die klingende Wortmarke Sonova lässt sich herleiten vom lateinischen Stammwort sonare (tönen, schallen, klingen) und evoziert damit in kürzester Form die Welt des (guten) Hörens. In der Endung „nova" klingt zudem das Innovative der Gruppe an. Seit 2013 tritt Sonova mit dem Claim *Hear the World* auf. Damit gelingt es ebenfalls, die starke Verbindung zur rechtlich unabhängigen Hear the World Foundation sichtbar zu machen.

Für ein Unternehmen, das im Hörsystemmarkt tätig ist, stellen *akustische Symbole* eine weitere Möglichkeit der Profilbildung dar. Am Konzernhauptsitz produziert ein künstlicher Wasserfall ein ständiges Hintergrundgeräusch, das offenbar die Lärmbelas- tung der Mitarbeiter im architektonisch offen gehaltenen Gebäude eher dämpft als ver- stärkt (s. Abb. 8.18).

Eher zufällig kam Sonova zu einer Art von Corporate Song; ein Mitarbeiter bewarb sich für das Advisory Board der Hear the World Foundation, in dem er einen gleichna- migen Song zum Thema komponierte. Der Song des Hobbymusikers gefiel den Verant- wortlichen so gut, dass sie ihn professionell produzieren ließen. Heute läuft er in der Telefonwarteschleife von Sonova, am Anfang von Townhall-Meetings und ist als Video auf der Website der Hear-the-World-Foundation und auf YouTube verfügbar.

Kommunikation unterstützt den Branding-Prozess

Die Kommunikation ist bei Sonova mit der Leiterin *Corporate HRM and Corporate Communications* in der Geschäftsleitung vertreten. Dass die Funktionen Kommunika- tion und Personal aus einer Hand geführt werden, kommt nicht von ungefähr: Die Eta- blierung der Dachmarke Sonova setzt eine kohärente und klar ausgebildete Identität voraus. Nur auf diese Weise kann das Markenversprechen intern gelebt werden und die Marke nach außen Strahlkraft entwickeln. So ist es nur konsequent, dass sich auf der

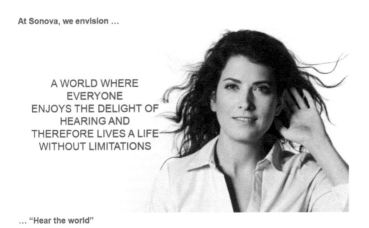

At Sonova, we envision …

A WORLD WHERE
EVERYONE
ENJOYS THE DELIGHT OF
HEARING AND
THEREFORE LIVES A LIFE
WITHOUT LIMITATIONS

… "Hear the world"

Abb. 8.17 Die Hear-the-World-Pose wird sowohl von Sonova (Bild: Mitarbeiterin) als auch von der Hear the World Foundation in der Bildsprache eingesetzt. (Copyright: Sonova)

Kommunikationsseite ein kleines Team integral um *Corporate Branding and Internal Communication* kümmert. Ein zweites Team ist für *Media Relations* zuständig, ein drittes kommuniziert die Leistungen der Hear the World Foundation sowie weiterer CSR-Aktivitäten.

Produktspezifische Kommunikation wird von den Marketingabteilungen der einzelnen Produktmarken wahrgenommen. Investor Relations wird von der Finanzabteilung verantwortet.

Nach außen sichtbar wird Sonova v. a. über seine Kommunikationsmittel. Im digitalen Bereich setzt Sonova auf einen attraktiven Webauftritt, der stark auch mit bewegten Bildern arbeitet, sowie auf verschiedene Social-Media-Kanäle wie YouTube, Twitter, LinkedIn oder Xing (s. Abb. 8.19). Diese Auftritte sollen insbesondere die Zielgruppe *potenzielle Mitarbeitende* ansprechen und vermitteln die Arbeitgebermarke Sonova. Ein starkes Augenmerk wird auf Auszubildende gelegt. Sonova bildet am Hauptsitz jährlich knapp 40 Lernende in 12 Berufen aus, denen das Unternehmen eine fundierte Ausbildung mit hohem Praxisbezug bietet. Auf ein Facebook-Profil verzichtet Sonova; dort sind hingegen die einzelnen Geschäftsbereiche ebenso präsent wie die Hear the World Foundation. Der jährliche Geschäftsbericht, ein Unternehmensprofil, der Corporate Social Responsibility Report sowie diverse Präsentationen sind weitere zentrale Kommunikationsmittel. Auch die Aktivitäten der Hear the World Foundation werden in einem eigenen Jahresbericht zusammengefasst.

Für die Mitarbeitenden von Sonova existiert eine gruppenweite Kollaborationsplattform, aber kein umfassendes Intranet. Per Mail wird regelmäßig ein interner elektronischer Newsletter verschickt, in dem alle Marken vertreten sind, aber auch den drei Sonova-Werten viel Raum eingeräumt wird. Der interne Einsatz von Social Media ist erst auf Stufe Geschäftsbereich etabliert.

Abb. 8.18 Der Konzernhauptsitz mit offener Architektur. (Copyright: Sonova)

Die Organisation, die Ressourcen sowie die Instrumente sind also vorhanden, um die Sonova-Story intern und extern zu verbreiten. Die unternehmenspolitischen Eckpunkte des Unternehmens, also Vision, Mission, Werte und Strategie, eröffnen ein breites Themenspektrum. Die Menschen, die für Sonova arbeiten, die innovativen Produkte, die diese herstellen, sowie die Kunden, die davon profitieren, bieten reichhaltigen Stoff für attraktive Geschichten rund um Sonova. Sie alle sollen einzahlen auf die Kernbotschaft: Sonova als anerkannte Innovationsführerin im globalen Markt für Hörlösungen.

In der breiteren Öffentlichkeit noch wenig bekannt
Der Widerhall der Sonova-Kommunikation in der Kommunikationsarena wird über verschiedene Kanäle gemessen, beispielsweise über die klassische Medienauswertung oder direkte Feedbacks von Mitarbeitenden oder Investoren. Die letzte breit angelegt Analyse

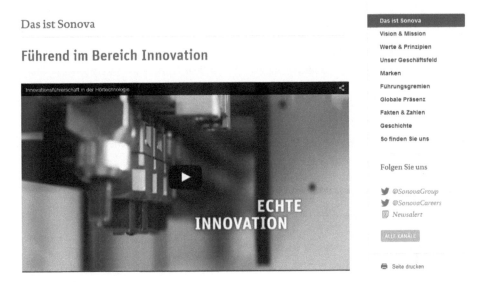

Abb. 8.19 Auf der Website arbeitet Sonova zunehmend mit bewegten Bildern. (www.sonova. com, 20.01.2015)

der Marke Sonova liegt einige Jahre zurück. Es zeigte sich damals, dass Sonova wohl in der Schweiz und global in Wirtschaftskreisen bekannt ist, in der breiteren Öffentlichkeit allerdings noch kaum wahrgenommen wird. Die neue Markenstrategie von Sonova greift in der ersten Phase v. a. intern. Die Mitarbeitenden sollen nicht nur Markenbotschafter ihrer Produktmarken, sondern auch der Dachmarke Sonova werden. Die zweite Phase wird dann v. a. nach außen gerichtet sein. Sonova soll weltweit gehört werden: von Investoren, Mitarbeitenden und potenziellen Mitarbeitenden und – als vertrauensschaffender Endorser Brand – letztendlich auch von Kunden.

8.6   SOS-Kinderdorf-Verein Deutschland

Der Name trifft das Wesentliche[9]

SOS-Kinderdorf e. V. ist ein gemeinnütziger Verein, der sich seit 60 Jahren im Bereich der Kinder-, Jugend-, Behinderten- und Familienhilfe engagiert. In den 43 Einrichtungen, welche die Organisation in Deutschland betreibt, werden über 95.000 Kinder, Jugendliche und

---

[9]Die Informationen zu SOS-Kinderdorf e. V. stammen aus einem Interview vom 15.12.2009 mit dem Leiter Kommunikation und sind im November 2014 durch die Pressestelle des Vereins aktualisiert worden. Zudem liegen der Fallbeschreibung Informationen von der Organisations-Webseite (www.sos-kinderdorf.de) und den Unternehmenspublikationen zugrunde.

junge Erwachsene dauerhaft oder zeitweise betreut, beraten oder ausgebildet. Ermöglicht werden diese stationären, teilstationären und ambulanten Angebote durch die rund 3400 Mitarbeiter, die beim deutschen SOS-Kinderdorf-Verein hauptamtlich beschäftigt sind, durch 128,6 Mio. EUR Einnahmen (Jahr 2013) aus Spenden, Patenschaften, Stiftungen und Nachlässen sowie durch öffentliche Mittel.[10] Neben dem Betrieb von pädagogischen Einrichtungen in Deutschland finanziert das Sozialwerk auch über 127 Kinderdorfeinrichtungen in 42 Ländern mit. Damit ist SOS-Kinderdorf Deutschland einer der großen Fördervereine der weltweit tätigen privaten Institution SOS-Kinderdorf International.

Mit einem gestützten Bekanntheitsgrad von 83 % (laut GfK-Studie, Januar 2014) ist SOS-Kinderdorf eine der Non-Profit-Organisationen mit dem höchsten Bekanntheitsgrad in Deutschland. Ein sehr hohes Spendenaufkommen unterstreicht ihre Popularität. Die klare Positionierung des Sozialwerks ist nicht zuletzt Ergebnis eines konsequenten *Alignments* von *Unternehmenspolitik, Identität* und *Marke*.

Einfache und nachvollziehbare Idee
Die Identität des Kinderdorf-Vereins ist bis heute eng mit der ursprünglichen Kinderdorfidee verknüpft. Diese entstand in der unmittelbaren Nachkriegszeit als Reaktion auf die damals kasernenartigen Waisenhäuser. Der Medizinstudent Hermann Gmeiner stellte dieser unpersönlichen Unterbringung das Konzept einer dem Familienleben nachempfundenen Betreuung entgegen. Demnach braucht ein verlassenes Kind für eine gesunde Entwicklung eine Mutter, die ihm Geborgenheit schenkt, Geschwister, mit denen es sein Sozialverhalten einüben kann, ein Haus, in dem es sich sicher fühlt, und ein Dorf als Gemeinschaft, die es trägt. Realisiert wurde diese Idee erstmals 1950 mit fünf Familienhäusern im ersten SOS-Kinderdorf im österreichischen Imst. Fünf Jahre später gründete Gmeiner den SOS-Kinderdorf-Verein in Deutschland und eröffnete in Dießen am Ammersee das erste deutsche SOS-Kinderdorf.

Alle Leistungsangebote zielen auf Verselbstständigung
Oberstes Ziel eines SOS-Kinderdorfes ist es, Kinder mit ungünstigen Startbedingungen auf ihrem Weg zu begleiten und zu befähigen, später ein selbstständiges Leben zu führen. Erfahrungen in den Kinderdörfern – etwa mit Menschen mit Behinderungen – und gesellschaftliche Veränderungen führten in den vergangenen Jahrzehnten dazu, dass der Verein *vielfältige neue Angebote* entwickelt hat. So entstanden beispielsweise SOS-Dorfgemeinschaften für Menschen mit Behinderungen, SOS-Berufsausbildungszentren, sozialpädagogische Angebote an Schulen oder SOS-Familienzentren, die darauf abzielen, Familien in Problemsituationen zu beraten und zu unterstützen.

Leistungsangebote setzen Unternehmenspolitik stringent um
In den vielfältigen Leistungsangeboten findet die *Unternehmenspolitik* des Vereins ihren Niederschlag. Oberster Bezugspunkt dieser Politik ist der Vereinszweck. Dieser

---

[10]Jahresbericht SOS-Kinderdorf 2014.

schreibt vor, dass sich das Sozialwerk „für das Wohlergehen von Kindern, Jugendlichen und Erwachsenen einsetzt". Dazu sollen „Lebensräume" gestaltet werden, in denen sich Menschen „angenommen und zugehörig fühlen". Deren Bewohner sollen ihre „Möglichkeiten und Kräfte entdecken, sich zu selbstbewussten und solidarisch handelnden Menschen zu entwickeln und selbstbestimmt zu handeln". Die verschiedenen Leistungsangebote stellen Kindern und Familien zwar ganz unterschiedliche Lebensräume zur Verfügung, sie verfolgen jedoch alle das Ziel der Verselbstständigung. Damit soll letztlich ein „Beitrag zur Verwirklichung einer friedvolleren und gerechteren Welt" geleistet werden. In dieser ideellen Beeinflussungsleistung des Sozialwerks liegen die Werte begründet, denen sich SOS-Kinderdorf verpflichtet fühlt. Diese *Werte* basieren auf einem humanistischen Menschenbild:

- Recht aller Menschen auf ein Leben in Frieden, Freiheit und sozialer Gerechtigkeit,
- Achtung der Würde und Einzigartigkeit des Menschen,
- Fähigkeit des Menschen, sein Leben in Einklang mit sich selbst und der Gemeinschaft zu gestalten,
- Verantwortung gegenüber Natur und Umwelt.

Hohes Commitment zum Leitbild
Diese Wertvorstellungen sind auch die oberste Richtschnur für das *Verhalten* der Mitarbeiter. Sie sind in einem breit angelegten Diskussionsprozess Ende der neunziger Jahre erarbeitet, von der Vereinsführung verabschiedet und im Leitbild zusammen mit den anderen unternehmenspolitischen Vorgaben schriftlich fixiert worden. Eine wichtige Rolle spielte in diesem Prozess die Unternehmenskultur: Den Anstoß für das Leitbild gaben die Mitarbeiter, ihre Vorstellungen flossen darin ein. Das partizipative Verfahren sichert ein breites Einverständnis der Organisationsmitglieder über alle Hierarchiestufen hinweg und ist die wesentliche Voraussetzung dafür, dass die für die Identität bestimmenden Werte auch tatsächlich handlungsleitend sind. Im Jahr 2014 wurde wieder ein solcher beteiligungsorientierter Prozess zur Überarbeitung und Anpassung des Leitbildes gestartet.

Geben diese grundsätzlichen Werte den Mitarbeitern bereits einen Orientierungsrahmen für ihr Handeln, so steuert SOS-Kinderdorf das Verhalten der Mitarbeiter in den verschiedenen pädagogischen Betreuungseinrichtungen zudem mittels konkreter Richtlinien. Verantwortlich für die Implementierung dieser Richtlinien ist das Ressort Personal. Und mittels eines ständigen Qualitätsmanagements überprüft die Organisation, ob das Verhalten der Führungspersonen und Mitarbeiter in der Geschäftsstelle wertekonform ist.

Name als Konzentrat der Hauptziele
Bei der Übersetzung der Unternehmenspolitik in konkrete *Symbole* spielt der Name „SOS-Kinderdorf" eine herausragende Rolle. Seine drei Elemente „SOS", „Kinder" und „Dorf" versinnbildlichen die Grundidee des Vereins. Während der Begriff „Kinder" auf junge Menschen als die Hauptklientel der Leistungsangebote hinweist, signalisiert

das „Dorf" die grundsätzliche Gestaltung dieser Angebote als Lebensraum und gemein-
schaftliches Miteinander. Die Abkürzung „SOS" weckt Assoziationen zum seinerzeit
international gültigen Notruf und verweist damit auf die spezifische Ausgangslage der
Klienten. Allerdings: Der Kinderdorf-Gründer Gmeiner setzte die Buchstaben SOS
ursprünglich anders, nämlich als Abkürzung für die Vereinsbezeichnung „Societas Soci-
alis".

Der *Name* bringt also nicht nur Zweck und Idee des Vereins zum Ausdruck, sondern
ist zugleich die Bezeichnung seines ersten und damit ältesten Leistungsangebots. Dies
führt dazu, dass die Außenwahrnehmung des Sozialwerks primär an die pädagogische
Einrichtung Kinderdorf anknüpft und weniger mit den übrigen Angeboten in Verbindung
gebracht wird. Da das Angebot Kinderdorf öffentlich abbildbar, leicht erklärbar und gut
kommunizierbar ist, stützt diese enge Verbindung von Name und Angebot die Bekanntheit und Vertrauenswürdigkeit der Organisation als Ganzes.

Das Logo bildet die Kinderdorfeinrichtung ab
Das Logo des Trägervereins SOS-Kinderdorf (s. Abb. 8.20) stellt eine feste Verbindung von *Bild-* und *Wortmarke* dar. Im Emblem stehen das Mädchen und der Knabe für
Geschwisterlichkeit, die ihrerseits auf Gemeinschaft, Liebe und Zugehörigkeit verweist.
Das Bäumchen in der Mitte zwischen den zwei Kindern symbolisiert das Aufwachsen
und damit den Weg in die Selbstständigkeit. Die horizontale Linie im unteren Viertel
vermittelt Halt und Stabilität, die mit den verschiedenen Angeboten verliehen werden
sollen. Der Rahmen um das Piktogramm schließlich versinnbildlicht den Schutz, den
Kinder, Jugendliche, Menschen mit Behinderungen und Familien in den SOS-Einrich-
tungen bekommen.

Die pädagogischen Einrichtungen verwenden jeweils spezifische Logos, in denen
das Logo des Trägervereins mit dem Einrichtungsnamen verbunden ist (s. Abb. 8.21).
Die Einrichtungen nutzen zudem oft auch einen der beiden Claims, in der Mehrzahl den
Claim „Wir sind Familie".

Die Marke verweist auf den Ursprung
Die Marke SOS-Kinderdorf ist immer noch eng mit der Philosophie des Gründers des
Sozialwerks und damit stark mit der pädagogischen Einrichtung Kinderdorf verknüpft.
Materieller Markenkern ist die „familiennahe Form der Betreuung und Begleitung" von
Kindern und Jugendlichen, die in Not geraten sind. Damit korrespondiert der *emotionale
Markenkern*, der SOS-Kinderdorf mit einer „besseren Welt" gleichsetzt, in der auch „unter
schlechten Startbedingungen Gutes entsteht". Das auf den Markenkern rekurrierende Mar-
kenversprechen basiert u. a. auf folgenden Markenwerten: „Momente glücklicher Kindheit

Abb. 8.20 Das Logo des Trägervereins kombiniert Wort- und Bildmarke. (Copyright: SOS-Kinderdorf)

Abb. 8.21 Logo einer
pädagogischen Einrichtung.
(Copyright: SOS-Kinderdorf)

SOS-Kinderdorf
Schwarzwald

schaffen", „Aufwachsen in einer Gemeinschaft", „verlässliche Beziehungen gestalten",
„Sicherheit, Stabilität und Halt bieten", „individuelle Entwicklungen fördern" sowie „selbstständiges Leben ermöglichen".

Während SOS-Kinderdorf Unternehmenszweck, -werte und -ziele in die verschiedenen Identitätsdimensionen übersetzt, nutzen Marketing und PR die eingängigen Prinzipien der Ursprungsidee „Kinderdorf", um auch die anderen Angebote des Vereins
bekannt zu machen. Diese Konsistenz der Marke führt dazu, dass das Sozialwerk als
Ganzes einen enorm hohen Bekanntheitsgrad und sehr viel Sympathie und Akzeptanz
genießt. Die konsequente Verwendung des Logos des Trägervereins auf allen Stufen und
die enge Verbindung des Emblems mit der bekannten Einrichtung „Kinderdorf" leisten
dazu ebenfalls einen Beitrag.

Angebot und Ergebnisse kommuniziert

Auch wenn Geschichten aus den Kinderdörfern stets auf ein großes mediales Echo
stoßen, bezieht die *Unternehmenskommunikation* gezielt auch andere Leistungen des
Sozialwerks mit ein. Kommuniziert wird primär über Dienstleistungen (Was macht SOS-
Kinderdorf?) und deren Ergebnisse (Wie wirken sich Dienstleistungen aus?). Dazu führt
der Verein regelmäßig Studien über die Lebensbewährung von ehemaligen Kinderdorf-
Betreuten durch. Diese Erhebungen erhöhen die Glaubwürdigkeit und stärken die Vertrauenswürdigkeit. Zudem liefern sie Material für Geschichten von Menschen, die in
SOS-Kinderdörfern aufgewachsen sind und dank diesen Einrichtungen als Erwachsene
ein eigenständiges Leben führen können. Solche authentischen Storys werden konsequent in den verschiedensten Kommunikationsmitteln des Sozialwerks eingesetzt. In der
Vermittlung des Markenversprechens spielt Storytelling denn auch eine zentrale Rolle
und ist ein weiterer Grund dafür, dass die Kommunikation von SOS-Kinderdorf eine
sympathische Ausstrahlung zu erzeugen vermag (s. Abb. 8.22).

Stringente Botschaften

Daneben zielt die Kommunikation darauf ab, das bestehende Image zu stärken, die Posi-
tion im Spendermarkt zu halten, die Medienresonanz zu erhöhen und die Stakeholder
gut zu informieren. Entsprechend zentral für die Unternehmenskommunikation sind die
externen Bezugsgruppen Spender und Multiplikatoren sowie öffentliche Organisationen
und Kooperationspartner (s. Abb. 8.23).

Durch den Einsatz von zahlreichen Prominenten aus TV, Showbusiness und Sport,
die sich vielfältig und öffentlichkeitswirksam für SOS-Kinderdorf engagieren, kann das

SOS in der Welt

Das SOS-Kinderdorf
Comitán entstand aus
einem Nothilfe-Pro-
gramm für Flüchtlinge.

Erlebnisbericht aus Mexiko

Der rosarote Pullover

*Die heute 26-jährige Reyna erinnert sich an ihre
erste Geburtstagsfeier im SOS-Kinderdorf.*

Ich weiß nicht genau, an welchem
Tag ich ins Kinderdorf gekommen
bin, aber ich bin mir sicher, dass ich
neun Jahre war, denn meinen 10. Geburtstag habe ich im Kinderdorf gefeiert. Das war überhaupt mein erster Geburtstag, der gefeiert wurde. Ich kann
mich noch genau an den Kuchen erin-
nern, an sehr viele Süßigkeiten. Mein
Geschenk war ein rosaroter, bestickter
Pullover. Ich war so stolz und wollte
diesen Pullover nie mehr ausziehen.
Niemals werde ich diesen Tag vergessen. Ich war so glücklich!«

Dies erzählt uns Reyna, eine junge Frau
von heute 26 Jahren. 1998 kamen sie
und ihre Schwester Claudia im »Famili-
enhaus Hermann Gmeiner« unter. Damals waren sie von der Polizei in einem

**Sie hat inzwischen selbst
eine Familie gegründet: das
ehemalige Kinderdorf-Kind
Reyna.**

verlassenen Haus aufgefunden worden. Das Schicksal ihrer leiblichen Mutter blieb bis heute unaufgeklärt.

Die ersten Monate im Kinderdorf waren
sehr schwer für sie, erzählt Reyna. Sie
kam mit ihrer Schwester ins Kinderdorf,
doch ihr Zwillingsbruder David fehlte. Er
war zum Zeitpunkt der Rettung nicht
bei den Schwestern gewesen. Fast
jeden Tag sprach sie mit der Dorfleiterin
und der Sozialarbeiterin über ihren Bru-
der. Und eines Tages war es dann so-
weit: Auch David konnte im Kinderdorf
Comitán eine neue Heimat finden.

Als Reyna sich Jahre später entschied,
ein selbstständiges Leben zu führen
und ihre SOS-Familie zu verlassen, war
dies eine große Herausforderung. Sie
begann zu arbeiten und gründete mit
ihrem Mann Francisco eine Familie, zu
der inzwischen drei Söhne gehören.
»Unsere Familie hat auch schon schwe-

Vom Nothilfe-projekt zum Kin-derdorf

Im mexikanischen Bundesstaat Chia-
pas kam es ab 1994 zu blutigen Auseinandersetzungen zwischen indigenen
Guerillakämpfern und Regierungstrup-
pen. SOS-Kinderdorf startete daraufhin in der Provinzstadt Comitán ein
SOS-Nothilfeprogramm in Form eines
Sozialzentrums, um sich um die vielen
Flüchtlinge zu kümmern. Nachdem die
Menschen langsam in ihre Heimatdör-
fer zurückkehren konnten, wurde das
Nothilfeprogramm Ende 1997 in eine
permanente Einrichtung umgewandelt.

Neben dem SOS-Kinderdorf Comitán
gibt es in Mexiko sechs weitere Kinderdörfer, vier Jugendeinrichtungen,
eine Hermann-Gmeiner-Schule, ein
Berufsbildungszentrum und fünf Sozi-
alzentren. Ein wesentlicher Inhalt der
mexikanischen SOS-Kinderdorfarbeit
ist die Unterstützung junger Menschen
auf ihrem Weg in die Selbstständigkeit.

re Zeiten durchleben müssen,« berichtet Reyna, »Sandro leidet am Aufmerk-
samkeitsdefizit-Syndrom und hat auch
Schwierigkeiten beim Sprechen. SOS-
Kinderdorf hat mir geholfen, eine Ärztin
zu finden, die ihn jetzt betreut und auch
unentgeltlich mit ihm arbeitet. Mein
Sohn hat große Fortschritte gemacht.«

Reyna und ihr Mann haben zwei kleine
Geschäfte auf einem Markt eröffnet.
Dort verkaufen sie Süßigkeiten und Putz-
mittel. Noch, sagt sie, sind diese Geschäfte klein, aber sie werden größer
werden mit der Zeit. Und das Wichtigste:
»In meiner Familie gibt es weder Schreie
noch Gewalt – das hat mir SOS-Kinderdorf auf meinen Weg mitgegeben.« ▪

28   Jahresbericht 2014

Abb. 8.22 Vermittlung des Markenversprechens über Storytelling. (Copyright: SOS-Kinderdorf,
Jahresbericht 2014, S. 28)

Abb. 8.23 Die wichtige Zielgruppe der Spender wird mit einem eigenen Magazin bedient. (Copyright: SOS-Zoom 2/2014, Titelseite)

Sozialwerk zudem ein konstantes mediales Grundrauschen in people-affinen Kanälen erzeugen und damit seine hohe Bekanntheit in der entsprechenden Zielgruppe stützen.

Die Kommunikation von SOS-Kinderdorf rekurriert konsequent auf die klare und einfache Gründungsidee. Die darin enthaltenen Werte und ihre Bedeutung in der heutigen Zeit hält sie mit prägnanter Symbolik und stringenten Botschaften im Bewusstsein der breiten Öffentlichkeit.

8.7   Trigema

Konstante Strategie, konstante Botschaften[11]

Trigema ist Deutschlands größter Hersteller von Sport- und Freizeitbekleidung und produziert ausschließlich im eigenen Land. Unternehmer und Firmeninhaber Wolfgang Grupp leitet die 1919 gegründete Firma in dritter Generation. Seit dem Amtsantritt des heutigen Unternehmensleiters im Jahr 1969 gibt es bei Trigema weder Kurzarbeit noch Entlassungen aufgrund von Arbeitsmangel. Die Firma mit Hauptsitz in Burladingen ist eines der erfolgreichsten Textilunternehmen Deutschlands und beschäftigt rund 1200 Mitarbeiter.

Die Unternehmenspolitik von Trigema ist seit über 40 Jahren geprägt von Wolfgang Grupp, dem Geschäftsführer und Inhaber der Firma. Die stark ausgeprägten persönlichen Werte des „Königs von Burladingen", wie der Trigema-Inhaber hin und wieder genannt wird, sind gleichzeitig die *Werte* des Unternehmens. Trigema braucht kein verschriftlichtes Leitbild, weil die Kernwerte und -gedanken von Wolfgang Grupp über das Vorleben und das Handeln des Chefs am effektivsten zu den Mitarbeitern gelangen. Flexibilität, Zuverlässigkeit und den Familiengedanken nennt Grupp als die wichtigsten Werte des Unternehmens. Das Unternehmen und seine Mitarbeiter als Großfamilie: Wolfgang Grupp kennt fast jeden der rund 1200 Mitarbeiter persönlich und betrachtet diese als die wichtigste Anspruchsgruppe des Unternehmens – noch vor den Kunden.

Produktion ausschließlich in Deutschland

Das unternehmerische Credo von Wolfgang Grupp ist Basis für seine strategischen Entscheidungen und lässt sich folgendermaßen zusammenfassen:

Die Aufgabe des Unternehmers ist es, seine Firma so in die Zukunft zu steuern, dass der von außen gegebene ständige Wandel bewältigbar bleibt. Dies setzt der Größe des Unternehmens Grenzen. Es braucht keine Visionen, um langfristig Erfolg zu haben, son-

---

[11]Die Informationen zu Trigema basieren auf einem Interview vom 08.12.2009 mit Wolfgang Grupp, Geschäftsführer und Inhaber der Trigema GmbH & Co. KG, sowie auf Informationen von der Unternehmens-Webseite (www.trigema.de) und von Unternehmenspublikationen. Aufgrund eines Telefongesprächs vom 10.12.2014 mit Wolfgang Grupp haben die Autoren entschieden, die Fallstudie unverändert abzudrucken. Die wesentlichen Aussagen gelten unverändert, was die hohe strategische Konstanz des Unternehmens unterstreicht.

dern flexible unternehmerische Entscheidungen, die auf Erfahrungen und der Beurteilung der Ist-Situation basieren. Ob ein Unternehmer wirklich erfolgreich war, lässt sich nach Grupp erst an seinem Lebensende beurteilen. Nachhaltigkeit ist kein Programm, worüber man sprechen müsste, sondern eine unternehmerische Grundhaltung.

Die wichtigste *strategische Entscheidung* von Trigema besteht darin, am ausschließlichen Produktionsstandort Deutschland festzuhalten und auch den Absatz primär im Heimatland zu forcieren. Dies erlaubt ein stetiges Wachstum ohne Akquisitionen und ohne Fremdkapitaleinsatz. Für Wolfgang Grupp ist Unabhängigkeit ein zentraler unternehmerischer Wert. Diese stellt er auch durch eine hohe Fertigungstiefe seiner Produkte sicher. Vom Baumwollfaden bis zum fertigen Kleidungsstück ist die gesamte Wertschöpfungskette unter der Kontrolle von Trigema.

Der Unternehmer Wolfgang Grupp hat bereits vor Jahrzehnten – nach etlichen Jahren als Unternehmensleiter – neun programmatische Leitgedanken festgehalten, die ihm bis heute wegweisend geblieben sind. Sie werden im Folgenden sinngemäß wiedergegeben:

- Die Struktur und die Prozesse müssen so gestaltet sein, dass die oberste Führung alles selbst überblicken kann.
- Probleme müssen sofort gelöst, Entscheidungen sofort gefällt werden.
- Die Sicherheit der Arbeitsplätze steht an erster Stelle. So kann der Mitarbeiter die volle Leistungskraft entfalten, da er sich keine Gedanken über den Arbeitsplatz machen muss.
- Rendite vor Umsatz: Es werden keine Rabatte gewährt, nur um mehr Umsatz zu generieren.
- Keine Diversifikation: Man kann nicht überall gut sein.
- Keine Abhängigkeiten eingehen, weder von Kunden, Lieferanten, Banken oder Mitarbeitern.
- Kapazitäten müssen so groß sein, dass sie konstant in ein bis zwei Jahren verkauft werden können.
- Größte Flexibilität in allen Bereichen ist notwendig.
- Wachstum nur dann anstreben, wenn auch auf lange Sicht Kapazitäten verkauft werden können.

Als Wolfgang Grupp die Firmenleitung übernahm, befand sich das Unternehmen in einer wirtschaftlich schwierigen Situation. Das traditionelle Geschäft mit Unterwäsche lief schleppend, neue Ideen waren gefragt. Grupp dehnte das Geschäftsfeld auf Oberbekleidung aus, wobei er v. a. auf das neu aufkommende T-Shirt setzte. Mit großem Erfolg, wie die Zukunft zeigen sollte.

Führung aus einer Hand

Wolfgang Grupp definiert nicht nur die Unternehmenspolitik der Trigema eigenständig, sondern er verantwortet auch die identitätsbildenden Bereiche direkt. Er ist nämlich nicht nur Unternehmensleiter, sondern auch Marketing-, Personal- und Kommunikationschef.

Das *Leistungsangebot* fokussiert getreu des Leitgedankens der Nicht-Diversifikation im Basisangebot auf Sport- und Freizeitbekleidung für Damen, Herren und Kinder. Dazu gehören T-Shirts, Sweatshirts, Jogginganzüge, Sportanzüge, Nickys, Unterwäsche, Nachtwäsche und vieles mehr. Zusätzlich entwickelt die Designabteilung ständig neue Produkte und Modelinien. Die Textilien von Trigema werden nach höchsten Ökostandards produziert. Das Angebot wird flexibel am Markt ausgerichtet. Der Kunde bekommt, was er sich wünscht, solange es sich für Trigema rechnet.

Der Vertrieb läuft einerseits über sog. Test-Shops (Factory Outlets), die rund 50 % des Umsatzes generieren. Beliefert werden andererseits aber auch über 4000 Geschäftskunden unterschiedlichster Größe. Der Online-Handel ist vergleichsweise neu (2005), in der Bedeutung jedoch stark zunehmend.

Verhalten als Teil des „genetischen Codes"
Trigema braucht weder schriftliche Verhaltensrichtlinien noch entsprechende Schulungsprogramme. Das gewünschte *Verhalten* ist über die Jahrzehnte unter gleicher Führung Teil des „genetischen Codes" des Unternehmens geworden. Um Verhaltenskonstanz weiterhin zu gewährleisten, setzt Wolfgang Grupp u. a. folgende Steuerungsinstrumente ein:

- Auswahl neuer Mitarbeiter: Trigema stellt gerne junge Leute ein, deren Eltern bereits bei Trigema arbeiten und die Kultur von Trigema verkörpern. Wolfgang Grupp geht sogar so weit, dass er den Kindern von Trigema-Mitarbeitern nach ihrem Schulabschluss einen Arbeits- oder Ausbildungsplatz garantiert. Allerdings gilt für alle neu Eintretenden: Sie müssen sich zuerst während einer längeren Probezeit bewähren, bevor sie fest angestellt werden.
- Auswahl Führungskräfte: Rund 90 % der Führungskräfte von Trigema haben bereits ihre Ausbildung beim Unternehmen gemacht. Damit ist sichergestellt, dass die Trigema-Werte in den wichtigen Führungspositionen gelebt werden.
- Vorleben und Durchsetzen: Wolfgang Grupp lebt seinen Mitarbeitern die Werte und das entsprechende Verhalten vor und fordert es von Mitarbeitern aller Hierarchiestufen ein. Wenn er es für nötig erachtet, greift er ungeachtet von Hierarchie oder Person direkt in die Arbeitsprozesse ein und setzt erwünschtes Verhalten durch.
- Familienmetapher: Sehr bewusst bezeichnet Wolfgang Grupp Trigema als „Familie". Wer seinen Arbeitgeber als Großfamilie versteht, wird dazu tendieren, sich auch den (ungeschriebenen) Vorgaben entsprechend zu verhalten. Der Appell an die „Familie Trigema" hat also verhaltenssteuerndes Potenzial.

Chef sitzt mit im Großraumbüro
Das Beispiel einer Mitarbeiterin, mit der sich die Autoren dieses Buches beim Firmenbesuch informell unterhalten haben, verdeutlicht die Art und Weise, wie sich Verhalten im Trigema-Umfeld bildet: Die Mitarbeiterin erzählt, wie sie in der Firma gelernt habe, Papier immer doppelseitig zu bedrucken („man lernt ganz schön viel vom Chef"). Mittlerweile mache sie das auch zu Hause so, es sei nämlich sehr sinnvoll. Die Grenzen zwischen Privatem und Beruflichem, zwischen Kleinfamilie zu Hause und Großfamilie im Unternehmen sind fließend.

Wichtiges *Führungsinstrument* von Wolfgang Grupp ist seine persönliche *Präsenz*. So sitzt er nicht in einem eigenen Chefbüro, sondern teilt mit der rund 30-köpfigen Verwaltung ein Großraumbüro. Er empfängt darin Gäste, telefoniert und hat seine engsten Mitarbeiter immer auf Rufdistanz. Und wenn er nicht vor Ort ist, so weiß trotzdem jeder Mitarbeiter Bescheid: Der Terminplan des Chefs ist von allen Mitarbeitern einsehbar. Auch Jagdausflüge unter der Woche sind darin verzeichnet.

Familienfotos im Empfangsbereich
Die Wort- und Bildmarke Trigema als zentrales Element der *Unternehmenssymbolik* wurde von Wolfgang Grupp höchstpersönlich entwickelt. Er firmierte die ursprüngliche Trikotwarenfabrik Gebrüder Mayer KG zu Trigema um und veränderte die Bildmarke in mehreren Schritten bis zum heutigen Stand (s. Abb. 8.24).

Abb. 8.24 Entwicklung des Trigema-Logos. (Copyright: Trigema)

1919 - 1969

**Mechanische
Trikotwarenfabriken
Gebr. Mayer KG**

1969 - heute

**Trigema
GmbH & Co. KG**

Den Besucher empfängt im Eingangsbereich des Trigema-Hauptsitzes eine Fotogalerie mit Familienbildern des Firmeninhabers, von der Hochzeit bis zum 65. Geburtstag. Hier wird über visuelle Symbole die (gewollte) Vermischung von Geschäftlichem und Privatem verdeutlicht. Folgerichtig steht die Villa der Grupps in unmittelbarer Nähe des Hauptsitzes, so wie es früher bei vom Inhaber geführten Unternehmen üblich war.

Längst zum visuellen und akustischen Trigema-Symbol geworden ist der sprechende Schimpanse aus der Fernsehwerbung. Der Spot läuft in Deutschland seit Jahren zu ausgewählten Terminen kurz vor der Tagesschau (s. Abb. 8.25).

Botschaften müssen „gehämmert" werden

Der TV-Spot verdeutlicht, wie Wolfgang Grupp die *Kommunikation* der Trigema führt. Der Spot – ursprünglich für eine ausländische Firma entwickelt, aber nie gesendet, von Grupp günstig übernommen – läuft seit über 15 Jahren und hämmert die immer gleichen Kernbotschaften in die Köpfe der potenziellen Kunden: Trigema ist Deutschlands größter Hersteller von Sport- und Freizeitbekleidung, Produktion ausschließlich in Deutschland, Arbeitsplatzgarantie. Botschafter im Spot ist der Chef persönlich: Wolfgang Grupp. Konstanz in der Strategie heißt Konstanz in den Botschaften. Dafür braucht es weder einen eigenen Kommunikationsbeauftragten noch eine schriftlich fixierte Kommunikationsstrategie.

Wolfgang Grupp benutzte immer öffentlichkeitswirksame Träger für seine Botschaften: So setzte Trigema als erste Firma in Deutschland auf Flugzeugwerbung. Trigema war zudem über Jahre Trikotsponsor verschiedener Klubs der 1. Bundesliga im deutschen Profifußball.

Mit seiner dezidierten Strategie und den entsprechenden Botschaften ist Wolfgang Grupp auch ein gern gesehener Gast in Talkshows und Interviewpartner in deutschen Zeitungen. Es gibt wohl kaum einen bekannteren Unternehmer in Deutschland in dieser Firmen-Größenklasse als Wolfgang Grupp (s. Abb. 8.26).

Abb. 8.25 TV-Spot von Trigema mit dem sprechenden Schimpansen. (Copyright: Trigema)

32 REPORTAGE

STUTTGARTER ZEITUNG
Nr. 150 | Samstag, 3. Juli 2010

Er kann auch nett sein. Geht es um Hasardeure in der Wirtschaft, nimmt der Standort-Prophet Wolfgang Grupp aber kein Blatt vor den Mund. „Solche Leute verachte ich!" Foto: Reiner Pfisterer

Vater der Klamotte

Porträt Früher gab es in Burladingen 26 Textilhersteller. Heute gibt es nur noch Wolfgang Grupp. Der Patriarch im Trikot-Valley wirtschaftet nach Grundsätzen von gestern – und bringt Unternehmensberater ebenso zur Verzweiflung wie Managerkollegen. *Von Michael Ohnewald*

E s sieht aus, als wäre die Zeit weggezogen und hätte ihn zu- sauber fixiert. Anders ist er nicht denkbar, der Anachronist von der Alb, an dem sich Firma produziert vom Garn bis zum Fertig- produkt komplett im eigenen Land. Sie hat dem Zeigefinger traktiert Grupp den Tisch wie ein Specht den Baum. Das ist der Klane-

Abb. 8.26 Wolfgang Grupp platziert seine Botschaften auch über Medienauftritte. (Stuttgarter Zeitung, 03.07.2010)

Wenn es so etwas wie eine Kommunikationsstrategie gibt, dann heißt sie Flexibilität. Anpassungen müssen dann vorgenommen werden, wenn sich das Umfeld und die Bedürfnisse der Kunden verändern. Die Kernbotschaften bleiben jedoch konstant. Seit Anfang 2010 werden die Trigema-Botschaften auch über Social-Web-Applikationen wie YouTube, Facebook oder Twitter verbreitet.

Tägliche Kundenfeedbacks wichtiger als Imageanalysen
Wolfgang Grupp hält nicht viel von systematischen Medien- und Imageanalysen. Wichtig sind ihm die täglichen Kundenfeedbacks, die er selber oder seine Mitarbeiter im Kundenkontakt automatisch erhalten. Die gesammelten Feedbacks erlauben es, neue Marktbedürfnisse zu erfassen und das Leistungsangebot flexibel darauf abzustimmen.

Auch wenn Trigema auf aufwendige Markt- und Imagestudien verzichtet: Die über Jahrzehnte konstanten Botschaften und die auf Massenkommunikation angelegten Kommunikationsaktivitäten kommen offensichtlich bei den Bezugsgruppen an. Auch wenn es keine explizite Nachhaltigkeitsstrategie bei Trigema gibt, wird das Unternehmen bei der

Bevölkerung wegen seiner auf Langfristigkeit ausgerichteten Unternehmenspolitik als besonders fair und nachhaltig wahrgenommen.

8.8   Zoo Zürich

Kommunikation als Kerngeschäft[12]

Der Zoo Zürich ist mit rund 3700 Tieren, 1,08 Mio. Besuchern pro Jahr und 23,6 Mio. CHF Umsatz (2013) die größte Besucherinstitution der Schweiz. Seit 1990 hat sich der Zoo Zürich stark gewandelt. Die klassische Tierhaltung in Gehegen weicht sukzessive großzügigen, der Natur nachempfundenen Anlagen. Dieser Entwicklung entsprechend hat sich die Fläche des Zoologischen Gartens zwischen 1999 und 2013 auf 27 Hektar verdoppelt. Bewirtschaftet wird der Tiergarten von 200 Mitarbeitern, hinzu kommen 280 Freiwillige sowie 50 Führer und Studenten. Das Aktienkapital der rein gemeinnützigen Aktiengesellschaft von 2,6 Mio. CHF ist zu je 12,5 % im Besitz der Stadt und des Kantons Zürich, 75 % halten private Aktionäre, die Tiergarten-Gesellschaft und die Zoo Stiftung.

Bei den meisten Unternehmen bleibt der *Unternehmenszweck* während ihrer gesamten Existenz gleich; Veränderungen unterworfen sind hingegen die Mittel zur Zielerreichung. Anders beim 1929 gegründeten Zoo Zürich, bei dem sich über die Jahrzehnte hinweg nicht nur die Methoden verändert haben, sondern auch das Ziel. Bestand die Funktion der Zoologischen Gärten ursprünglich darin, das Tier als exotisches und später als naturwissenschaftliches Objekt zur Schau zu stellen, rückte ab den 1940er-Jahren die Arterhaltung als Aufgabe des Zoos in den Vordergrund. Im letzten Fünftel des 20. Jahrhundert erfuhr diese Funktion eine deutliche Erweiterung: Die Idee des Artenschutzes wandelte sich zur Aufgabe eines umfassenden Naturschutzes. Die Tierhaltung ist heute lediglich das Mittel, um das ideelle Ziel des Naturschutzes zu erreichen. Im Zuge der veränderten Einstellung gegenüber dem Lebewesen Tier haben sich auch die Methoden der Tierhaltung über die Jahre gewandelt: Die Tiere werden in möglichst naturnahen Gehegen gehalten.

Naturschutz als Unternehmenszweck
Der Zoo Zürich versteht sich heute als „Botschafter zwischen Mensch, Tier und Natur". Indem er möglichst viele Menschen anspricht und sie für den Naturschutz zu sensibilisieren versucht, trägt er zum „nachhaltigen Fortbestand der biologischen Vielfalt bei". Dieses im Leitbild festgehaltene Selbstverständnis des Zoos als Naturschutzorganisation schlägt sich in den *Zielen* der Kulturinstitution direkt nieder:

---

[12]Die Informationen zum Zoo Zürich stammen aus einem Interview vom 14.01.2013 mit Alex Rübel, Direktor der Zoo Zürich AG, sowie von der Unternehmens-Webseite (www.zoo.ch), den Unternehmenspublikationen und dem Managementhandbuch. Die aus dem Interview stammenden Informationen sind im November 2014 aktualisiert worden.

- Der Zoo Zürich wird zu einem Naturschutzzentrum entwickelt.
- Der Zoo Zürich leistet einen großen Beitrag zum Naturschutz.
- Der Zoo Zürich weckt Freude und Verständnis für die Tiere.
- Der Zoo Zürich regt seine Besucher zum Naturschutz an.

Das erste Ziel setzt voraus, dass die artgerechte Tierhaltung nach neusten Erkenntnissen realisiert wird. Der dafür notwendige Kompetenzaufbau geschieht u. a. über die Vernetzung mit anderen Organisationen, die ihren Sitz zum Teil im Zoo Zürich haben. So sind etwa die Stiftung für Fischotter, die Stiftung Fledermausschutz, die Antarctic Research Foundation oder die Galapagos-Stiftung im Zoo angesiedelt. Darüber hinaus arbeitet der Zoo Zürich im wissenschaftlichen Bereich eng mit einem internationalen Netzwerk von Universitäten und weiteren zoologischen Gärten zusammen. Hinzu kommt die Strategie, nur ausgebildete Fachleute im Zoo zu beschäftigen (Abb. 8.27).

Ebenfalls gemeinsam mit anderen Organisationen wird das zweite Ziel umgesetzt: Der Zoo unterstützt und betreut Programme zur Arterhaltung und Lebensraumsicherung. So züchtet der Zoo Zürich beispielsweise im Rahmen eines internationalen Zuchtprogramms Asiatische Elefanten und unterstützt den Kaeng Krachan Nationalpark in Thailand und dessen Partner vor Ort beim Schutz der wild lebenden Elefanten und bei der Lösung des Konflikts zwischen der ländlichen Bevölkerung und den Elefanten. Die Erreichung des dritten und vierten Ziels strebt der Zoo mittels Tiererlebnis und Edukation an: Die Zoobesucher sollen Verständnis für die Tiere haben und für den Naturschutz sensibilisiert werden. Vertraut wird dabei auf die Erwartung, dass, wer Tiere kennt, Tiere schützen wird.

Breite finanzielle Abstützung
Finanziert wird der Zoo zu einem Viertel durch Subventionen von Stadt und Kanton Zürich, 50 % tragen die Eintritte bei. Durchschnittlich erhält der Zoo Zürich rund 8 Mio.

Abb. 8.27 Der Zoo versteht sich als „Botschafter zwischen Mensch, Tier und Natur". (Copyright: Zoo Zürich, Plakat)

CHF pro Jahr durch Schenkungen (Erbschaften und Donationen). Diese werden vollständig zur Finanzierung neuer Investitionen in Tieranlagen eingesetzt. Die Tiergartengesell-
schaft, ein Unterstützungsverein, und die Zoo Stiftung, die über Repräsentanten Zugang
zu Schenkungen und Legaten vermittelt, sind ebenso wichtige Pfeiler wie die Sponsoren
und die Besucher. Weitere wichtige Einnahmequellen sind die Patenschaften, die übernommen werden können, und das alle zwei Jahre stattfindende Zoofest (s. Abb. 8.28). An
dieser Benefiz-Gala wird jeweils Geld für ein bestimmtes Tier und Projekt gesammelt.
Für die Finanzierung von Ausbauprojekten wie beispielsweise dem 2014 fertiggestellten
Elefantenpark werden darüber hinaus gezielte Sammelaktionen durchgeführt.

Abb. 8.28 Zoopatenschaften sind eine wichtige Einnahmequelle. (Copyright: Zoo Zürich)

Managementhandbuch als Führungsinstrument

Die Unternehmenspolitik und einige für die Umsetzung der Unternehmenspolitik notwendige Steuerungsinstrumente sind im internen Managementhandbuch verschriftlicht. Dieses Führungsinstrument, das 1999 aufgesetzt worden ist, enthält das Leitbild, die Zoophilosophie und die daraus abgeleiteten Unternehmensziele. Ebenfalls integriert sind die *Steuerungsinstrumente* für die Identitätsdimensionen *Leistungsangebot* und *Kommunikation:* das Marketingkonzept, das Konzept für die Edukation und das Kommunikationskonzept. Alle fünf Jahre wird das Managementhandbuch überprüft und aktualisiert.

Geführt wird der Zoo Zürich über klare *Strukturen.* Dies ermöglicht eine hohe Konsistenz von Unternehmenspolitik und ihren Ableitungen in die verschiedenen Identitätsdimensionen. Der Verwaltungsrat legt die Unternehmensstrategie fest und kontrolliert die Geschäftsleitung. Die Geschäftsleitung ihrerseits erarbeitet Vorschläge für die Strategie und setzt die beschlossene Strategie um. Der Vorsitzende der Geschäftsleitung (Direktor) ist für die Kommunikation nach außen zuständig. Damit wird sichergestellt, dass sich die Kommunikationsziele aus den Unternehmenszielen ableiten. Dem Direktor unterstellt ist das Marketing. Diese Unternehmensfunktion ist für das Besuchermarketing, die Edukation und das Fundraising verantwortlich. Allerdings werden die Donatoren und Erbschaften, die Subventionsgeber und die Sponsoren direkt vom Zoodirektor betreut. Das Betreiben des Fundraisings in der breiten Öffentlichkeit (Sammelaktionen, Patenschaften, Zoo-Stiftung, Besucher) hingegen ist Sache des Marketings.

Kerngeschäft des Zoos ist Kommunikation

Wie jedes Non-Profit-Unternehmen hat auch der Zoo Zürich ein konkretes Produkt – den Tiergarten am Stadtrand –, durch das er die Welt im Sinne seines Ideals zu beeinflussen sucht. Über dieses konkrete Leistungsangebot hinaus erbringen nicht-gewinnorientierte Unternehmen stets eine *Beeinflussungsleistung,* indem sie mittels Kommunikation Meinungsbildung im Sinne ihres Ideals betreiben. Die Beeinflussungsleistung ist im Fall des Zoos Edukation und damit zugleich ein wesentlicher Bestandteil des Produkts. „Das Kerngeschäft des Zoos ist Kommunikation", bringt Direktor Alex Rübel diesen Umstand zum Ausdruck. Die Tierhaltung ist nur der Anlass, um mit den Menschen über Tiere ins Gespräch zu kommen, um sie für die Natur zu begeistern und sie dazu zu bewegen, sich für deren Schutz einzusetzen. Die Edukationsstrategie sieht vor, bei den Besuchern Neugier zu wecken, indem sie die Natur ein Stück weit entdecken und erleben können.

Die edukative Vermittlung ist in den vergangenen Jahren denn auch sukzessive ausgebaut worden. So ist beispielsweise im Menschenaffenhaus die Dauerausstellung „Shopping im Regenwald – wie der Wald voll Affen bleibt" zu sehen. Den Besuchern wird erklärt, weshalb die Menschenaffen ihren Lebensraum in den Regenwäldern verlieren und wie der Mensch dies mit seinem Konsumverhalten mit beeinflusst. Während solche Ausstellungen primär auf Wissensvermittlung abzielen, ermöglichen andere Formen der Edukation ein unmittelbares Tiererlebnis. So beantworten Tierpfleger den Besuchern Fragen oder führen Tierpräsentationen durch.

Das Zusammenfallen von konkretem Produkt und Beeinflussungsleistung macht die Glaubwürdigkeit des Zoos davon abhängig, ob das Produkt in jeder Hinsicht den Werten und Zielen des Zoos entspricht. Unternehmenspolitik und Produkt müssen deshalb in höchstem Maß konsistent sein. Das heißt: Tiere müssen tiergerecht gehalten werden, Anlagen müssen möglichst naturnah gestaltet sein, Restaurationsbetriebe müssen nachhaltig produzierte Nahrungsmittel anbieten. Das Produkt „Zoo Zürich" hat sich deshalb seit 1990 stark gewandelt. Die klassische Tierhaltung in Gehegen weicht großzügigen, der Natur nachempfundenen Anlagen. In diese Lebensräume können die Besucher eintauchen und die Zoo-Tiere auf andere, neue Art erleben. Die vier Restaurants sind in einer Tochtergesellschaft, die einen Umsatz von 21 Mio. CHF erzielt, vollumfänglich in den Zoo integriert worden. Nur so kann gewährleistet werden, dass sich die Unternehmensstrategie in der Produktstrategie niederschlägt.

Sinnvolle Freizeitbeschäftigung als Nutzen

Das im *Marketingkonzept* definierte Ziel, das Angebot in den Bereichen Naturerlebnis mit Tieren, Exotik, Naturschutz und sinnvolle Freizeitbeschäftigung auszubauen und zu positionieren und damit einen Beitrag zur Erreichung des ideellen Naturschutzziels zu leisten, führt zur permanenten Weiterentwicklung von Anlagen und Edukation. So ist in den vergangenen Jahren jedes Gehege des Zoos sukzessive mit edukativen Exponaten bestückt worden. Der Besuchernutzen liegt denn auch primär in der sinnvollen Freizeitbeschäftigung. Die Realisierung der vier Unternehmensziele im Produkt lässt sich exemplarisch an der 2003 eröffneten Ökosystemhalle zeigen, in der ein originalgetreuer madagassischer Regenwald angelegt worden ist. Die Halle macht die natürlichen Zusammenhänge von Tier- und Pflanzenleben des Regenwaldes auf der Halbinsel Masoala erlebbar. Ein der Halle angeschlossenes Informationszentrum erklärt die Bedeutung des Tropischen Regenwalds und macht auf die Bedrohung der einmaligen Tier- und Pflanzenwelt in Madagaskar aufmerksam. 2 % des Umsatzes des Masoala-Shops und des Restaurants sowie Spenden der Besucher kommen dem Masoala-Nationalpark zu. Damit trägt der Zoo Zürich rund die Hälfte zu den Betriebskosten des Nationalparks in Madagaskar bei. Dank der wetterfesten und einzigartigen Halle ist es dem Zoo gelungen, neue Besucher anzuziehen.

Für die Strategie dieser Positionierung verantwortlich sind Geschäftsleitung und Direktor des Zoos, zuständig für ihre Ausführung und Ausgestaltung sind die Bereiche „Besuchermarketing" und „Edukation". Das Aufnehmen und Integrieren von gesellschaftlichen Themen und Anliegen in die Positionierung wird im Zielbereich Ökologie primär von Geschäftsleitung und Edukation, im Bereich Soziales zusätzlich von der Personalabteilung sichergestellt. Für die Glaubwürdigkeit und Handlungsfähigkeit des Zoos Zürich, der sich aus öffentlichen Geldern, privaten Zuwendungen und Eintritten finanziert, ist die systematische Einbeziehung von Legitimationsthemen in die Positionierung und deren Verankerung in der Unternehmensidentität existenziell.

Verhalten schulen und einfordern

Das Selbstverständnis des Zoos soll sich auch im *Verhalten* der Mitarbeiter zeigen. Dieses wird über das Personalhandbuch gesteuert, das neben Regeln zur Arbeitszeit oder Sicherheit auch Weisungen über den Umgang mit Besuchern oder über den Umgang mit Tieren und Pflanzen enthält. Es ist Aufgabe der Führungspersonen, diese Verhaltensrichtlinien durchzusetzen. Geführt wird über Zielvereinbarungen (MbO) und nach verschriftlichten Führungsgrundsätzen.

Wurden Führungen im Zoo Zürich früher ausschließlich von Zoologen geleitet, so sind heute alle Tierpfleger verpflichtet, den Besuchern Auskunft zu geben und sich an Führungen zu beteiligen. Die Tierpfleger wurden dazu gezielt geschult, die Stellenbeschreibungen und die Rekrutierungskriterien entsprechend angepasst. Auch die rund 25 Tierpräsentationen, die pro Woche im Zoo stattfinden, werden von einer Gruppe von Tierpflegern durchgeführt, die eigens dazu ausgebildet worden sind.

Kognitive und affektive Kommunikationsziele

Der Zoo Zürich soll von Besuchern und Nicht-Besuchern als Naturschutzinstitution wahrgenommen werden. Mittler zur breiten Öffentlichkeit sind die Medien. Gegenüber Behörden und Stiftungen müssen Ziele, Kompetenzen und Projekte des Tiergartens kommuniziert, muss die Beziehung aktiv gepflegt werden. Die Kommunikation mit den Mitarbeitern, die dritte Stakeholder-Gruppe, wird zum einen von der Personalabteilung, zum anderen über die Führungskräfte gepflegt. Die vierte Anspruchsgruppe umfasst alle Zielgruppen, die für das Fundraising relevant sind. Sie werden zum einen vom Marketing, zum anderen vom Zoodirektor direkt bedient. Um die Strategie der im Großraum Zürich breit abgestützten Finanzierung zu realisieren, sollen der Bevölkerung und den potenziellen und bestehenden Geldgebern ein Gefühl des Stolzes auf ihren Zoo vermittelt werden.

Das Steuerungsinstrument für die Identitätskomponente „Kommunikation" ist das *Dachkonzept,* das ebenfalls Teil des Managementhandbuchs ist. Dieses Kommunikationskonzept leitet sich direkt aus der Unternehmenspolitik ab und wird im Rahmen der institutionalisierten Strategieüberprüfung alle fünf Jahre angepasst. Ausgehend von der Problemstellung, dass das Image des Zoos bei der Bevölkerung im Kanton Zürich zwar positiv aufgeladen ist, aber nicht dem Selbstverständnis als Naturschutzorganisation entspricht, sind für die derzeitige Strategieperiode u. a. folgende *Kommunikationsziele* gesetzt worden:

- 80 % der Bevölkerung des Kantons Zürich haben eine positive Einstellung zum Zoo.
- 40 % der Bevölkerung des Kantons Zürich kennen den Zoo als Institution im Naturschutz und messen seiner Arbeit große Bedeutung zu.
- 75 % der Zoobesucher kennen die Funktion des Zoos im Bereich Naturschutz oder Arterhaltung.

Leitinstrumente der Kommunikation

Die zwei wichtigsten Instrumente für die externe Kommunikation sind die einmal im Monat stattfindenden Medienkonferenzen und die Plakatkampagnen. Sie dienen der breiten Publikumsansprache und sollen zu einem Besuch im Zoo motivieren (s. Abb. 8.27). Hinzu kommen für am Zoo bereits Interessierte die Webseite, ein digitaler Newsletter, ein sehr aktiver Facebook-Account, der Jahresbericht und das Zoojournal, das sich mit einer Auflage von 50.000 Exemplaren an Inhaber einer Jahreskarte und an Interessierte richtet (s. Abb. 8.29). Zur Eröffnung von neuen Anlagen werden zudem Sonderhefte publiziert, in denen die Einrichtung sowie die darin lebenden Tierarten und deren natürlicher Lebensraum vorgestellt und Aspekte des Naturschutzes beleuchtet werden.

In der Kommunikation mit dem Besucher innerhalb des Zoos spielen Plakate und die direkte, persönliche Kommunikation, beispielsweise im Rahmen von Führungen oder Tierpräsentationen, eine zentrale Rolle. Mittels App kann sich der Zoobesucher zudem über die nächsten Fütterungen und Tierpräsentationen oder über Ausstellungen in der Nähe seines Standorts informieren. Ein interaktiver Zooplan erleichtert die Zusammenstellung eines für den Besucher sinnvollen Rundgangs und ermöglicht das Abrufen von biologischen Informationen zu den wichtigsten Tieren.

Seit 2010 setzt der Zoo Social-Media-Tools ein. Über Twitter werden News verbreitet und über Facebook wird eine Community aufgebaut, die dem Zoo gegenüber positiv eingestellt ist und sich mit seiner Ausrichtung und seinem Angebot identifiziert. So konnten die Fortschritte des aufwendigen und imposanten Baus des Elefantenparks beispielsweise im Blog des Projektleiters verfolgt werden. Die früher schweizweit ausgestrahlte TV-Werbung verbreitet der Zoo heute ausschließlich über YouTube.

In der internen Kommunikation haben das Intranet und der alle zwei Wochen stattfindende interne Bericht einen hohen Stellenwert. Hier informiert jeder Bereich über aktuelle Ereignisse und Projekte. Zusätzlich wird jeweils ein Thema vertieft präsentiert. Dieser Anlass stellt sicher, dass die Mitarbeiter aus erster Hand informiert werden, Fragen gestellt werden können oder Kritik angebracht werden kann. Ein Protokoll des internen Berichts ist im Intranet abgelegt.

Storytelling bezieht sich systematisch auf Unternehmenspolitik

Der Zoo Zürich setzt zur Vermittlung seiner Botschaften in seinen Kommunikationsmitteln und in der Edukation konsequent Geschichten ein, die den Unternehmenszweck vermitteln und veranschaulichen. Dabei spielen authentische Storys eine zentrale Rolle. Sie haben sich stets auf mindestens einen der drei folgenden, klar definierten Themenbereiche zu beziehen:

- auf ein einzelnes, im Zoo lebendes Tier,
- auf die Tierart oder
- auf den Naturschutz.

Abb. 8.29 Das Zoojournal richtet sich an Inhaber einer Jahreskarte und an Interessierte. (Zoojournal 2015, Titelseite; Copyright: Zoo Zürich)

Diese Fundorte für Geschichten leiten sich direkt aus dem Unternehmenszweck des Zoos ab, nämlich über die Begegnung mit dem Tier Verständnis für die Lebensbedingungen der Tiere zu schaffen und für den Naturschutz zu sensibilisieren.

Umgesetzt wird dieses strategische Storytelling beispielsweise im Bericht „Kanalisierte Wanderlust", der in einer Ausgabe des Zoojournals erschienen ist. In ihm wird die Geschichte des erfolgreich gelösten Konflikts zwischen dem Mount Kenya Nationalpark und den benachbarten Bauern erzählt: Elefanten, die das umzäunte Schutzgebiet wegen Platzmangels verlassen haben, trampelten regelmäßig Felder und Dörfer der Bauern nieder. Mithilfe verschiedener Naturschutzorganisationen, darunter auch der Zoo Zürich, wurde ein durch Zäune gesicherter „Elefanten-Highway" entlang eines Flussbetts gebaut, der eine Verbindung zu einem 14 km entfernten Reservat herstellt. Stammt in diesem Artikel die Story aus dem Themenkreis Naturschutz, so werden im Rahmen der standardisierten Tierpräsentationen stets Geschichten aus allen drei Themenbereichen parallel vermittelt: Biografische Angaben und Verhaltensmuster der vorgeführten Tiere werden in Form einer Lebensgeschichte des jeweiligen Tiers erzählt und mit kurzen Geschichten über die Tierart und über deren (bedrohtes) Leben in der Wildnis angereichert.

Eine Story im Sinn der Strategie zu erzählen, stand auch im Fokus der 2012 und 2013 ausgestrahlten TV-Spots des Zürcher Zoos. Sie arbeiteten mit fiktiven Geschichten von Kindern, die beispielsweise Elefanten als Haustiere halten oder Tierlaute nicht unterscheiden können. Ein Besuch im Zoo, so die Botschaft, würde sie der Tierwelt ein großes Stück näher bringen.

Arealgestaltung und Bildsprache prägen Symbolik

Die einheitliche Gestaltung des Zooareals ist ein wesentlicher Bestandteil der Symbolik und Teil des Produkts Zoo. Detaillierte *Richtlinien* für die Gestaltung von Gehegen stellen Einheitlichkeit sicher. Als oberstes Gestaltungsprinzip gilt, Räume zu schaffen, in denen der Mensch Tiere entdecken und erleben kann.

Ein weiteres wichtiges Element der Symbolik sind die Uniformen der Mitarbeiter. Im Personalhandbuch ist das Tragen der verschiedenen Uniformteile geregelt. Überdies sind in einem Kurzmanual die Verwendung des Zoo-Logos, der Sponsorenlogos, der Adressblocks und der Schriften definiert (s. Abb. 8.30).

In einer sprachlichen Überblendung des Begriffs „Zoo" und der Interjektion „oh!" im *Logo* wird das Angebot gleichgesetzt mit dem Effekt des Staunens, der bei den Zoobesuchern ausgelöst werden soll. Unterstützt wird diese Idee von einer Bildsprache, die mit Vorliebe direkt auf das Tier fokussiert, es porträtiert und damit den Zoo als singuläre Begegnungsstätte von Mensch und Tier positioniert (s. Abb. 8.27 und 8.28).

Abb. 8.30 Das Staunen der Zoobesucher ist sprachlich im Logo integriert. (Copyright: Zoo Zürich)

Glossar

Ableitungsprozesse Bezeichnen die Ableitung der Identitätssteuerungsinstrumente aus der Unternehmenspolitik. Dabei werden die unternehmenspolitischen Entscheidungen derart konkretisiert, dass sie in Form von Handlungsanweisungen das Leistungsangebot, das Verhalten, die Symbole und die Kommunikation des Unternehmens definieren.

Abstimmungsprozesse Bezeichnen die formale, inhaltliche und zeitliche Abstimmung der vier Identitätsdimensionen.

Anpassungsprozesse Bezeichnen Rückkoppelungsprozesse, bei denen die Steuerungsinstrumente bzw. die Unternehmenspolitik aufgrund von Evaluationen der definierten oder realen Manifestationen verändert werden. Im ersten Fall zielt die Anpassung primär darauf ab, die Effektivität zu steigern. Im zweiten Fall werden Elemente der Unternehmenspolitik, auf denen die Steuerungsinstrumente basieren, weiterentwickelt.

Austauschprozesse Bezeichnen die Interaktionen mit Akteuren des Umfelds und der Kommunikationsarena. Dabei geht es darum, das Unternehmen und seine Produkte zu positionieren und die Erwartungen und Ansprüche der Stakeholder zu klären.

Identität Unternehmensidentität ist das Ergebnis der Realisierung der Unternehmenspolitik in den Identitätsdimensionen „Leistungsangebot", „Verhalten", „Symbole" und „Kommunikation" und der spezifischen Kombination der verschiedenen Identitätsmanifestationen. Die Unternehmensidentität umfasst die definierte Identität (Steuerungsinstrumente und definierte Manifestationen) und die realen Identitätsmanifestationen.

Identität, definierte Definierte Identität ist die Soll-Identität. Sie bezeichnet die angestrebte Realisierung der Unternehmenspolitik in den vier Identitätsdimensionen „Leistungsangebot", „Verhalten", „Symbole" und „Kommunikation". Die definierte Identität ergibt sich aus den Steuerungsinstrumenten und der spezifischen Kombination der intendierten Manifestationen.

Identitätsdimensionen Identität bildet sich in den vier Dimensionen „Leistungsangebot", „Verhalten", „Symbole" und „Kommunikation" aus. Die Identitätsdimensionen lassen sich auf zwei Ebenen beschreiben: Auf der Ebene der Steuerungsinstrumente wird die ideale Umsetzung der Unternehmenspolitik in der jeweiligen Dimension

© Springer Fachmedien Wiesbaden GmbH 2017
M. Niederhäuser und N. Rosenberger, *Unternehmenspolitik, Identität und Kommunikation*, DOI 10.1007/978-3-658-15702-9

geplant, auf der Ebene der Identitätsmanifestationen wird diese Planung in konkrete Produkte, Handlungen, Symbole und Kommunikationsmaßnahmen umgesetzt. Entspricht diese Umsetzung in hohem Maß der Planung, sind definierte und reale Manifestationen deckungsgleich.

Identitätskommunikation Identitätskommunikation vermittelt die definierte Unternehmensidentität nach innen und außen und begründet allenfalls Abweichungen von definierten und realen Manifestationen.

Identitätsmanagement Identitätsmanagement ist der Prozess von Analyse, Planung, Durchführung und Evaluation von Identitätsprogrammen. Ausgangspunkt der Analyse und Referenzpunkt der Evaluation ist die Akzeptanz der definierten Identität im Umfeld, die Konsistenz von definierter Identität und realen Manifestationen sowie die Kongruenz von definierter Identität und Image. Damit ist Identitätsmanagement Teil des Reputationsmanagements.

Identitätsmanifestationen Auf der Ebene der Identitätsmanifestationen wird die Unternehmensidentität in den konkreten Produkten und Dienstleistungen, den verbalen und non-verbalen Handlungen der Unternehmensmitglieder, den vom Unternehmen verwendeten Symbolen und den verschiedenen Maßnahmen der Unternehmenskommunikation sichtbar. Unterschieden wird zwischen definierten und realen Manifestationen.

Identitätsmanifestationen, definierte Die angestrebten Realisierungen der Unternehmenspolitik in den konkreten Produkten und Dienstleistungen, den verbalen und non-verbalen Handlungen der Unternehmensmitglieder, den vom Unternehmen verwendeten Symbolen und den verschiedenen Maßnahmen der Unternehmenskommunikation werden als definierte Identitätsmanifestationen bezeichnet.

Identitätsmanifestationen, reale Die tatsächlichen Realisierungen der Unternehmenspolitik in den konkreten Produkten und Dienstleistungen, den verbalen und non-verbalen Handlungen der Unternehmensmitglieder, den vom Unternehmen verwendeten Symbolen und den verschiedenen Maßnahmen der Unternehmenskommunikation werden in den realen Manifestationen sichtbar. Die spezifische Kombination von Merkmalen dieser Manifestationen macht die unverwechselbare Identität eines Unternehmens aus.

Identitätsprogramme Im Rahmen von Identitätsprogrammen werden Steuerungsinstrumente aus der Unternehmenspolitik abgeleitet (Ableitungsprozesse) und in konkrete Identitätsmanifestationen übersetzt (Umsetzungsprozesse).

Identitätsorientiertes Kommunikationsmanagement Identitätsorientiertes Kommunikationsmanagement richtet sich konsequent auf die definierte Identität des Unternehmens aus und unterstützt das Alignment von Unternehmenspolitik, Identität und Image. Damit ist identitätsorientiertes Kommunikationsmanagement ein Instrument des Identitätsmanagements.

Image Images sind mentale Konstrukte der Fremdwahrnehmung. Es sind stark vereinfachte, typisierte Vorstellungsbilder, die sich bezugsgruppenspezifisch ausprägen. In den Images spiegelt sich die tatsächliche Positionierung eines Unternehmens.

Kommunikation Die Identitätsdimension „Kommunikation" manifestiert sich in den Kommunikationsmitteln und -aktivitäten der autorisierten Kommunikation von Unternehmen, d. h. der Unternehmenskommunikation, der Finanz- und Marketingkommunikation sowie der internen Kommunikation und der HR-Kommunikation. Aus der Unternehmenspolitik abgeleitet und gesteuert werden diese Identitätsmanifestationen mittels Kommunikationskonzept.

Kommunikationsarena In der Kommunikationsarena konstituiert sich Öffentlichkeit durch die Kommunikation über und von Unternehmen. Verschiedene Akteure tauschen in der gesamtgesellschaftlichen Arena Informationen, Meinungen und Bewertungen aus, wobei sich öffentliche Meinungen sowie die mentalen Konstrukte „Image" und „Reputation" herausbilden.

Kultur Unter Unternehmenskultur werden die unbewussten kollektiven Annahmen und Werte der Organisationsmitglieder verstanden. Sie beeinflussen maßgeblich das Verhalten von Mitarbeitern und Führungspersonen. Eine hohe Übereinstimmung von definierter Identität und realen Identitätsmanifestationen setzt voraus, dass Unternehmenspolitik und Unternehmenskultur kongruent sind. Unternehmenskultur kann mittel- bis langfristig nur über Identitätsprogramme verändert werden.

Leistungsangebot Die Identitätsdimension „Leistungsangebot" manifestiert sich in den verschiedenen Produkten und Dienstleistungen im Marketing-Mix eines Unternehmens. Aus der Unternehmenspolitik abgeleitet und gesteuert werden diese Identitätsmanifestationen mittels Marketingkonzept.

Marke Die Unternehmensmarke ist die kommunikative Verdichtung und Zuspitzung der definierten Unternehmensidentität. Sie entspricht der Soll-Positionierung des Unternehmens.

Politik Unternehmenspolitik bezeichnet die grundsätzliche und langfristige Ausrichtung des Unternehmens. Diese wird über die Elemente „Mission", „Vision", „Werte" und „Strategie" bestimmt. Oft sind diese Elemente der Unternehmenspolitik im Leitbild festgehalten.

Positionierung Bezeichnet das bewusste Hervorheben von in der Identität des Unternehmens verankerten und in der Marke verdichteten Stärken in den Kommunikationsangeboten einer Organisation.

Positionierungsplattform Bezeichnet ein Instrument, mit dem Unternehmensbotschaften pyramidenförmig hierarchisiert werden können. Die Aussagen werden von oben nach unten immer weiter ausdifferenziert und zielgruppenspezifisch gestaltet. Zuoberst steht die *kommunikative Leitidee*, in der die wesentlichen Merkmale der Positionierung enthalten sind. Darunter konkretisieren die *Kern- oder Dachbotschaften* die kommunikative Leitidee. Sie beinhalten die zentralen Botschaften des Unternehmens. Danach werden bezugsgruppen- und themenspezifische Botschaften formuliert, die auf der untersten Stufe mit Beispielen und Belegen argumentativ gestützt werden.

Public Storytelling Konzept des Storytelling, das danach fragt, wie die Rezipienten einen Text, ein Bild oder einen Film aufnehmen und verstehen. Verweisen die Figuren in den erzählten Geschichten auf Archetypen wie beispielsweise den Schöpfer, auf universelle Erzählmuster wie etwa der Gute gegen den Bösen oder auf kulturell geprägte Grundstorys wie jene von David gegen Goliath, dann sind sie als vorgeformte Erzählsequenzen in den Köpfen der Bezugsgruppen abrufbar und werden entsprechend als Rezipiermuster angewendet.

Public Storytelling, strategisches Form des Public Storytelling, in der die Positionierung des Unternehmens gezielt über eine Identitäts-Story vermittelt wird, die bei den Bezugsgruppen vorgeformte Grundgeschichten aktualisiert.

Reputation Im mentalen Konstrukt der Reputation werden die verschiedenen Images zu einem Gesamtwert des Ansehens aggregiert. Reputation bildet sich durch die Thematisierung des Unternehmens in der Kommunikationsarena heraus.

Steuerungsinstrumente Die Ableitung der Identitätsdimensionen aus der Unternehmenspolitik geschieht über die Steuerungsinstrumente. Sie geben die Umsetzung der Identitätsmanifestationen vor. Die wichtigsten Steuerungsinstrumente sind das Marketingkonzept, Verhaltensrichtlinien wie beispielsweise der Code of Conduct, das Symbolhandbuch sowie das Kommunikationskonzept.

Storytelling Geschichten stellen in Unternehmen eine effiziente und häufige Form der Informationsverarbeitung und -verbreitung dar. Wird der narrative Kommunikationsmodus in Unternehmen gezielt genutzt, wird von Storytelling gesprochen. Storytelling kann als das Management von Geschichten über das Unternehmen und seine internen und externen Bezugsgruppen definiert werden.

Storytelling, strategisches Bezeichnet ein Geschichtenmanagement, das die verschiedenen Identitätsbotschaften und -erzählungen in eine Identitäts-Story zu überführen vermag bzw. aus dieser ableiten kann. In ihr wird der Kristallisationspunkt von Unternehmenspolitik und definierter Identität bestimmt, bewusst gemacht und vermittelt.

Symbole Die Identitätsdimension „Symbole" manifestiert sich in multisensorischen Ausprägungen wie beispielsweise Architektur, Produktdesign, Grafik, Bilder, Uniformen, Düfte oder Musik. Aus der Unternehmenspolitik abgeleitet und gesteuert werden diese Identitätsmanifestationen mittels Symbolhandbuch.

Umsetzungsprozesse Bezeichnen das Umsetzen der Steuerungsinstrumente in reale Manifestationen in den vier Identitätsdimensionen „Leistungsangebot", „Verhalten", „Symbole" und „Kommunikation".

Unternehmensidentität *siehe Identität*

Unternehmensimage *siehe Image*

Unternehmenskultur *siehe Kultur*

Unternehmensmarke *siehe Marke*

Unternehmenspolitik *siehe Politik*

Unternehmensreputation *siehe Reputation*

Verhalten Die Identitätsdimension „Verhalten" manifestiert sich im Verhalten von Mitarbeitern und Führungspersonen. Dazu gehören auch die formelle und informelle Kommunikation zwischen Mitarbeitern und die Führungskommunikation. Aus der Unternehmenspolitik abgeleitet und gesteuert werden diese Identitätsmanifestationen mittels verschiedener Verhaltensrichtlinien wie Code of Conduct, Management- und Führungsgrundsätze oder Verhaltensregeln.

Printed in Poland
by Amazon Fulfillment
Poland Sp. z o.o., Wrocław

84411525R00125